크라임퍼즐

문장 속에 숨겨진 범인을 찾는 두뇌 게임 100

크라임 퍼즐

G. T. Karber 지음 | 박나림 옮김

중앙books

사건을 해결하는 방법

《크라임 퍼즐》은 세계 최고의 명탐정, 논리탐정 로지코의 사건 파일을 펴낸 공식 기록입니다. 다른 범죄 해결 기록들과 달리, 크라임 퍼즐은 읽어야 할 이야기가 아니라 풀어야 할 퍼즐입니다. 이 사건들은 날카로운 연필과 날카로운 정신으로 풀 수 있습니다.

논리탐정 로지코가 추리대학 3학년 때 해결한 첫 사건을 복기하면서 직접 확인해 보세요. 당시 학생회장이 살해된 채 발견되었고, 조사를 통해 로지코는 세 사람 중 하나가 범인이라는 확신이 들었습니다.

용의자

허니 시장

깊이 묻힌 비밀들을 알고,
언제나 표를 얻어내는 사람.

183cm / 왼손잡이 / 녹갈색 눈 / 밝은 갈색 머리

- -

글라우 학장

추리대학 무슨 학부의 학장.
하는 일이라면, 일단 돈을 다루고…

168cm / 오른손잡이 / 밝은 갈색 눈 / 밝은 갈색 머리

- -

루스카니 총장

추리대학 총장으로서, 부유층 부모들이 자식들의
논리학 학위에 기꺼이 들일 돈의 액수를 정확하게 추리해 냈다.

165cm / 왼손잡이 / 녹색 눈 / 금발

그리고 학생탐정 로지코는 세 용의자가 각각 다음 장소 중 하나에 있었고 부기를 하나씩만 가졌던 것도 알아냈습니다.

장소

경기장
실외

돈으로 살 수 있는
최고급 가짜 잔디가
바닥에 깔린 곳.

서점
실내

교내에서 돈을 제일
잘 버는 곳. 교재 두 권에
500달러라는 문구가
걸려 있다.

구본관
실내

교내 최초의 건물이자
관리 상태가 최악인 곳.
벽에서 페인트가
벗겨질 정도다!

무기

날카로운 연필
가벼움

당시에는 진짜 납이
들어 있었다. 찔리면
납 중독으로 죽을 수 있다.

무거운 백팩
무거움

드디어 그 많은 논리학
교재들의 실용성을 찾았다
(그것은 바로 둔기).

학위복 술끈
가벼움

이 끈에 목이 졸려
죽는 것도 학계의
큰 영광이 아닐까?

로지코는 장소와 무기의 설명만으로 누군가를 추측할 수 없다는 것을 압니다! 시장이 무거운 백팩을 메기도 하고, 교수들이 경기장에 가기도 합니다. 누가 어디에서 무엇을 가지고 있었는지 알아내려면 단서와 증거를 살펴야 합니다.

아래 사실들은 로지코가 조사한 단서들입니다.

▶경기장에는 오른손잡이가 있었다.
▶날카로운 연필을 가진 용의자는 구본관에 있는 사람을 싫어한다.

▶학위복 술끈을 가진 용의자는 눈이 아름다운 녹갈색이다.

▶글라우 학장은 논리학 교재를 여러 권 가지고 다닌다.

▶시체 옆에서 벗겨진 페인트가 발견되었다.

마지막으로, 로지코는 탐정 노트를 꺼내 표를 그리고 각 열과 행에 용의자, 무기, 장소를 나타내는 그림을 붙였습니다. 장소는 옆과 아래에 한 번씩 해서 도합 두 번 나왔기 때문에 모든 칸이 고유한 쌍에 대응됩니다.

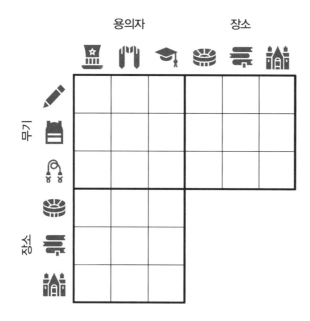

이 방법은 추리대학에서 가르치는 강력한 기법입니다. 생각을 정리하고 결론을 알아내는 데 유용하죠. 사실 전까지는 이 표가 살인 사건을 해결하는 데 쓰인 적이 없었습니다. 추리대학에서는 순수하게 추상적인 영역에만 논리를 적용합니다. 모든 X가 Y이고 모든 Y가 Z이면… 같은 식으로요. 로지코는 이 지루한 표를 새롭고, 흥미진진하고, 위험한 크라임 퍼즐로 바꿨습니다!

크라임 퍼즐을 다 그리고 나면, 로지코가 가장 좋아하는 추리의 시간입니다. 로지코는 단서를 읽고 알아낸 사실을 표시하기 시작했습니다.

▶경기장에는 오른손잡이가 있었다.

로지코의 용의자 메모에서 오른손잡이는 글라우 학장뿐입니다. 따라서 경기장에는 글라우 학장이 있었습니다. 로지코는 표에 다음과 같이 표시했습니다. 하지만 그 단서로 알 수 있는 사실은 더 있습니다.

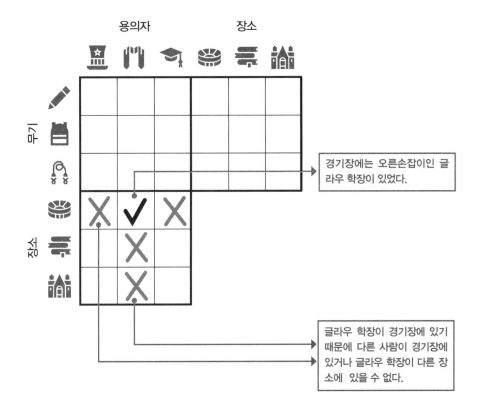

경기장에는 오른손잡이인 글라우 학장이 있었다.

글라우 학장이 경기장에 있기 때문에 다른 사람이 경기장에 있거나 글라우 학장이 다른 장소에 있을 수 없다.

글라우 학장이 경기장에 있었다면, 서점이나 구본관에는 그가 없습니다. 사람은 한 장소에만 있을 수 있거든요. 또 한 장소에는 용의자가 한 명만 있을 수 있기 때문에 루스카니 총장이나 허니 시장은 경기장에 없었습니다. 로지코는 표에 ×를 적어서 그 사실을 표시했습니다. 원칙이 하나 나왔습니다. 어떤 사람의 장소나 무기를 알아내면 그 행과 열에서 다른 칸은 ×로 지워집니다. 로지코는 다음 단서를 확인했습니다.

7

▶날카로운 연필을 가진 용의자는 구본관에 있는 사람을 싫어한다.

이 단서는 사람 사이의 관계를 말하는 것처럼 보입니다. 하지만 탐정은 오직 사실에만 관심이 있습니다. 이 단서가 말하는 사실은, 날카로운 연필을 가진 사람과 구본관에 있는 사람은 동일인이 아니라는 점입니다.

따라서, 날카로운 연필은 구본관에 없었습니다. 로지코는 그 사실도 크라임 퍼즐에 기록했습니다.

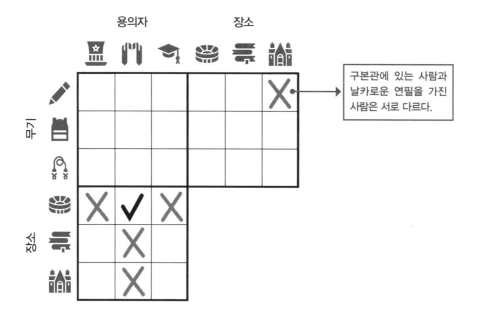

구본관에 있는 사람과 날카로운 연필을 가진 사람은 서로 다르다.

▶학위복 술끈을 가진 용의자는 눈이 아름다운 녹갈색이다.

눈이 아름답다는 말은 무시하고 중요한 사실에 집중하면, 녹갈색 눈을 가진 사람은 허니 시장뿐입니다. 따라서 학위복 술끈은 허니 시장에게 있었습니다.

이번에도 행과 열의 나머지 칸을 전부 지웠습니다!

학위복 술끈이 허니 시장에게 있었다면, 루스카니 총장이나 글라우 학장에게는 없었을 것이기 때문입니다. 또한 각 용의자가 무기를 하나씩만 가지고 있었기 때문에, 허니 시장에게는 무거운 백팩이나 날카로운 연필이 없습니다.

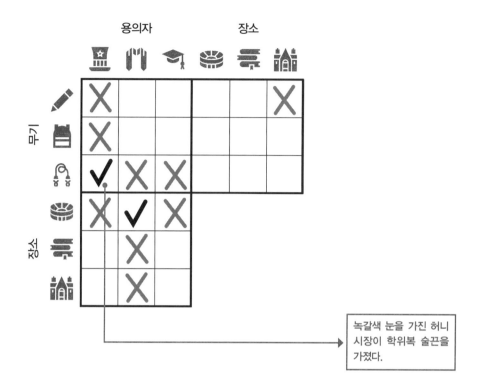

용의자   장소

녹갈색 눈을 가진 허니 시장이 학위복 술끈을 가졌다.

▶글라우 학장은 논리학 교재를 여러 권 가지고 다닌다.

이게 무슨 뜻일까요? 논리학 교재는 무기 목록에 없습니다. 하지만 무기 설명을 읽다 보면 무거운 백팩의 내용에 눈이 갑니다. "드디어 그 많은 논리학 교재들의 실용성을 찾았다(그것은 바로 둔기)." 글라우 학장이 논리학 교재 여러 권을 가지고 다녔다면, 당연히 무거운 백팩을 들었겠지요!

크라임 퍼즐에서는 논리를 몇 번씩 건너뛸 필요가 없습니다. 알아야 할 단서는 모두 주어졌습니다. 글라우 학장이 무거운 백팩을 안 쓰고 논리학 책을 들었을 수도 있다고요? 여기서 그런 일은 없습니다!

로지코는 글라우 학장이 무거운 백팩을 가지고 있었다고 표시한 후 그 행과 열의 나머지 칸을 ×표로 지웠습니다. 그러고 나니 웃음이 나왔습니다. 허니 시장이 학위복 술끈을, 글라우 학장이 무거운 백팩을 가지고 있었다면 날카로운 연필은 루스카니 총장에게 있을 수밖에 없습니다.

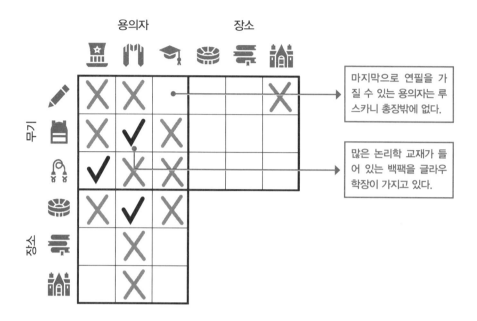

마지막으로 연필을 가질 수 있는 용의자는 루스카니 총장밖에 없다.

많은 논리학 교재가 들어 있는 백팩을 글라우 학장이 가지고 있다.

다음 단계가 이 책의 모든 살인 사건을 해결하는 과정에서 특히 중요합니다. 루스카니 총장이 날카로운 연필을 가졌고, 날카로운 연필은 구본관에 없었으니 루스카니 총장도 구본관에 없었습니다.

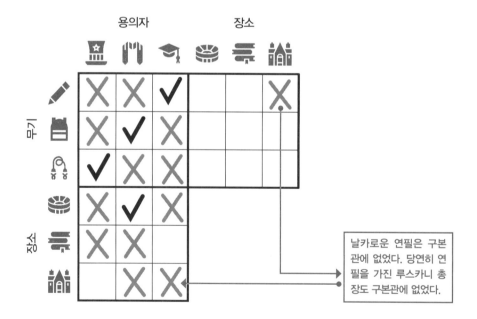

날카로운 연필은 구본관에 없었다. 당연히 연필을 가진 루스카니 총장도 구본관에 없었다.

따라서, 루스카니 총장은 유일하게 가능한 장소인 서점에 있었고 날카로운 연필 역시 서점에 있었습니다. 로지코는 크라임 퍼즐에 그 사실을 표시하고 그 행과 열의 나머지 칸을 또 지웠습니다. 그러자 허니 시장이 구본관에 있었다는 추론이 나왔고, 그 사실 역시 표시했습니다.

허니 시장이 학위복 술끈을 가지고 구본관에 있었으니 학위복 술끈도 구본관에 있었습니다. 글라우 학장이 무거운 백팩을 들고 경기장에 있었으니 무거운 백팩도 경기장에 있었습니다.

▶시체 옆에서 벗겨진 페인트가 발견되었다.

로지코는 완성된 크라임 퍼즐을 보며 충실감을 느꼈습니다! 이제 마지막 단서만 남았군요. 마지막 단서는 특별합니다. 누가 어떤 무기를 가지고 어디에 있었는지를 알리는 내용이 아니라, 살인 사건 자체에 관한 내용입니다!

구본관 설명에 벗겨진 페인트에 관한 내용이 있으니, 이 단서는 살인 현장이 구본관임을 의미합니다. 따라서, 구본관에 있었던 허니 시장이 범인입니다.

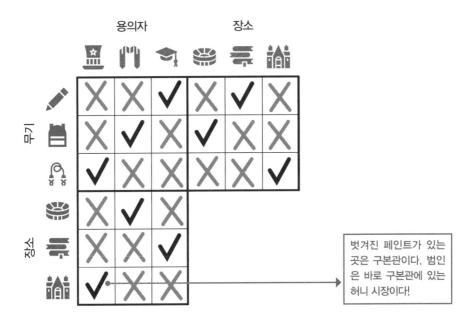

벗겨진 페인트가 있는 곳은 구본관이다. 범인은 바로 구본관에 있는 허니 시장이다!

추리에 확신을 가진 로지코는 총장실로 당당하게 들어가 말했습니다. "허니 시장이 구본관에서 학위복 술끈으로 죽였어요!"

루스카니 총장은 로지코의 정성에 감동해서 A⁺를 주었습니다. 허니 시장은 논리의 압제에 반대하는 긴 연설로 포퓰리즘 전략을 펼쳐 재선거에서 압승했습니다. 그래도 로지코는 괜찮았습니다. 중요한 것은 추리로 얻은 성과가 아니라 추리 자체였기 때문입니다.

학생탐정 로지코는 그렇게 대학에서 배운 이론을 현실의 문제에 처음 적용해 냈습니다. 졸업 후에는 도시로 이사한 후 유일한 논리탐정으로 영업을 시작했습니다.

이 책에는 논리탐정 로지코가 크라임 퍼즐을 이용해서 해결해야 할 100가지 사건이 들어 있습니다. 암호 해독도 하고, 목격자 진술도 점검하고, 수많은 비밀을 알아내야 합니다. 앞으로 나아갈수록 수수께끼는 더욱 깊어지고, 추리도 힘들어집니다. 추리에도 다양한 면이 있기 때문에 새로운 기법을 배우고 개척할 여지도 항상 있습니다.

사건을 해결했다면 사건 해결에 걸린 시간을 기록하거나 성공했는지를 표시해 보세요. 진행이 막혀도 좌절하지 마세요! 책의 뒤쪽에 '힌트'가 준비되어 있습니다. 범인을 지목할 준비가 되면 좀 더 뒤에 있는 '사건 해결'을 확인하세요. 사건을 해결할 때마다 더 큰 이야기가 펼쳐집니다. 조심스럽게 읽어가며 전진하세요. 그리고 논리탐정은 논리만으로 모든 사건을 해결할 수 있다는 점을 기억하세요.

탐정 여러분의 행운을 빕니다!

차례

논리탐정 로지코는 여기에 있는 25개의 사건을 해결하는 사이 인생이 완전히 바뀌었습니다. 추리대학을 갓 졸업한 풋풋한 학생이 이제는 숙련된 논리탐정으로 변했습니다. 로지코는 상상도 못 했던 것들을 접하고, 결코 못 잊을 것들을 보았습니다. 하지만 다행히 추리력과 탐정 키트를 늘 준비한 덕분에 사건이 아무리 복잡해도 항상 해결할 수 있었습니다.

여러분이라면 어떨까요? 용의자, 무기, 장소를 살펴보세요. 단서를 꼼꼼하게 읽고 추리하세요. 그리고 누가, 무엇으로, 어디에서 범행을 저질렀는지 알아내세요. 어쩌면 여기에 나온 25개의 사건이 너무 쉽게 느껴질 수도 있을 것입니다.

특히 추리대학 학위를 받았다면요. 그렇다면 단 한 번도 틀리지 않고 추리의 기본에 들어가는 사건 25개를 얼마나 빨리 풀 수 있을지 도전해 보세요. 몇 분 안에 다 풀 수 있을까요?

추 리 의 🔍 기 본

회원증과 배지

로지코가 탐정 클럽 회원임을 증명하는
회원증과 페도라 배지.

암호 해독 반지

탐정 암호를 읽고 쓸 때 이용하는 기계 장치.

암호	ㄱ ㄴ ㄷ ㄹ ㅁ ㅂ ㅅ ㅇ ㅈ ㅊ ㅋ ㅌ ㅍ ㅎ ㅏ ㅑ ㅓ ㅕ ㅗ ㅛ ㅜ ㅠ ㅡ ㅣ
해독	ㅎ ㅍ ㅌ ㅋ ㅊ ㅈ ㅇ ㅅ ㅂ ㅁ ㄹ ㄷ ㄴ ㄱ ㅣ ㅡ ㅕ ㅏ ㅑ ㅜ ㅠ ㅗ ㅛ ㅡ

돋보기

로지코가 단서를 찾고 작은 글씨를 읽을 때 쓰는 도구.
에메랄드 산업이 만든 크리스털로 제작.

VHS 테이프와 책

미드나이트 영화사의 미스터리 영화 비디오테이프와
옵시디언 부인의 소설책. 그리고 탐정 클럽 책갈피.

커피 한 잔

안락의자에서 수수께끼를 풀 때의 완벽한 양분.
컵은 원래 커피 장군이 쓰던 것.

논 리 탐 정   로 지 코 의   탐 정   키 트

1 | 할리우드에서의 죽음

논리탐정 로지코는 할리우드 힐스의 저택에서 열리는 호화 디너 파티에 초대를 받고 생각했습니다. '아, 나도 이제 성공했구나.' 그러나 아쉽게도 이 파티에서 로지코는 귀빈이 아니라, 귀빈의 살인 사건을 해결할 탐정이었습니다.

용의자

마술사 믹스달

남편을 두 토막으로 자르는 마술을 완벽하게 해낸 마술사. 남편의 몸은 그 후에 사라졌다.

168cm / 왼손잡이 / 녹색 눈 / 금발

미드나이트 3세

미드나이트 영화사 창립자의 손자이자 자수성가한 사업가를 자처하는 남자.

173cm / 왼손잡이 / 어두운 갈색 눈 / 짙은 갈색 머리

옵시디언 부인

성서와 셰익스피어를 합한 것보다 더 많은 책을 판매한 미스터리 작가.

163cm / 왼손잡이 / 녹색 눈 / 검은 머리

장소

드넓은 욕실
실내

논리탐정 로지코의 집보다 더 큰 욕실.

침실
실내

캘리포니아 킹사이즈 침대. 어수선한 채로 먼지 한 톨 없는 흰 방에 놓여 있다.

상영실
실내

붉은 벨벳 의자와 팝콘 제조기가 최상의 감상을 보장하는 곳.

무기

포크	**알루미늄 파이프**	**무거운 양초**
가벼움	보통 무게	보통 무게
잘 생각해 보면 나이프보다 훨씬 살벌하다.	납보다 안전하다. 머리를 후려치지만 않는다면.	살인에 쓰기 좋을 만큼 무겁지만 분위기를 가볍게 만들어 준다.

단서

▶믹스달은 포크를 가진 용의자를 믿었다.

▶미드나이트 3세는 로지코가 도착한 순간에도 알루미늄 파이프를 자랑하고 있었다.

▶무거운 양초는 침실에 없었다.

▶옵시디언 부인은 붉은 벨벳 의자 아래에 숨어 있었다.

▶**시체는 대리석 욕조 안에서 발견되었다.**

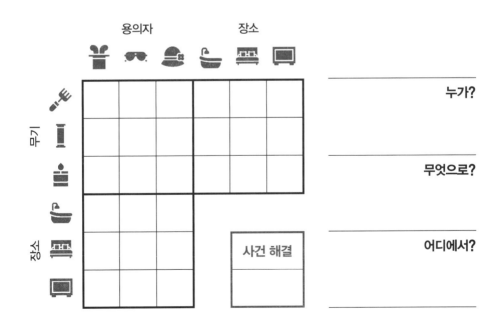

누가?

무엇으로?

어디에서?

17

2 | 그리고 한 명 더 있었다

논리탐정 로지코는 외딴 섬에서 노인이 살해되었다는 말을 듣고 희열을 느꼈습니다. 안 좋은 일이 생긴 것은 물론 사실이지만, 항상 외딴 섬의 살인 사건을 해결해 보고 싶었던 로지코에게 절호의 기회가 온 것입니다.

용의자

시뇨르 에메랄드

이탈리아의 저명한 보석상. 희귀 보석을 찾아 세계를 여행하며, 주머니에서 수시로 보석을 흘린다.

173cm / 왼손잡이 / 밝은 갈색 눈 / 검은 머리

망고 신부

청빈의 맹세를 했지만 BMW를 몰고, 순종의 맹세를 했지만 25세의 부하가 있고, 순결의 맹세도 했기 때문에 휴가를 떠났다.

178cm / 왼손잡이 / 어두운 갈색 눈 / 대머리

미스 샤프론

매력이 넘치지만 머리는 비어 보인다. 아니면 그렇게 보이려는 것일지도 모른다. 아니면 그렇게 보이려는 것처럼 보이는 것일지도 모른다.

157cm / 왼손잡이 / 녹갈색 눈 / 금발

장소

절벽
실외

아주 높지만, 뾰족한 바위에 걸리면 추락을 멈출 수 있다.

고대 유적
실외

오래된 선돌 몇 개에 이상한 상형문자가 새겨져 있다.

부두
실외

전에는 번듯했던 것 같지만 이제는 낡고 썩은 부두. 상어 조심!

곰덫	**벽돌**	**작살**
무거움	보통 무게	무거움
사람에게 쓰기 너무 잔인한 것 같으면 곰의 기분도 생각해 보자!	평범한 보통 벽돌. 특별할 것 없는 그냥 벽돌.	물고기를 죽이는 무기. 사실은 무엇이든 죽일 수 있다.

단서

▶ 평범한 벽돌을 가져온 용의자는 망고 신부의 교구 신도였다.

▶ 미스 사프론은 가방 안에 곰덫이 있었다.

▶ 로지코의 돋보기 유리를 만든 회사와 같은 가문 사람이 절벽에 있었다(자료 A 참조).

▶ 고대 유적은 옆에 선 녹갈색 눈의 용의자에게 최면을 거는 것처럼 보였다.

▶ **로지코가 도착할 무렵, 노인의 시체를 상어들이 뜯어먹고 있었다.**

누가?

무엇으로?

어디에서?

사건 해결

3 │ 살인의 미학

미술관에 간 논리탐정 로지코는 혼란에 빠졌습니다. 어떤 살인 사건도 그곳의 그림들만큼 번 잡하지는 않았습니다. 어느 실험 미술가가 기이하게 살해되자, 로지코는 안도감을 느꼈습니다. 드디어 이해할 수 있는 게 나왔기 때문입니다.

용의자

슬레이트 대위

우주비행사. 달의 뒷면을 탐험한 최초의 여성이자, 우주선 부조종사 살인 혐의를 받은 최초의 인물.

165cm / 왼손잡이 / 어두운 갈색 눈 / 짙은 갈색 머리

아주어 주교

근처 교회의 주교. 친구와 적 모두를 위해 기도한다. 비는 내용은 다르지만….

163cm / 오른손잡이 / 밝은 갈색 눈 / 짙은 갈색 머리

블랙스톤 변호사

변호사에게 가장 중요한 능력, 즉 돈 받는 능력이 출중하다.

183cm / 오른손잡이 / 검은 눈 / 검은 머리

장소

옥상정원
실외

옥상정원! 비둘기가 있고! 비둘기에게 먹이까지 줄 수 있는! 멋진 곳.

입구 홀
실내

벽에 걸린 안내판에 따르면, 입구 홀의 건축 자체도 예술 작품이다.

화실
실내

박물관 뒤편의 화실. 미술 강좌 전단지가 널려 있다.

독이 든 와인 한 잔
가벼움

평범하게 독이 든 와인.
미스터리의 고전이다.

추상 조각상
무거움

로지코는
아무리 쳐다봐도
이해할 수 없었다.

희귀한 꽃병
무거움

로지코는 생각했다.
엄밀히 말해 수제품 꽃병은
전부 희귀품이라고.
다 하나밖에 없으니까.

단서

▶블랙스톤 변호사는 추상 조각상을 가져온 사람을 의심했다.

▶슬레이트 대위는 독이 든 와인 한 잔을 가져왔다.

▶추상 조각상은 화실에 없었다. 추상처럼 보이는 학생 작품도 간혹 있지만,

그건 그냥 못 만들어서 그렇다.

▶블랙스톤 변호사가 미술 강좌 전단지 위에 서 있었거나,

그게 아니면 슬레이트 대위가 옥상정원에 있었다.

▶**실험 미술가의 시체는 벽에 걸린 안내판 밑에서 발견되었다.**

용의자			장소		

누가?

무엇으로?

어디에서?

사건 해결

4 | 죽음으로 가는 마지막 열차

논리탐정 로지코는 육지로 돌아와 열차를 탔습니다. 하지만 곤란하게도 누군가가 기관사를 죽였습니다. 열차는 폭주하고 다들 어찌할 바를 모르는 가운데, 로지코만은 자기가 이 사건을 해결해야 한다는 것을 알았습니다.

용의자

모브 부사장

텍코 퓨처스의 부사장. 자기 메타버스에 들어오라는 요청을 받으면 정중하게 거절할 것.

173cm / 오른손잡이 / 어두운 갈색 눈 / 검은 머리

오버진 주방장

남편을 죽이고 요리해서 레스토랑 손님들에게 서빙했다는 소문이 있다. 헛소문이지만, 어딘가 어울리는 면이 있다.

157cm / 오른손잡이 / 파란 눈 / 금발

철학자 본

과감하고 어두운 철학자. 자신은 자기 행동에 책임을 질 필요가 없지만 보상은 받아야 한다는 윤리 이론의 선구자.

155cm / 오른손잡이 / 밝은 갈색 눈 / 대머리

장소

기관차
실내

귀를 울리는 증기 엔진 소리가 논리탐정 로지코의 생각을 방해한다.

승무원실
실내

열차 뒤편에 있다. 지금 떠나는 곳, 남겨 놓은 것들이 보인다….

지붕
실외

세찬 바람과 굴뚝의 연기 때문에 이 위에서는 몸을 가누기가 어렵다.

무기

이탈리아제 수입 나이프
가벼움

값을 따질 수 없을 것 같다.
당연하다. 아무 가치도
없으니까.

가죽 짐가방
무거움

추하게 생겼다.
가죽은 소가 입었을 때
훨씬 보기 좋았다.

돌돌 만 신문
(안에 쇠지레 있음)
보통 무게

그냥 신문이라고 생각하겠지!
그러다가… 우지끈!

단서

▶신문의 광고면 한 페이지가 뜨거운 증기 엔진 근처에서 발견되었다.

▶오버진 주방장과 가죽 짐가방을 가지고 온 사람은 예전에 아는 사이였다.

▶키가 가장 큰 용의자는 승무원실에 간 적이 없다.

▶철학자 본이 실외에서 돌아다니는 모습이 목격됐다.

▶**기관사는 뭔가에 찔려서 죽었다.**

	용의자			장소		
무기						
장소						

누가?

무엇으로?

사건 해결

어디에서?

개인 병원에 실려 온 논리탐정 로지코는 상처도 아팠지만, 이제 지갑이 몇 배로 아플 것을 알았습니다. 하지만 외과의사 크림슨 원장은 거래를 제안했습니다. 다른 환자가 살해된 사건을 해결해 주면 치료비를 2퍼센트 할인해 주겠다고요. 로지코는 바로 동의했습니다.

용의자

카퍼 경관

범죄자가 경찰일 때 좋은 점은,
중간책을 제거해서 자기 범죄 수사를 망칠 수 있다는 것이다.

165cm / 오른손잡이 / 파란 눈 / 금발

크림슨 원장

원장은 만나 본 사람 중에 자기가 제일 똑똑하다고 했고,
아마 그 말이 맞을 것이다. 흡연가이지만,
폐암이 생기면 치료법도 찾을 것 같다.

175cm / 왼손잡이 / 녹색 눈 / 붉은 머리

라피스 수녀

세계를 다니며 신의 돈으로 신의 일을 하는 수녀.
캐시미어와 소비를 손에서 놓지 못한다.

157cm / 오른손잡이 / 밝은 갈색 눈 / 밝은 갈색 머리

장소

주차장

실외

제복 입은 직원이
고급 세단을 주차하는 거대한
발레 파킹 주차장.

지붕

실외

큼직한 에어컨 실외기와
각종 산업 장비가 잔뜩
있어서 숨을 곳이 많다.

선물 가게

실내

역시 좋은 병원이라
선물 가게에서 귀금속을 판다.
다행히 할인 코너도 있다.

산이 든 약병
가벼움

라벨에 마시지 말라고
적혀 있다. 아무리 맛있어
보여도 참자.

무거운 현미경
무거움

들여다봐야 할 슬라이드는
그렇게나 작은데
현미경은 이렇게나 무겁다!

수술용 메스
가벼움

왠지 작아서
더 위험해 보인다.

단서

▶ 산이 든 약병은 지붕에 없었다(지붕에 있던 산 센서로 확인했다).

▶ 선물 가게에 간 용의자는 눈이 밝은 갈색이었다.

▶ 카퍼 경관의 무기에는 마시지 말라는 라벨이 붙어 있었다.

▶ 놀랍게도 크림슨 원장은 수술용 메스를 하나도 가지고 있지 않았다.

▶ **환자의 시체는 고급 세단 밑에서 발견되었다.**

	용의자			장소		
무기						
장소						

누가?

무엇으로?

사건 해결

어디에서?

6 | 골목에서의 살인

논리탐정 로지코가 집으로 걸어가는데, 어두운 골목에서 어두운 그림자가 하는 말에 발걸음을 멈췄습니다. 옵시디언 부인이 범죄를 저지르고서 아마도 무죄일 마술사에게 누명을 씌웠다는 것입니다(사건 1 참조). 그 그림자는 말을 더 잇기 전에 살해되었습니다.

용의자

커피 장군

한때 커피콩 한 알을 수확하려고 부하들을
죽음의 정글로 보냈던 에스프레소 애호가.

183cm / 오른손잡이 / 어두운 갈색 눈 / 대머리

우주인 블루스키

전직 소련 우주비행사. 빨간 피가 흐른다. 물론 그게 보통이지만,
그래도 이건 애국의 상징이다.

188cm / 왼손잡이 / 어두운 갈색 눈 / 검은 머리

미드나이트 3세

영화사가 다시 살인 추리극에 집중해서
옛 영광을 되찾아야 한다고 주장한다.

173cm / 왼손잡이 / 어두운 갈색 눈 / 짙은 갈색 머리

장소

철제 울타리
실외

흔한 철망 울타리.
특별한 점은 없다.

쓰레기 수거함
실외

냄새가 좋지 않다.
진짜 좋지 않다.
사실 끔찍하다.

정신 사나운 그래피티
실외

오토바이를 탄
용 벽화 때문에 느와르
분위기가 깨진다.

피아노 줄
가벼움

어딘가에 줄 하나가 빠진
피아노가 있고, 그 때문에
음악회가 망할 참이다.

쇠지레
보통 무게

솔직히 말해 다른 일보다
범죄에 훨씬
많이 쓰이는 물건.

독 다트
가벼움

이 다트 하나면
이미 죽은 목숨이다.

단서

- ▶미드나이트 3세의 얼굴에 익숙한 철망 무늬가 찍혀 있었다.
- ▶우주인 블루스키는 언제나 우주에 나갈 준비가 되어 있다.
  그래서 가벼운 무기를 가지고 있었다.
- ▶탐정 클럽에서 로지코에게 보낸 암호 메시지: 라니 벗흟슢 위비캐허 섮 북서(자료 A 참조).
- ▶우주인 블루스키는 음치라서 피아노 줄을 가져오지 않았다.
- ▶정신 사나운 그래피티 옆에 쇠지레 아니면 독 다트가 있었다.
- **▶시체는 시체치고도 냄새가 심하게 고약했다!**

	용의자			장소		
무기						
피아노 줄						
쇠지레						
독 다트						
장소						

누가?

무엇으로?

사건 해결

어디에서?

7 | 정겨운 작은 마을의 참사

논리탐정 로지코는 옵시디언 부인이 사는 정겨운 작은 마을로 가서, 바로 '교구 목사'라는 새로운 단어를 배웠습니다. 정확한 의미는 몰라도 문장 예시는 알았습니다. "교구 목사가 살해되었다. 범인을 찾으세요."

용의자

옵시디언 부인

인기작 중 하나는 미스터리 작가가 결백한 마술사에게 누명을 씌우는 내용이다. 수상하기도 하지.

163cm / 왼손잡이 / 녹색 눈 / 검은 머리

버디그리 부제

성공회 소속의 부제. 교구 신도들의 기부금, 그리고 가끔은 비밀을 다룬다.

160cm / 왼손잡이 / 파란 눈 / 반백 머리

그레이 백작

홍차로 유명한, 유서 깊은 그레이 백작가(Earl Grey)의 후손. 사인은 해 주지 않지만, 요청한 사람에게 티백 하나를 공짜로 준다.

175cm / 오른손잡이 / 밝은 갈색 눈 / 백발

장소

저택

실내

옵시디언 부인의 집. 여러 세대에 걸친 죽은 백인 부자들의 거대한 초상화가 가득하다.

성당

실내

스테인드글라스 창문과 비밀이 가득한 조그만 성당.

고대 유적

실외

똑같은 선돌이 여기에 또! 다들 옆면에 이상한 미궁이 새겨져 있다.

시안화물 한 병
가벼움

아몬드향 독극물.
(남편이라든가 하는) 두통을
없애는 효과도 있다.

원예 가위
보통 무게

원예는 멋진 취미지만,
사실 살인으로 훨씬 좋은
토마토를 얻을 수 있다.

실뭉치
가벼움

자수 한 땀을 놓친 걸
발견했을 때, 가끔은 그냥
누군가의 목을 조르고
싶어지는 법이다.

단서

▶ 로지코는 스테인드글라스 창문 아래에서 아몬드 냄새를 맡았다.

▶ 옵시디언 부인은 자기 저택에 없었다. 남의 저택에 가 있지도 않았다.

▶ 그레이 백작은 홍차 제국을 가졌지만, 원예는 결코 손대지 않는다.
가위를 든 모습을 보일 리도 없다.

▶ 버디그리 부제는 교회가 생기기 전 이 지역의 전통 종교 관습에 관한 글을 쓰려고
고대 유적을 조사하는 중이었다.

▶ **교구 목사는 부끄럽게도 실에 목이 졸려 죽었다.**

	용의자			장소		
시안화물						
원예 가위						
실뭉치						
저택						
교회						
유적						

누가?

무엇으로?

사건 해결

어디에서?

8 | 집사가 죽었어

옵시디언 부인의 저택에서 연이어 살인 사건이 또 일어났습니다! 부인이 점점 더 수상합니다. 죽은 사람이 집사라서 더욱 그렇습니다. 세상에 어떤 사람이 남의 집사를 죽이겠어요?

용의자

옵시디언 부인

정보: 옵시디언 부인의 두 번째 남편이 실종되고 일주일 후, 부인은 정원 바닥을 다시 깔았다. 온갖 신문들이 그 일로 신나게 떠들었지만, 부인의 책은 판매량이 두 배로 뛰었다.

163cm / 왼손잡이 / 녹색 눈 / 검은 머리

룰리언 경

최근에 기사로 임명된 섬세한 신사. 들고 다니는 조잡한 서류에 따르면 그렇다.

173cm / 오른손잡이 / 파란 눈 / 붉은 머리

미스 사프론

매력이 넘치지만 머리는 비어 보인다. 아니면 그렇게 보이려는 것일지도 모른다. 아니면 그렇게 보이려는 것처럼 보이는 것일지도 모른다.

157cm / 왼손잡이 / 녹갈색 눈 / 금발

장소

으스스한 다락
실내

거미줄, 가보, 귀신 붙은 그림들만 있는 곳.

주 침실
실내

침대가 너무 커서 맞춤 침실을 지었다.

마당
실외

풀 한 종류로만 5cm 길이로 균일하게 잘 가꾼 풀밭.

돋보기
보통 무게

단서를 찾고,
작은 글씨를 읽고, 작은 불을
낼 때 유용한 물건.

골동품 시계
무거움

똑딱똑딱. 시간은
우리를 천천히 죽인다.

도끼
보통 무게

나무를 찍는 물건.
사람도 찍을 수 있다!

단서

▶미스 사프론이 도끼를 가지고 왔거나, 그게 아니면 도끼는 주 침실에 있었다.

▶룰리언 경은 도끼를 가져온 사람을 피해 숨어 있었다.

▶골동품 시계는 실내용이라서 마당에는 없었다.

▶미스 사프론이 자기 무기로 가십 잡지 광고의 작은 글씨를 읽는 모습이 목격되었다.

▶**가보에 피가 튀어 있었다.**

	용의자			장소		
무기						
장소						

누가?

무엇으로?

사건 해결

어디에서?

로지코는 옵시디언 부인이 정말 무죄일 수 있을까 생각하고 있었는데, 정원 미로 쪽에서 비명 소리가 들렸습니다. 미로에 뛰어들어 길을 잃었다가, 다시 길을 찾고 옵시디언 부인을 발견했습니다. 이제는 로지코도 부인이 무죄인 것은 알았습니다. 죽었으니까요.

용의자

카퍼 순경

카퍼 경관의 일란성 쌍둥이. 부모가 이혼했을 때 바다를 건넜다. 둘은 공통점이 아주 많다. 키도, 직업도, 폭력적인 성향도.

165cm / 오른손잡이 / 파란 눈 / 금발

라벤더 경

보수적인 귀족원 의원. 히트 뮤지컬 〈길고양이들〉의 작곡가이기도 하다.

175cm / 오른손잡이 / 녹색 눈 / 반백 머리

미스 사프론

매력이 넘치지만 머리는 비어 보인다. 아니면 그렇게 보이려는 것일지도 모른다. 아니면 그렇게 보이려는 것처럼 보이는 것일지도 모른다.

157cm / 왼손잡이 / 녹갈색 눈 / 금발

장소

분수대

실외

미로 한가운데를 찾아갈 수 있다면, 그곳의 분수대를 볼 수 있다.

경비탑

실내

정원 위에서 모든 것을 볼 수 있다. 벽에는 미로의 비밀을 일부 밝힌 지도가 있다.

고대 유적

실외

또 똑같은 유적이! 미로의 나머지 부분보다 훨씬 오래전부터 있었다.

원예 가위
보통 무게

녹이 좀 슬었고,
나사도 잘 빠질 것 같다.

화분
보통 무게

살인에 쓸 생각이라면
일단 꽃부터
옮겨 심으면 좋겠다.

독을 탄 차
가벼움

향긋한 차 한 모금과
길고 긴 낮잠.

단서

▶ 독을 탄 차는 고대 유적에도 없고 분수대에도 없었다.

▶ 키가 가장 큰 용의자와 원예 가위를 가진 사람은 전에 아는 사이였다.

▶ 화분은 고대 유적에 없었다. 아닌가? (없었음)

▶ 미스 사프론은 친구 그레이 백작의 제품을 늘 즐긴다. 이번에는 거기에 독을 약간 넣었다.

▶ **옵시디언 부인의 시체는 피가 튄 지도 옆에서 발견되었다.**

	용의자			장소		
원예 가위						
화분						
독을 탄 차						
분수대						
체스 말						
고대 유적						

누가?
_____

무엇으로?
_____

어디에서?
_____

사건 해결

10 | 먹고 마시고 즐기자, 망나니가 죽었다! 🔍

지역마다 시간대가 다른 것은 추리 분석에서 가장 어려운 문제입니다. 로지코는 그 부분에서 실수하는 바람에 집으로 가는 비행기를 놓쳤습니다. 시간을 때울 겸 마을 주점에 가 보니 모두 시끄러운 망나니의 죽음을 경축하고 있었습니다. 모두가 범인을 찾아 술을 사고 싶어 하기에, 로지코는 기꺼이 돕기로 했습니다.

용의자

브라운스톤 수사

평생을 교회(의 돈벌이)를 위해 헌신한 수도사.

163cm / 왼손잡이 / 어두운 갈색 눈 / 짙은 갈색 머리

샴페인 동무

부유한 공산주의자. 세계를 여행하며 휴가지의 동지들에게 공산주의 메시지를 전하는 것이 최고의 기쁨이다.

180cm / 왼손잡이 / 녹갈색 눈 / 금발

그랜드마스터 로즈

체스 그랜드마스터. 항상 다음 일을 미리 계획한다. 다음 상대를 제거하는 일까지도! (1. e4)

170cm / 왼손잡이 / 어두운 갈색 눈 / 짙은 갈색 머리

장소

중앙의 바
실내

망나니의 죽음을 경축하며 무료 음료를 주고 있다.

구석의 부스 자리
실내

눈에 띄지 않고 싶을 때 앉는 그늘진 자리.

비좁은 화장실
실내

마치 저가 항공기용으로 설계한 것처럼 좁다.

코르크 따개
가벼움

주위를 둘러보니
온통 무기가 널려 있다.

와인병
보통 무게

얼룩 조심. 붉은색이
좀처럼 빠지지 않는다.

수정구
무거움

들여다보면 미래가 보인다.
미래에 그 수정구가 될
사람에게는.

단서

▶ 아주 작은 공간에서 붉은 얼룩이 발견되었다.

▶ 체스 선수는 와인병 가진 사람을 수상하게 여겼다.

▶ 코르크 따개는 분명 중앙의 바에 없었다.

▶ 코르크 따개를 가진 사람은 금발이었다.

▶ **사람들은 망나니의 식지도 않은 시체를 바로 옆에 두고 무료 음료를 나눠주는 중이다!**

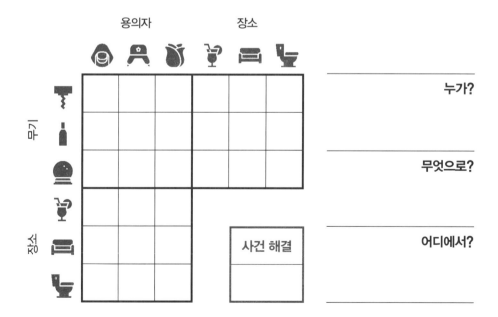

11 | 카페 살인 사건

집으로 돌아온 논리탐정 로지코는 좋아하는 카페에 가서 옵시디언 부인의 일을 생각해 보기로 했습니다. 그렇게 생각에 잠긴 틈에, 바리스타가 죽었습니다. 살인을 막지는 못했지만, 사건은 해결할 수 있습니다.

용의자

커피 장군

마치 전쟁을 좋아하듯
항상 커피를 좋아하는 에스프레소 애호가.

183cm / 오른손잡이 / 어두운 갈색 눈 / 대머리

라즈베리 코치

미시시피강 어느 편에 있건, 그쪽에서 손꼽히는 유능한 코치.
도박 문제가 있다는 말도 듣지만,
스스로는 위험을 즐긴다고 말한다.

183cm / 왼손잡이 / 파란 눈 / 금발

부키상 수상자 게인스

누구를 만나도 2분 안에 자기 소설이
부킹턴상을 받았다고 말한다.
흙에 관한 6000페이지짜리 책이다.

183cm / 왼손잡이 / 녹갈색 눈 / 밝은 갈색 머리

장소

안뜰
실외

거대한 참나무 아래의 어른거리는
햇빛이 식탁과 의자에 닿는다.
대화… 또는 살인을 하기에
아주 좋은 곳이다.

원두 창고
실내

원두 자루가 가득한 방.
진하고 맛있는 냄새에
로지코는 원두가
먹고 싶어졌다.

카운터
실내

작은 종이 놓여 있다.
바리스타들에게
무시할 사람이 왔다고
알리는 데 쓴다.

벽돌
무거움

평범한 보통 벽돌.
특별할 것 없는 그냥 벽돌.

금속 빨대
무거움

플라스틱 빨대보다
환경에 좋지만 더 치명적이다!

독을 탄 커피
보통 무게

피마자 열매로 만든
리신(맹독성 단백질)을 탔다.
두 가지 콩이 든
수프라고 할 수 있다.

단서

▶ 부키상 수상자 게인스는 안뜰에 간 적이 없고, 가고 싶었던 적도 없다.

▶ 라즈베리 코치는 독을 탄 커피를 가진 사람과 시합을 뛰곤 했다.

▶ 로지코는 원두 자루 밑에 묻힌 평범한 벽돌 조각을 발견했다.

▶ 카운터에 있었던 사람은 논리탐정 로지코가 쓰는 커피잔의 전 주인이다(자료 A 참조).

▶ **살인 무기는 금속 빨대였다.**

	용의자			장소			
벽돌							누가?
빨대							
커피							무엇으로?
나무					사건 해결		
자루							어디에서?
종							

12 | 미궁에 빠진 미스터리 서점의 미스터리 🔍

논리탐정 로지코는 옵시디언 부인의 미스터리 소설을 조사해서 옵시디언 부인의 미스터리를 풀기로 마음먹고 근처 미스터리 서점에 갔습니다. 하지만 그곳에서 마주친 첫 번째 미스터리는 서점 주인의 죽음이었습니다.

용의자

슬레이트 대위

우주비행사. 달의 뒷면을 탐험한 최초의 여성이자,
우주선 부조종사 살인 혐의를 받은 최초의 인물.

165cm / 왼손잡이 / 어두운 갈색 눈 / 짙은 갈색 머리

샴페인 동무

부유한 공산주의자. 세계를 여행하며 휴가지의 동지들에게
공산주의 메시지를 전하는 것이 최고의 기쁨이다.

180cm / 왼손잡이 / 녹갈색 눈 / 금발

더스티 감독

진정한 영화 장인.
오직 영화를 만드는 일만 중요하게 여긴다.
뭐가 어떻게 되더라도.

178cm / 왼손잡이 / 녹갈색 눈 / 대머리

장소

할인 코너
실내

명작들이 많다.
머지않아 반쯤 푼
《크라임 퍼즐》이 갈 곳.

카운터
실내

책과 여기서 파는
소품들을 고객이 실제로
구입하는 곳.

희귀본 코너
실내

옵시디언 부인의 초판 도서
한 권이 로지코 아버지의 평생
수입보다 비싸게 팔린다.

무기

에코백	**접이식 뼈칼**	**얇은 종이책**
보통 무게	가벼움	보통 무게
책을 좋아하는 마피아 단원들이 암살에 쓰는 캔버스 백. 책을 운반할 수도 있다.	동물 뼈로 만든 것이 사실이지만, 전에 뭔가를 죽인 사람이 꼭 또 뭔가를 죽이는 것은 아니다.	머리를 때리기에는 너무 가볍지만, 값싼 잉크에 독성이 있다.

단서

▶에코백은 할인 코너에서 찾을 수 없었다.

▶카운터에서 독성 잉크 얼룩이 발견되었다.

▶희귀본 코너에 간 사람의 어두운 갈색 눈이 도난 방지용 거울에 비쳤다.

▶할인 코너에는 영화 서적이 없어서 더스티 감독이 가지 않았다.

▶**서점 주인의 몸에서 동물 뼈 부스러기가 발견되었다.**

	용의자			장소		
무기 🛍️						
🗡️						
📖						
장소 ⬇️						
🪑				사건 해결		
📚						

누가?
_____

무엇으로?
_____

어디에서?
_____

13 | 카우보이 살인 사건

옵시디언 부인은 다양한 장소와 시대의 미스터리를 썼고, 로지코는 그걸 모두 읽기로 마음먹었습니다. 첫 작품은 가짜 단서, 검은 모자, 올가미가 가득한 서부극이었습니다. 목장주가 살해된 이야기인데, 용의자들이 실제 인물을 모델로 한 것 같았습니다.

용의자

카우보이 라즈베리

미시시피강 어느 편에 있건, 그쪽에서 손꼽히는 유능한 카우보이. 도벽 문제가 있다는 말도 듣지만, 스스로는 위험을 즐긴다고 말한다.

183cm / 왼손잡이 / 파란 눈 / 금발

파인 판사

시골 법정의 주재자이며, 개척지 정의에 관한 신념을 스스로 정해 굳게 지킨다.

168cm / 오른손잡이 / 어두운 갈색 눈 / 검은 머리

커피 상병

당시 커피 애호가들은 블랙 커피를 마셨다. 상병은 커피를 좋아했다.

183cm / 오른손잡이 / 갈색 눈 / 대머리

장소

술집
실내

방문했던 모든 사람이 평생 최악의 술집으로 손꼽는 곳.

우물
실외

서부에서 가장 깨끗한 물이 나오는 곳. 물은 어두운 갈색이다.

호텔
실내

시간당 요금제를 최고의 혜택으로 내세우는 누추한 숙소.

찌르는 나이프
보통 무게

찌르는 용도로
완벽한 나이프.

선인장
보통 무게

가시 조심.
이걸로 때리는
사람도 조심.

오염된 밀주
보통 무게

마시면 확실히 죽는다.
냄새조차도 위험하다.

단서

▶어두운 갈색 물에 가시 몇 개가 잠겨 있었다.

▶파인 판사는 찌르는 나이프를 가진 사람을 수상하게 여겼다(타당한 판단이다).

▶커피 상병은 호텔에 간 적이 없다.

▶선인장을 가져온 사람은 눈이 파란색이었다.

▶**목장주 살해에는 오염된 밀주가 사용되었다.**

	용의자			장소		
무기						
무기						
무기						
장소						
장소						
장소						

사건 해결

누가?

_____

무엇으로?

_____

어디에서?

_____

14 | 매우 적절한 살인

다음으로 로지코는 추리극의 중심지, 빅토리아 시대 런던 배경의 책을 읽었습니다. 배경 조사도 충실했지만 혈서, 눈에 찍힌 발자국, 마을 최고 부자인 천 파운드 장자 라벤더 경의 살해와 같은 흥밋거리도 잔뜩 들어 있었습니다.

용의자

마룬 남작

놀랍도록 오만하고 앙심을 잘 품는 남자.
아무도 남작의 심기를 거스르고 싶어 하지 않는다.
적어도 아직 살아 있는 사람들은….

188cm / 오른손잡이 / 녹갈색 눈 / 붉은 머리

그레이 백작

유서 깊지만 조금 덜 오래된 그레이 백작가의 후손.
사인은 해 주지만 티백에 추가 요금을 받는다.

175cm / 오른손잡이 / 밝은 갈색 눈 / 백발

데미넌스 자작

평생 본 사람 중에 가장 나이가 많다.
아들들은 모두 먼저 보냈고 자기 아버지보다 먼저 태어났다고 한다.

157cm / 왼손잡이 / 회색 눈 / 짙은 갈색 머리

장소

탐구 협회 실내	**유령 저택 후보지** 실내	**커피하우스** 실내
최근 설립된 조직. 심령학과 기타 관련 현상을 조사한다.	유령 목격담이 많은 곳. 특히 지하실 소각로에서 많이 목격된다.	커피를 마시고 최근의 끔찍한 사건 이야기를 할 수 있는 곳.

무기

나이프	**역병**	**보석 박힌 홀**
보통 무게	가벼움	무거움
유명하지는 않은 보통 나이프. 하지만 곧 유명해질 수도 있다!	페스트는 아닌 흔한 전염병.	왕의 예장 중 하나. 나머지와 마찬가지로 다른 나라에서 훔쳐 왔다.

단서

- ▶ 나이프는 최근 설립된 조직의 본부에서 발견되었다.
- ▶ 데미넌스 자작은 유령이 싫어서 유령 저택 후보지 근처에도 가지 않았다.
- ▶ 마룬 남작과 역병을 가져온 사람 사이의 연애가 가장 큰 서브플롯이었다.
- ▶ 보석 박힌 홀을 쥐었던 손의 지문은 왼손잡이 용의자의 것이었다.
- **▶ 라벤더 경의 시체는 깨진 커피잔 옆에서 발견되었다.**

누가?

무엇으로?

어디에서?

사건 해결

15 | 당황스러운 앵무새 문제

요호호! 옵시디언의 다음 소설은 해적 이야기였습니다. 스릴과 낭만, 다양한 색의 수염이 가득했습니다. 로지코는 첫 번째 장에서 검은 수염의 앵무새가 살해되는 장면의 반전에 완전히 반했습니다. 검은 수염의 원한을 산 사람은 이제 큰일났습니다!

용의자

검은 수염

유명하고, 공포의 대상이며,
수염으로 존경 받는다.

213cm / 오른손잡이 / 검은 눈 / 검은 머리

푸른 수염

사실은 해적이 아니라 아내를 살해한 프랑스인.

198cm / 왼손잡이 / 파란 눈 / 파란 머리

민둥 수염

전에는 붉은 수염이었는데 수염을 밀었다.
파트타임 해적.

175cm / 오른손잡이 / 녹색 눈 / 붉은 머리

장소

거대 소용돌이
실외

바다에 있는 커다란 구멍으로
물이 전부 내려가는 것 같다.

해적들의 만
실외

모든 해적들이 술을 마시고
보물 묻을 곳을
정하러 가는 곳
(아마도 고대 유적에…).

해적선
실외

요호호,
나를 기다리는 것은
해적의 삶과 필연적인
해적의 죽음.

무기

대포
무거움

보통은 사람(또는 앵무새)
둘 이상을 죽일 때 쓰지만,
예외도 있는 법이다.

시미터
보통 무게

그냥 곡선형 칼일 뿐이지만
시미터라고 부르면 멋있다.

가짜 보물지도
가벼움

지도를 따라가면 폭탄이
설치된 구덩이에 빠진다.

단서

▶푸른 수염이 시미터를 가져왔거나, 그게 아니면 가짜 보물지도가 해적선에 있었다.

▶키가 두 번째로 큰 용의자는 해적들이 살고 죽는 곳에서 목격되었다.

▶가짜 보물지도가 바다에서 거대한 원을 따라 돌다가 소금물 속으로 사라졌다.

▶키가 가장 작은 용의자는 대포를 가진 사람을 의심했다.

▶**앵무새는 바다가 육지로 파고드는 곳의 물 위에 떠 있었다.**

		용의자		장소	

누가?

무엇으로?

사건 해결

어디에서?

16 | 살인의 15퍼센트

논리탐정 로지코는 옵시디언 부인의 시체를 찾으러 에이전시로 찾아갔습니다. 시체는 있었지만 옵시디언 부인이 아니었습니다. 유력한 에이전트의 시체가 사무실에 있었습니다.

용의자

편집자 아이보리

역대 최고의 로맨스 편집자. 적이 연인으로 바뀌는 장르를 만들어 냈고, 최초로 책 표지에 벗은 남자를 넣었다.

168cm / 왼손잡이 / 밝은 갈색 눈 / 반백 머리

조수 애플그린

학교 교장인 아버지의 자랑스러운 딸. 하지만 부족한 면이 있으니, 그것은 바로 수입이다.

160cm / 왼손잡이 / 파란 눈 / 금발

에이전트 잉크

따뜻한 마음과 뜨거운 탐욕을 가진 에이전트. 살고 싶으면 적으로 삼지 말 것.

165cm / 오른손잡이 / 어두운 갈색 눈 / 검은 머리

장소

발코니
실외

발코니에 서면 발 아래의 도시를 내려다볼 수 있다.

최고의 사무실
실내

이달 최고의 실적을 올린 에이전트가 사용하는 사무실. 최저 성과자는 해고된다.

쓰레기 접수실
실내

소각로 겸용.

골동품 타자기 무거움	**거대한 책더미** 무거움	**종이 한 연** 보통 무게
주제를 은근하게 적을 수도 있고, 머리를 내리칠 수도 있다.	밀어서 넘어뜨리면 사람이 깔린다. 들고 다니기는 어렵다.	이 빈 종이로 베인 상처를 잔뜩 만들거나 한 번 세게 때릴 수 있다.

단서

▶ 편집자 아이보리와 거대한 책더미를 가진 사람은 몇 년째 알고 지냈다.

▶ 조수 애플그린은 발코니에 나가는 것이 금지되었다.

▶ 로지코가 탐정 클럽에서 받은 암호문: 싯르새해 주둣 초해 초히허(자료 A 참조).

▶ 쓰레기 접수실에 있었던 사람은 오른손잡이가 아니었다면 불탔을 것이다.

▶ **죽은 에이전트는 이달의 최고 실적 에이전트였다.**

	용의자			장소		
골동품 타자기						
거대한 책더미						
종이 한 연						
장소1						
장소2				사건 해결		
장소3						

누가?
_____

무엇으로?
_____

어디에서?
_____

17 | 계약서와 선장과 사건

출판계의 전설인 초크 회장의 요트에서, 로지코는 시리즈 도서의 계약서에 서명하고 선원 살인 사건을 해결하기 시작했습니다. 이 사건도 책에 추가할 예정입니다. 일단 해결하고 나면요.

용의자

부커상 수상자 게인스

누구를 만나도 2분 안에 자기 소설이 부커턴상을 받았다고 말한다. 흙에 관한 6000페이지짜리 책이다.

183cm / 왼손잡이 / 녹갈색 눈 / 밝은 갈색 머리

초크 회장

여러 해 전에 출판업을 속속들이 파악한 뒤로 오직 앞만 보고 나아간다. 전자책은 반짝 유행으로 치부하며, 아직도 다이얼식 전화를 쓴다. 억만장자.

175cm / 오른손잡이 / 파란 눈 / 백발

에이전트 잉크

따뜻한 마음과 뜨거운 탐욕을 가진 에이전트. 살고 싶으면 적으로 삼지 말 것.

165cm / 오른손잡이 / 어두운 갈색 눈 / 검은 머리

장소

갑판	**기관실**	**식당**
실외	실내	실내
바다를 내려다볼 수 있다. 너무 멀리 보면 누군가에게 밀려 떨어질 수 있으니 조심.	친환경 요트라서 핵 반응로를 쓴다. 우라늄 연료봉이 소모되면 그냥 바다에 버린다.	수상 경력이 화려하지만 땅에서는 취업이 금지된 주방장을 값싸게 고용했다.

오래된 닻
무거움

이끼에 뒤덮이고 체인이
녹슬어서 멋있게 보인다.

황금 펜
가벼움

계약서에 서명할 때와
경쟁자를 찌를 때 유용하다.
잉크도 금이다.

아기 상어
보통 무게

던지고 보자.
적에게 던지고 아기 이빨이
움직이는 것을 보자.

단서

▶두 번째로 키가 큰 용의자는 기관실에 간 적이 없다.

▶멀미에 시달리는 사람이 '뒤죽박죽' 끄적인 글이 있었다: 에판갑 손이잡가왼.

▶부키상 수상자 게인스는 황금 펜을 가진 사람을 시기했다.
 그리고 자기 황금 펜을 가지고 오지 않은 것을 아쉬워했다.

▶요트에는 식당에 오래된 닻을 들이지 못하게 하는 엄격한 규정이 있다.
 살인을 저지를 때조차 아무도 그 규정을 위반하지는 않는다.

▶키가 가장 큰 용의자는 오래된 닻을 가져오지 않았다.

▶**날카롭고 작은 이빨이 선원의 시체를 물어뜯고 있었다.**

	용의자			장소		
🏴 (오래된 닻)						
✒️ (황금 펜)						
🦈 (아기 상어)						
🪖						
⚙️						
🍴						

누가?

무엇으로?

어디에서?

사건 해결

18 | 부키상 수상작을 던져라

그해 제138회 연간 부킹턴 시상식에서, 논리탐정 로지코는 특허나 귀한 상인 실화 기반 살인 미스터리 퍼즐북 데뷔작 대상 분야의 수상 후보에 올랐습니다. 안타깝게도, 수상자 발표 직후에 부킹턴 협회 회장이 피살되었습니다. 범인은 누구일까요? 수상자는 누구일까요?

용의자

철학자 본

과감하고 어두운 철학자. 자신은 자기 행동에 책임을 질 필요가 없지만 보상은 받아야 한다는 윤리 이론의 선구자.

155cm / 오른손잡이 / 밝은 갈색 눈 / 대머리

논리탐정 로지코

마침내, 실제 살인이 일어나는 현장에 있었다. 그래서 용의자가 되었다.

183cm / 오른손잡이 / 어두운 갈색 눈 / 검은 머리

전설의 대스타 실버튼

할리우드 영화의 황금기를 살았고, 지금은 황혼기를 살아가는 대배우.

193cm / 오른손잡이 / 파란 눈 / 은발

장소

무대
실내

연단 위에 올라가 수십 명의 우렁찬 박수 속에서 상을 받는 곳.

후보자석
실내

극적인 분위기를 위해 후보자 몇 명이 함께 앉아 있다.

무대 뒤편
실내

인턴과 보조 인력이 밧줄, 지레, 제어판과 씨름하는 곳.

무기

부키상 트로피
보통 무게

출판계에서 최고로
평가되는 상을 애칭으로
부키상이라고 부른다.
가짜 금박이 조금씩 벗겨진다.

무거운 책
무거움

게인스의 흙에 관한
6000페이지짜리 책.

만년필
가벼움

수표에 서명을 하거나
목을 찌를 수 있다.
아쉽게도 잉크가 샌다.

단서

▶철학자 본은 이번 부키상 수상자를 싫어했다.

▶한 광팬이 단서를 적어 논리탐정 로지코에게 준 '뒤죽박죽' 쪽지:

　우대배 버실이튼 운무거 의책 유소를자 함심의.

▶후보자석에 있던 사람은 보통 무게의 무기를 가지고 있었다.

▶전설의 대스타 실버튼이 무거운 책을 가지고 왔거나,

　그게 아니면 전설의 대스타 실버튼이 연단 바로 뒤에 있었다.

▶**피해자의 시체는 제어판 위에 쓰러져 있었다.**

	용의자			장소		
🖨️						
📚						
🖌️						
🎭						
▭				사건 해결		
⚙️						

누가?

_____

무엇으로?

_____

어디에서?

_____

19 | 또 다른 서점 주인의 죽음

출판사에서 논리탐정 로지코의 《크라임 퍼즐》 홍보를 위해 북투어를 추진했지만, 다른 작가가 서점 주인을 죽이는 바람에 한 곳은 행사를 취소해야 했습니다. 하지만 출판계 관행 때문에 취소된 곳이 어디인지는 알려주지 않아서, 로지코가 직접 알아내야 했습니다.

용의자

루스카니 총장

추리대학 총장으로서,
살인의 처벌을 회피할 최상의 방법을 추리해 냈다.
물론, 이론적으로만!

165cm / 왼손잡이 / 녹색 눈 / 반백 머리

셀러돈 장관

국방 장관. 전쟁 범죄도 꽤 저질렀다.
셀러돈 학살의 바로 그 셀러돈.

168cm / 왼손잡이 / 녹색 눈 / 밝은 갈색 머리

모브 부사장

텍코 퓨처스의 부사장. 자기 메타버스에 들어오라는
요청을 받으면 단호하게 거절할 것.

173cm / 오른손잡이 / 어두운 갈색 눈 / 검은 머리

장소

할리우드
실외

번쩍이는 도시,
천사의 도시, 라라랜드,
꿈을 만드는 곳.

텍토피아
실외

한 억만장자가 사막에
완전 자동화 도시를 세웠다.
목표는 식량 파괴.
성공할 것 같다.

드라코니아 공화국
실외

전에는 드라코니아
신성공화국이었는데
이제는 드라코니아
자유공화국이다.

무기

노트북 컴퓨터

보통 무게

업무용 기계.
일을 방해하는 세상의
모든 것과도 연결되어 있다.

독을 넣은 양초

보통 무게

이 양초를 켜면 그 방의
모든 사람이 죽는다. 하지만
좋은 라벤더 향기가 난다.

육분의

보통 무게

정신을 가다듬고
선원처럼 생각해 보자.

단서

▶꿈을 만드는 곳에서는 누구나 노트북 컴퓨터가 있다.

▶드라코니아 공화국은 전국에 육분의가 단 하나도 없다.

▶셀러돈 장관은 영화에서 군대를 더 좋게 묘사할 때까지 할리우드를 방문하지 않겠다고 했다.

▶육분의를 가진 사람은 이름이 논리탐정 로지코의 영화 테이프 제작사와
  같은 자음으로 시작한다(자료 A 참조).

▶시체에서 라벤더 향이 났다.

	용의자			장소		
노트북						
양초						
육분의						
H						
빌딩						
성						

누가?

_____

무엇으로?

_____

사건 해결

어디에서?

_____

20 | 죽도록 피곤한데 또 살인이

논리탐정 로지코는 북투어를 마치고 터덜터덜 사무실로 돌아왔습니다. 작은 사무실이지만, 정리가 하도 잘 되어 있어 실제보다 커 보입니다. 아쉽게도 가지런한 정리 정돈을 흩어 놓는 존재가 넷 있었으니, 안에서 기다리는 사람 세 명과 그 사이의 시체 한 구입니다.

우주인 블루스키

전직 소련 우주비행사. 빨간 피가 흐른다. 물론 그게 보통이지만, 그래도 이건 애국의 상징이다.

188cm / 왼손잡이 / 어두운 갈색 눈 / 검은 머리

크림슨 원장

원장은 만나 본 사람 중에 자기가 제일 똑똑하다고 했고, 그 말이 맞을 것이다. 스카이다이빙을 해도 문제가 생기면 최적의 추락 경로를 계산해 내겠지.

175cm / 왼손잡이 / 녹색 눈 / 붉은 머리

커피 장군

사람이 죽을 정도로 진한 커피를 끓인 적이 있는 에스프레소 애호가.

183cm / 오른손잡이 / 어두운 갈색 눈 / 대머리

장소

사무실
실내

책상, 책장 가득한 논리학 서적, 벽돌 벽이 보이는 창문.

옷장
실내

로지코의 옷이 알파벳 순으로 가지런히 정렬되어 있다.

대기실
실내

로지코는 접수원이 없다. 여기에는 기다리라는 팻말과 종만 놓여 있다.

54

무기

추리대학 학위증
무거움

무거운 참나무 액자 덕에
훌륭한 둔기가 된다.
논리학 학위가 쓸모없다는
사람이 누구지?

가죽 장갑
가벼움

가죽 장갑 낀 사람을
조심할 것.
그 아래에 무엇을
숨기고 있을까?!

돋보기
보통 무게

단서를 찾고,
작은 글씨를 읽고,
작은 불을 낼 때
유용한 물건.

단서

▶ 우주인 블루스키는 돋보기를 가져온 사람을 싫어했다.

▶ 돋보기는 벽돌 벽이 보이는 창문 근처에서 발견되었다.

▶ 알파벳 순으로 정렬된 재킷들 뒤에서 크림슨 원장이 보였다.

▶ 분명히 가죽 장갑은 대기실에 없었다.

▶ **살해 도구는 논리학 학위였다.**

누가?

무엇으로?

어디에서?

사건 해결

55

21 | 유전에서의 유감스러운 죽음

논리탐정 로지코는 낡은 해적 지도를 보고 바다 가장자리의 유전에 도착했습니다. ×표시된 위치에는 옵시디언 부인과 다른 사람 둘(시체까지 치면 셋)이 함께 있었습니다.

용의자

초크 회장

여러 해 전에 출판업을 속속들이 파악한 뒤로 오직 앞만 보고 나아간다. 전자책은 반짝 유행으로 치부하며, 아직도 다이얼식 전화를 쓴다. 억만장자.

175cm / 오른손잡이 / 파란 눈 / 백발

미드나이트 3세

미드나이트 영화사의 옛 영광을 되찾을 수 있는 유일한 사람일지도 모른다.

173cm / 왼손잡이 / 어두운 갈색 눈 / 짙은 갈색 머리

옵시디언 부인

죽음에서 돌아오다니! 로지코는 소설에 나오는 완전 범죄의 아이디어를 전부 어디에서 얻었느냐는 인터뷰 질문을 받았을 때 일 분 내내 쿡쿡거리고 웃던 부인의 모습이 생각났다.

163cm / 왼손잡이 / 녹색 눈 / 검은 머리

장소

유정탑
실외

거대한 유정탑으로 지금도 유정을 더 파고 있다.

사무실
실내

에어컨 설정 온도가 하도 낮아서 유전에서 나온 에너지 대부분을 소비한다.

고대 유적
실외

유전 가장자리에서 보면 지는 해를 배경으로 그림자 같은 윤곽이 드러난다.

쇠지레
보통 무게

솔직히 이 정도면
다른 어떤 용도보다도
범죄에 많이 쓰이고 있다.

철근
보통 무게

긴 모양의 금속. 이보다
더 무기 같을 수는 없다.
시멘트 가루와 함께
사용되는 일이 많다.

석유 드럼통
무거움

이름은 드럼이지만
그냥 거대한 캔 같다.
이걸 연주하는 밴드도
본 적이 없다.

단서

▶아무도 석유 드럼통을 고대 유적 근처에 두지는 않는다. 그런 미신이 있기 때문이다.

▶초크 회장이 석유 드럼통을 가지고 왔거나, 그게 아니면 쇠지레가 유정탑에 있었다.

▶믿을 만한 친구가 논리탐정 로지코에게 '다음 글자' 암호로 작성된 쪽지를 주었다.

츠히 히잇 잌슊 비딜스 수얄슊 식 힐.

▶미드나이트 3세도 옵시디언 부인도 사무실에는 간 적이 없다.

▶**피해자 옆에서 시멘트 가루가 약간 발견되었다.**

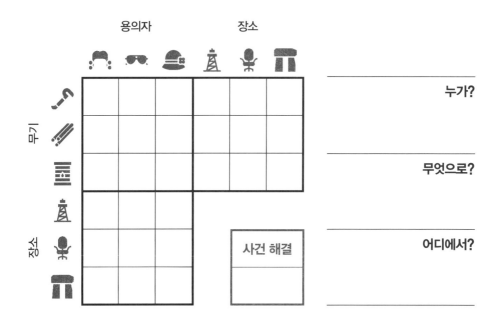

22 | 사망 요금 청구서

옵시디언 부인은 세계에서 가장 비싼 법무 회사인 블랙스톤 앤 블랙스톤에 일을 맡겼고, 그중 한 명(블랙스톤 변호사)이 사건 조사를 위해 로지코를 사무실로 불렀습니다. 불행히도, 로지코가 도착했을 때 블랙스톤 변호사는 사건 피해자가 되어 있었습니다.

용의자

옵시디언 부인

옵시디언 부인은 담당 변호사가 아주 많다.
부인의 책 《나의 담당 변호사들》은
그 점에서 아이디어를 얻었을 것이다.

163cm / 왼손잡이 / 녹색 눈 / 검은 머리

모브 부사장

텍코 퓨처스의 부사장. 자기 메타버스에 들어오라는
요청을 받으면 즉시 그 자리를 벗어날 것.

173cm / 오른손잡이 / 어두운 갈색 눈 / 검은 머리

블랙스톤 변호사

죽지 않은 나머지 한 명. 변호사에게 가장 중요한 능력,
즉 돈 받는 능력이 출중하다.

183cm / 오른손잡이 / 검은 눈 / 검은 머리

장소

로비
실내

거대한 분수대, 대리석 책상.
신속하게 경찰을 부를
접수원이 있다.

어소시에이트 사무실
실내

작고 좁고 번잡한 벽장 같은
사무실. 푼돈을 받으며
과로하는 사람이 쓰고 있다.

파트너 사무실
실내

최고부터 최악까지 현재
살아 있는 모든 미국 대통령과
파트너 변호사가 함께
찍은 사진들이 걸려 있다.

무기

대리석 흉상
무거움

유명한 변호사의 흉상.
올려다보면 실망스러운
모습이 보인다.

난해한 계약서
가벼움

어려운 법률 용어 때문에
머리가 지끈거린다.

독 탄 잉크병
가벼움

어떻게 중독되었을까?
병으로.

단서

▶ 변호사들은 '다음 글자' 암호로 기억할 일들을 적기도 한다. 로지코가 찾아낸 메모:

  샤뎌 비료븐, 져뎔 곡스 뎌서.

▶ 메타버스가 있는 용의자는 파트너 사무실에 간 적이 없다.

▶ 키가 가장 큰 용의자는 독 탄 잉크병을 가진 사람에게 반했다.

▶ 난해한 계약서를 가진 사람은 왼손잡이였다.

▶ **논란의 여지가 있는 인물…의 흉상이 피해자 옆에서 발견되었다.**

	용의자			장소		

누가?

무엇으로?

사건 해결

어디에서?

23 | 진짜 법정 살인

드디어 옵시디언 부인의 재판 날짜가 와서, 로지코는 제일 좋은 레인코트를 입고 법원에 갔습니다. 정의가 실현되는 것을 보고 싶어서 갔지만, 실제로 본 것은 정의가 아니라 살인이었습니다. 서기의 죽음은 옵시디언 부인과 관련이 있을까요? 아니면 늘 있는 평범한 살인일까요?

용의자

라즈베리 코치

미시시피강 어느 편에 있건,
그쪽에서 손꼽히는 유능한 코치.

183cm / 왼손잡이 / 파란 눈 / 금발

카퍼 경관

전에 사람을 죽인 후로 행정 휴가에 들어가서,
지금까지 행정 업무를 도맡고 있다.

165cm / 오른손잡이 / 파란 눈 / 금발

망고 신부

청빈의 맹세를 했지만 BMW를 몰고,
순종의 맹세를 했지만 25세의 부하가 있고,
순결의 맹세도 했기 때문에 휴가를 떠났다.

178cm / 왼손잡이 / 어두운 갈색 눈 / 대머리

장소

법정
실내

옵시디언 부인의
재판이 열리는 곳.

주차장
실외

경찰 행진 바로 뒤에서
인파에 끼였을 때보다
더 많은 경찰차가 보인다.

판사실
실내

좋은 책상,
창밖의 아름다운 풍경,
검은 법복이 가득 찬 옷장.

공무용 고무인
보통 무게

종이에서 이마까지 어디에든
공무 정보를 찍는다.

정의의 여신 저울
무거움

정의의 여신이 앞을
못 보는 것은 이 저울에
심하게 맞았기 때문이다.

거대한 서류 더미
무거움

수수께끼: 종이 한 장으로는
사람을 못 죽이지만 큰 종이
더미로는 죽일 수 있다.
종이는 몇 장부터 무기일까?

단서

▶누군가가 떨리는 손으로 로지코에게 준 '뒤죽박죽' 쪽지: 에정법 른오이잡손 가의용자 어있었.

▶정의의 여신 저울은 주차장에 없었다. 주차장은 차가 있는 곳이다.

▶카퍼 경관은 살인을 했기 때문에 공무용 서류 업무를 도맡고 있다.

▶망고 신부는 거대한 서류 더미를 가지고 왔다.

▶**시체는 판사실에서 발견되었다.**

	용의자			장소		
무기						
고무인						
저울						
서류 더미						
장소						

누가?

무엇으로?

어디에서?

사건 해결

61

24 | 배심원 대표님, 죽어 주시겠어요?

드디어 세기의 재판이 열렸고, 옵시디언 부인의 열연은 대단했습니다. 하지만 배심원 평의가 시작되기 직전에 배심원 대표가 피살되었습니다. 다들 옵시디언 부인이 죽였다고 생각합니다. 정말일까요?

용의자

파인 판사

법정의 주재자이며, 정의에 관한 신념을 스스로 정해 굳게 지킨다.

168cm / 오른손잡이 / 어두운 갈색 눈 / 검은 머리

카퍼 경관

범죄자가 경찰일 때 좋은 점은,
중간책을 제거해서 자기 범죄 수사를 망칠 수 있다는 것이다.

165cm / 오른손잡이 / 파란 눈 / 금발

옵시디언 부인

재판 내내 옵시디언 부인의 위엄이 돋보였고, 책의 판매고도 치솟았다.

163cm / 왼손잡이 / 녹색 눈 / 검은 머리

장소

방청석
실내

온 가족이 사건 실화 팟캐스트 팬들 옆에 앉아 있는 곳.

판사석
실내

판사가 가장 높은 좌석에 앉은 것을 보면 이곳의 책임자임을 알 수 있다.

배심원석
실내

어떻게 보면, 재판 전체가 단 열두 명의 관객을 위한 쇼라고 할 수 있다.

무기

경찰봉	법봉	깃발
경찰봉	**법봉**	**깃발**
보통 무게	보통 무게	무거움
무고한 사람들을 험하게 다룰 때 딱 좋은 도구.	솔직하게 인정해야 할 이야기: 판사에게 커다란 망치를 주는 데에는 분명 위협의 의미가 있다.	깃발이 폭력에 쓰인 역사가 길고도 장중하다.

단서

- ▶ 법봉은 사건 실화 팬들 근처에도 간 적이 없다.
- ▶ 논리탐정 로지코가 탐정 클럽에서 받은 탐정 암호: 넓어픂 페페 넓어앑새(자료 A 참조).
- ▶ 옵시디언 부인은 자기 방어용이라는 석연치 않은 이유로 경찰봉을 가져왔다.
- ▶ 카퍼 경관이 법봉을 가져왔거나, 그게 아니면 파인 판사가 방청석에 있었다.
- ▶ **여러 번의 전례와 같이, 이 살인에는 깃발이 쓰였다.**

	용의자			장소		
무기						
장소						

누가? _____

무엇으로? _____

어디에서? _____

사건 해결

63

25 | 정의가 죽었다?!

옵시디언 부인이 수감된 직후, 로지코는 부인이 호화 화이트칼라 감옥 안에서 스스로를 살해했다는 전화를 받았습니다. 그건 정의였을까요? 운명이었을까요? 로지코는 그게 미스터리라는 것만 알았습니다.

용의자

셀러돈 장관

국방 장관. 전쟁 범죄도 꽤 저질렀다.
셀러돈 학살의 바로 그 셀러돈.

168cm / 왼손잡이 / 녹색 눈 / 밝은 갈색 머리

마술사 믹스달

옵시디언 부인 때문에 감옥에 갇혔다며 부인을 원망한다.
옵시디언 부인이 누명을 씌웠으니 당연한 일이다.

168cm / 왼손잡이 / 녹색 눈 / 금발

미스 사프론

미스 사프론도 옵시디언 부인을 원망하지만,
진짜 유죄였기 때문에 동정이 덜 간다.

157cm / 왼손잡이 / 녹갈색 눈 / 금발

장소

스파
실내

수감자 처우개선 협회의
돈으로 지어졌지만,
운영은 세금으로 한다.

주차장
실외

수감자들은 돈을 내면
수감 기간 동안 여기에
고급 차량을 주차할 수 있다.

스위트룸
실내

돈만 많으면 대형 TV,
온수 욕조, 오픈 바를 갖춘
스위트룸으로
업그레이드할 수 있다.

25만 달러짜리 변호사
무거움

최고로 위험하고
최고로 비싼 무기.

명품 의류로 만든 밧줄
보통 무게

밧줄이 필요한데 가진 건
명품 의류밖에 없을 때.

황금 수갑
무거움

비유에 너무 몰입한 것 같다.

단서

▶ 로지코가 누군가에게서 받은 '뒤죽박죽' 메시지: 두가모 내서에실 호를사변 다보았.

▶ 셀러돈 장관은 맞춤 제작한 황금 수갑을 가지고 있었다.

▶ 탐정 클럽에서 로지코에게 탐정 암호로 보낸 카드(자료 A 참조):

  허벗 벚슾 어컿슾 어핲 텃이 으너새.

▶ 믹스달의 마술사 월급으로는 스위트룸 업그레이드를 받을 수 없었다.

▶ **옵시디언 부인은 목에 명품 의류로 만든 밧줄을 건 채로 발견되었다.**

	용의자			장소		
무기						
🏛						
🗡						
👐						
🪷						
장소						
🛏						

누가?

무엇으로?

사건 해결

어디에서?

다음 25개 사건에서 논리탐정 로지코는 점성학, 연금술, 외계인을 비롯한 기현상들을 조사했습니다. 단, 한 가지는 전과 같았습니다. 로지코가 가는 곳마다 살인이 따라다녔습니다. 25개의 크라임 퍼즐을 풀면서, 로지코는 심란한 사건들의 괴이한 점을 해결하기 위해 점성학 및 연금술 기초 자료를 이용해 주요 정보들을 얻어야 했습니다. 로지코는 오컬트를 믿지 않았지만, 사건이 점점 어려워지는 상황에서 공짜 도움을 거절할 마음도 없었습니다.

여기서는 단서와 증거 외에 용의자 진술도 확인해야 합니다. 조금 혼란스러울 수도 있지만, 한 가지는 언제나 변하지 않습니다. 살인자는 반드시 거짓말을 하고, 다른 용의자들은 진실만을 말합니다. 때에 따라 거짓을 바로 간파할 수도 있고, 거짓말의 논리를 파악해 가며 신중하게 생각해야 할 수도 있습니다. 아니면 용의자 하나하나를 살피며 그 사람만 거짓말을 하고 다른 사람들이 모두 진실을 말할 가능성을 따져야 할 수도 있습니다.

기억하세요. 언제나, 살인자만 유일하게 거짓말을 합니다. 더 어려운 사건을 즐기는 취향이라면, 연필 없이 마음속으로만 생각하면서 이번 단계의 사건 25개를 단 한 번도 틀리지 않고 얼마나 빨리 풀 수 있을지 도전해 보세요. 성공할 자신이 있나요?

중 급 영 매

별자리	☉	원소	날짜
양자리	♈	불	3월 21일~4월 19일
황소자리	♉	흙	4월 20일~5월 20일
쌍둥이자리	♊	공기	5월 21일~6월 21일
게자리	♋	물	6월 22일~7월 22일
사자자리	♌	불	7월 23일~8월 22일
처녀자리	♍	흙	8월 23일~9월 22일
천칭자리	♎	공기	9월 23일~10월 22일
전갈자리	♏	물	10월 23일~11월 21일
궁수자리	♐	불	11월 22일~12월 21일
염소자리	♑	흙	12월 22일~1월 19일
물병자리	♒	공기	1월 20일~2월 18일
물고기자리	♓	물	2월 19일~3월 20일

탐구 협회 연금술 기호					
수은	☿	에르븀	⸸	자석	☥
운석	♂	기름	⧖	게르마늄	⦶
소금	🜔	무기물	△	리튬	☢
벼락	🜄	거미 다리	🜍	가열	♈

신 비 탐 정 이 라 티 노 의 점 성 학 기 초

26 | 우체부 살인 사건

논리탐정 로지코가 《크라임 퍼즐》의 저작권료 수표를 받으러 우편함에 가 보니, 우체부가 죽어서 그 부근 전체가 폐쇄 중이었습니다. 로지코는 생각했습니다. 무슨 일이 있어도 영업한다고 했지만 살인이 일어나니까 문을 닫는구나….

용의자

크림슨 원장

원장은 만나 본 사람 중에 자기가 제일 똑똑하다고 했고, 그 말이 맞을 것이다. 식생활이 엉망이지만, 심장 마비가 오면 자기가 알아서 수술할 수 있겠지.

175cm / 왼손잡이 / 녹색 눈 / 붉은 머리 / 물병자리

허니 시장

깊이 묻힌 비밀들을 알고, 언제나 표를 얻어내는 사람.

183cm / 왼손잡이 / 녹갈색 눈 / 밝은 갈색 머리 / 전갈자리

커피 장군

아침에 네이팜보다 커피 냄새가 풍기는 것을 더 좋아하는 에스프레소 애호가.

183cm / 오른손잡이 / 어두운 녹색 눈 / 대머리 / 궁수자리

장소

우편차
실내

어지간해서는 부서지지 않기 때문에 폭주를 즐기기에 좋다. 연료비를 직접 낼 필요가 없다면.

긴 대기줄
실외

사람들이 편지를 부치려고 줄서서 기다리고 있다.

분류실
실내

우체국 직원들이 커다란 기계로 광고, 청구서, 카탈로그 등을 분류하는 곳.

무기

봉투칼
가벼움

편지 봉투를 거칠게 찢어서
열고 싶지 않은 사람들이
쓰는 날카로운 칼.

우표 스탬프
보통 무게

우표 위에 스탬프를 찍는
우표 스탬프.

무거운 소포
무거움

혈흔을 숨기기 좋은 빨간
고급 리본으로 묶었다.

단서

▶그때 그 사건 후로 봉투칼은 분류실
반입 금지 품목이 되었고,
오늘도 그 규칙은 깨지지 않았다.
▶탐구 협회에서 로지코에게 보낸 암호 메시
지(자료 B 참조):

↗ ⚥ ⚡ ♒ ⚗ ◑
△▽♂ △◐ △⚗

진술

※범인은 거짓말을 합니다.

▶크림슨 원장 :
나는 우표 스탬프를 가져왔어요.
▶허니 시장 :
크림슨 원장은 우편차에 없었어요.
▶커피 장군 :
봉투칼이 우편차에 있었지.

	용의자			장소		
무기						
봉투칼						
우표 스탬프						
무거운 소포						
우편차						
장소						

누가?

무엇으로?

사건 해결

어디에서?

69

27 | 기이한 숲의 기이한 살인

논리탐정 로지코는 차를 몰고 기이한 숲을 통과하려니 몸에 소름이 돋았지만, 그것은 아마도 최대로 틀어 놓은 에어컨 탓이었겠지요. 여하튼 로지코는 곧 차를 세워야 했습니다. 히치하이커 피살 사건도 해결해야 했고, 어차피 차도 고장났기 때문입니다.

용의자

라즈베리 코치

어느 편에 있건, 미시시피강 이편에서 손꼽히는 유능한 코치.

183cm / 왼손잡이 / 파란 눈 / 금발 / 양자리

카퍼 경관

범죄자가 경찰일 때 좋은 점은,
중간책을 제거해서 자기 범죄 수사를 망칠 수 있다는 것이다.

165cm / 오른손잡이 / 파란 눈 / 금발 / 양자리

그랜드마스터 로즈

체스 그랜드마스터. 항상 다음 일을 미리 계획한다.
다음 상대를 제거하는 일까지도! (1...e5)

170cm / 왼손잡이 / 어두운 녹색 눈 / 짙은 갈색 머리 / 전갈자리

장소

해골바위
실외

해골처럼 생긴 바위.
자연적으로 생겼을까,
누가 그렇게 조각했을까?

고대 유적
실외

이런 돌이 나타나는 곳마다
근처에서 살인이 일어난다.

외길
실외

숲을 굽이굽이 돌며
통과하는 반쯤 포장된 도로.

무기

삽
보통 무게

다목적 도구. 삽 하나로
사람을 죽이고 묻는 것까지
해결할 수 있다!

의식용 단검
보통 무게

로지코는 모르는
고대의 금속으로
만들었다.

독거미
가벼움

특이한 거미줄의 모양으로
보아 이 숲에 원래 있던
종류는 아닌 것 같다.

단서

▶로지코는 삽을 가진 용의자의 모습을
스치듯 보았지만, 파란 눈은 아니었다는
것만 겨우 알아냈다.
▶독거미는 숲을 지나는 길에 없었다.

진술

※범인은 거짓말을 합니다.

▶**그랜드마스터 로즈 :**
말들의 움직임을 잘 봐요. 이를테면 카퍼
경관이 해골바위에 있었던 것이라거나.
▶**라즈베리 코치 :**
아, 그러고 보니 삽이 고대 유적에 있었지.
▶**카퍼 경관 :**
내 진술? 독거미를 가져왔는데.

용의자   장소

			사건 해결		

무기

장소

_____ **누가?**

_____ **무엇으로?**

_____ **어디에서?**

28 | 탐구 협회에서의 조사

탐구 협회에 도착한 논리탐정 로지코는 그곳의 예산에 충격을 받았습니다. 협회에는 정원 미로, 천문대, 미니 골프 코스까지 있었습니다! 전 세계에 있는 탐정의 절반은 고용할 수 있을 것 같은 어마어마한 규모였습니다. 왜 하필이면 로지코를 불렀을까요? 그리고 관리인을 죽인 범인은 누구일까요?

용의자

신비동물학자 클라우드

빅풋, 예티, 서스쿼치와 같은 설인의 모든 목격담과
각각의 차이를 전부 안다.

170cm / 오른손잡이 / 회색 눈 / 백발 / 전갈자리

약초학자 오닉스

온실에서 요리, 마법, 독에 필요한 온갖 식물을 기른다.

152cm / 오른손잡이 / 어두운 녹색 눈 / 검은 머리 / 처녀자리

오버진 주방장

남편을 죽이고 요리해서 레스토랑 손님들에게 서빙했다는
소문이 있다. 헛소문이지만, 그런 헛소문에도 의미가 있다.

157cm / 오른손잡이 / 파란 눈 / 금발 / 천칭자리

장소

출구 없는 정원 미로
실외

전설적인 대가 M. C. 에셔가
설계했다. 빠져나오려면
행운이 필요할 것이다.

천문대
실내

별을 연구하고,
낭만적인 저녁을 보내고,
살인을 하기에 좋은 곳.

미니 골프 코스
실외

풍차, 동굴, 루프 등이 있는
18홀 코스. 걸작이다!

준영구기관
무거움

영원히 운동하는
영구기관과 달리 영구적으로
움직이지는 않는다.
2~3분 정도가 고작이다.

다우징 막대
보통 무게

이걸로 물, 기름, 호구를
찾을 수 있다.

슈퍼 알레르기 오일
가벼움

이름이 의미하는 그대로다.
모든 사람이 이 오일에
치명적인 알레르기를
가지고 있다.

단서

▶ 두 번째로 키가 큰 용의자는
  슈퍼 알레르기 오일을 가져왔다.
▶ 살인이 일어났을 때, 17번 홀에
  천칭자리인 사람이 있었다.

진술

※범인은 거짓말을 합니다.

▶ **신비동물학자 클라우드 :**
  다우징 막대는 정원 미로에 없었어요.
▶ **약초학자 오닉스 :**
  준영구기관은 별을 보는 곳에 없었어요.
▶ **오버진 주방장 :**
  약초학자 오닉스가 준영구기관을
  가져왔어요.

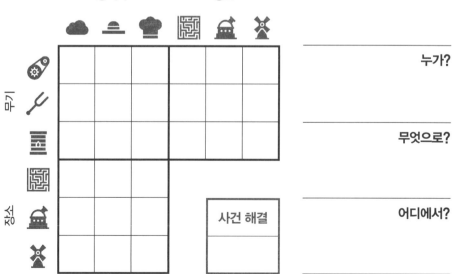

누가?

무엇으로?

어디에서?

29 | 저택에서 그러면 안 돼요!

로지코가 외쳤습니다. "안녕하세요! 회장님을 뵈러 왔습니다!" 아무 대답도 들리지 않자 로지코는 주위를 둘러보았습니다. 저택도 에셔가 설계한 것 같았습니다. 계단과 복도가 얽혀 있고, 드러난 면은 전부 책으로 뒤덮여 있었습니다. 그나마 거기 있는 시체가 가장 평범해 보였습니다.

용의자

사회학자 엄버

과학을 대표하는 입장에 서서
항상 남들에게 누구의 계보를 이었는지, 베버를 읽었는지 묻는다.

163cm / 왼손잡이 / 파란 눈 / 금발 / 사자자리

언어학자 플린트

어원 연구를 통해 단어가 어디에서 왔고
어떤 의미로 쓰였는지 등의 여러 가지를 가르친다.

157cm / 왼손잡이 / 녹색 눈 / 금발 / 물병자리

수비학자 나이트

수학과 비전 지식에 뛰어나다.
X 값도 알고, X의 의미도 안다.

175cm / 왼손잡이 / 파란 눈 / 짙은 갈색 머리 / 물고기자리

장소

정면 진입로
실외

다양한 동물을 조각한
거대한 석상들이 저택으로
이어지는 우아한
진입로를 장식한다.

비밀의 다락
실내

유령이 나온다는
소문이 있다. 분명 고물이
잔뜩 있을 것이다.

연회실
실내

성대한 파티도 열고
농구 시합도 하는 곳.

저주 받은 단검
보통 무게

어느 공작부인이 이 단검으로
자살하면서 저주를 걸었다.

셀레나이트 마법봉
보통 무게

주문을 걸거나
해골을 깰 때 쓴다.

회원용 핀
가벼움

이 핀을 옷깃에 꽂은 사람은
비밀 조직의 회원이다.

단서

※범인은 거짓말을 합니다.

▶ 농구 골대 옆에 물병자리인
  사람이 서 있었다.
▶ 수비학자 나이트는 계산을
  마치더니 셀레나이트 마법봉이
  불길한 숫자에 대응되기
  때문에 건드리지 않겠다고
  말했다.

진술

▶ **사회학자 엄버 :**
  내가 저주 받은 단검을 가져왔다는 것만 말하겠어요.
▶ **언어학자 플린트 :**
  어원을 따져 보면, 제가 회원용 핀을 꽂았다고
  할 수 있겠지요.
▶ **수비학자 나이트 :**
  숫자를 따져 보니, 회원용 핀은 비밀의 다락에 있네요.

	용의자			장소		
무기						
장소						

누가?

무엇으로?

어디에서?

사건 해결

30 | 명백한 회장 사망 사건

논리탐정 로지코는 회장 사무실로 가서 말했습니다. "회장님을 뵈러 왔습니다." 안타깝게도 이런 대답이 돌아왔습니다. "회장님은 사망하셨어요." 아직 사무실을 떠난 사람은 아무도 없었습니다. 그래서 로지코는 회장을 만나는 대신 살인 사건을 해결하게 되었습니다.

용의자

수비학자 나이트

수학과 비전 지식에 뛰어나다. Z 값도 알고, Z의 의미도 안다.

175cm / 왼손잡이 / 파란 눈 / 짙은 갈색 머리 / 물고기자리

약초학자 오닉스

온실에서 요리, 마법, 독에 필요한 온갖 식물을 기른다.

152cm / 오른손잡이 / 어두운 녹색 눈 / 검은 머리 / 처녀자리

대연금술사 레이븐

연금술사는 전부 대연금술사라는 오래된 농담이 있다.
레이븐은 그 농담을 싫어한다.

173cm / 오른손잡이 / 밝은 갈색 눈 / 짙은 갈색 머리 / 물고기자리

장소

책장 사다리
실내

올라가서 책을 한 권 집어도 좋고, 온통 미끄러져 다니면서 "야호!"를 외쳐도 좋고.

소파
실내

인조가죽 소파. 낮잠을 자기에 아주 좋다.

책상
실내

대량의 기밀 서류와 1980년대 컴퓨터가 있다.

몽롱해지는 회중시계
가벼움

이 시계를 잘 들여다보면
시간을 알 수 있다.

살인 타로 덱
가벼움

살인 테마의 타로 카드로
미래를 점칠 수 있다.

유사과학 장치
무거움

퀀텀 흐름을 측정해서
체내 블랙손 농도를 계산한다.

단서

▶ 유사과학 장치를 가진 용의자는
9월 7일에 태어났다(자료 B 참조).
▶ 꼼꼼한 수색 결과, 인조가죽
소파 쿠션 두 개 사이에서
점술 카드가 발견되었다.

진술

※범인은 거짓말을 합니다.

▶ **수비학자 나이트 :**
레이븐이 컴퓨터를 보고 있었어요.
▶ **약초학자 오닉스 :**
수비학자 나이트가 책장 사다리
위에 있었어요.
▶ **대연금술사 레이븐 :**
연금술적으로 볼 때, 유사과학 장치는
책장 사다리에 있었어요.

	용의자			장소		
🕐						
🌙						
⚛						
사다리						
소파						
피아노						

누가?

_____

무엇으로?

_____

사건 해결

어디에서?

_____

77

31 | 초승달 살인 사건

탐구 협회의 첫 의뢰로 논리탐정 로지코가 간 곳은 지금까지 본 것 중에서 가장 어두운 숲이었습니다. 로지코는 그림자 속에 숨어서 마녀들의 집회를 지켜보며, 자기가 제대로 숨었다고 생각했습니다. 그래서 마녀 세 명이 다가와 동료 마녀의 살인 사건을 해결해 달라고 부탁했을 때 충격을 받았습니다.

용의자

레이디 바이올렛

사법권이 미치지 않는 세계 최대의 영역인
바이올렛 제도의 상속자.

152cm / 오른손잡이 / 파란 눈 / 금발 / 처녀자리

모브 부사장

텍코 퓨처스의 부사장.
자기 메타버스에 들어오라는 요청을 받으면 도망칠 것.

173cm / 오른손잡이 / 어두운 녹색 눈 / 검은 머리 / 황소자리

버밀리온 공작부인

크고 오래된 비밀을 간직한 키 크고 나이 많은 여성.
만약 살인자라면, 이번이 처음은 아닐 것이다.

175cm / 왼손잡이 / 회색 눈 / 백발 / 물고기자리

장소

큰 모닥불
실외

타닥타닥 타는 모닥불가에
다닥다닥 모여서
파닥파닥 춤을 추자.

고대 유적
실외

이끼에 덮여 있기는 하지만,
잘 아는 그 유적이다.

빽빽한 숲
실외

아름답고, 어둡고,
깊은 숲이지만 부엉이
울음 소리는 무심하다.

솥
무거움

들어올릴 수 있다면 누군가를
후려칠 수도 있다. 아니면
속에 든 것을 한 모금만 먹이거나.

나무토막
무거움

크고 무거운 참나무 토막.
누군가가 이걸로 사람을
죽이려고 나무를 죽였다.

빗자루
보통 무게

마녀들은 이걸 타고
날아다닌다고 하지만,
로지코는 청소에만 썼다.

단서

▶처녀자리인 사람이 부엉이 아래에
　서 있었다. 분명 성격대로 뭔가
　정리하고 있었을 것이다.
▶놀랍게도 솥은 큰 모닥불에 없었다.

진술　　　　　　　※범인은 거짓말을 합니다.

▶레이디 바이올렛 :
　평민은 믿을 게 못 되죠. 버밀리온 공작부인이
　직접 빗자루를 갖고 왔어요.
▶모브 부사장 :
　난 빗자루를 가져오지 않았는데.
▶버밀리온 공작부인 :
　나는 나무토막을 가져오지 않았고.

	용의자			장소			
무기 🝪							누가?
무기							
🧹							무엇으로?
🔥							
장소 ⛩			사건 해결				어디에서?
🌲							

32 │ 불법 연구소 사건

다음으로 탐구 협회는 논리탐정 로지코를 날뛰는 과학자의 연구실에 보냈습니다. 그 과학자가 날뛰는 이유는 화가 나서였습니다. 조수가 피살되어 연구가 중단되었기 때문입니다.

용의자

모브 부사장

텍코 퓨처스의 부사장.
자기 메타버스에 들어오라는 요청을 받으면 당장 나갈 것!

173cm / 오른손잡이 / 어두운 녹색 눈 / 검은 머리 / 황소자리

애플그린 교장

살인죄를 면하는 것을 제외하고는 모든 면에서 엄격한 교장.
언제나 손에 분필가루가 묻어 있다.

180cm / 오른손잡이 / 파란 눈 / 금발 / 천칭자리

슬레이트 대위

우주비행사. 달의 뒷면을 탐험한 최초의 여성이자,
우주선 부조종사 살인 혐의를 받은 최초의 인물.

165cm / 왼손잡이 / 어두운 녹색 눈 / 짙은 갈색 머리 / 물병자리

장소

지붕 위
실외

거대한 피뢰침에 느슨한
전선이 수없이 붙어 있다.

거대한 레버
실내

이상한 과학자의 연구실에는
항상 꺼짐과 켜짐 사이를
전환하는 거대한 레버가 있다.

수술대
실내

가죽 끈으로 사람이나
괴물을 여기에
묶어둘 수 있다.

병 속의 뇌
무거움

사방에 흐르고
있다는 점이
제일 끔찍하다.

거대 자석
보통 무게

칼, 못 등에 가까이 두지 말 것.
강력한 전자기장을
발생시킨다.

국자
가벼움

이상한 과학자도
수프를 좋아한다.
특히 토마토 수프를.

단서

▶ 키가 가장 작은 용의자가 꺼짐 표시
아래를 서성거리는 모습이 목격되었다.
▶ 모브 부사장은 수술대 근처에
간 적이 없다.

진술

※범인은 거짓말을 합니다.

▶ **모브 부사장 :**
슬레이트 대위가 거대 자석을 가져왔던데.
▶ **애플그린 교장 :**
병 속의 뇌는 피뢰침 근처에 없었지.
▶ **슬레이트 대위 :**
달처럼 명백해요. 애플그린 교장이
병 속의 뇌를 가져왔어.

	용의자			장소		
병 속의 뇌						
거대 자석						
국자						
장소1						
장소2				사건 해결		
장소3						

누가?

무엇으로?

어디에서?

33 | 오래된 신전에서 최근에 죽은 사람 🔍🔍

탐구 협회는 고대 신전의 발굴 작업에 자금을 지원하고 있었는데, 작업을 진행하던 중에 고고학자 한 명이 살해되었습니다. 고대 마법의 조화일까요? 로지코는 신비탐정 이라티노와 함께 가서 마법과 관련이 있는지 확인해 달라는 요청을 받았습니다.

용의자

신비탐정 이라티노

신비탐정. 로지코는 증명할 수 있는 것만 믿지만,
이라티노는 증명할 수 없는 것만 믿는다.

188cm / 왼손잡이 / 녹색 눈 / 짙은 갈색 머리 / 물병자리

아주어 주교

근처 교회의 주교. 친구와 적 모두를 위해 기도한다.
당연히도 비는 내용은 다르지만….

163cm / 오른손잡이 / 밝은 갈색 눈 / 짙은 갈색 머리 / 쌍둥이자리

루스카니 총장

추리대학 총장으로서,
동창회에서 가장 돈을 많이 받는 방법은
협박이라는 것을 추리해 냈다.

165cm / 왼손잡이 / 녹색 눈 / 반백 머리 / 천칭자리

장소

웅장한 입구
실외

다행히도 시간에 닳아
이제는 부스러지는
입구가 되었다.

신성한 방
실내

무거운 철문 뒤에서
무슨 일이 있었는지는
아무도 모른다.

높은 제단
실내

썩어가는 천이
늘어진 거대한 돌 제단.

무기

수정 해골
보통 무게

전체가 수정으로 되어 있다.
고대 외계인의 해골이거나,
아니면 재미로 만든
미술품일 것 같다.

팔뼈
보통 무게

죽은 사람의 뼈로
사람을 죽인다.

의식용 단검
보통 무게

로지코는 모르는
고대의 금속으로
만들었다.

단서

▶루스카니 총장은 수정 해골을 가진
사람을 믿지 않았다.
▶로지코는 합리성의 원칙을 이용해서
(걸려 넘어져서) 실외에서
뼛조각을 발견했다.

진술

※범인은 거짓말을 합니다.

▶**신비탐정 이라티노 :**
의식용 단검이 높은 제단에 있었어요.
▶**아주어 주교 :**
제가 의식용 단검을 가져왔습니다.
▶**루스카니 총장 :**
아주어 주교는 무거운 철문 뒤에 없었네.

누가?

무엇으로?

	용의자			장소		
🦴						
🦴						
🗡						
🏛						
❓				사건 해결		
🪦						

어디에서?

34 | 묘지에는 항상 시체가 있다

그다음, 신비탐정 이라티노는 묘지로 가겠다고 했습니다. 그러더니 논리탐정 로지코가 몹시도 싫어하는 점성술을 이용해서 가야 할 묘지를 정했습니다. 두 사람이 묘지에 도착했을 때는 관리인이 막 살해된 직후였습니다. 이라티노가 팔꿈치로 로지코를 쿡쿡 찔렀습니다. "거 봐요!"

용의자

룰리언 경

최근에 기사로 임명된 섬세한 신사.
들고 다니는 조잡한 서류에 따르면 그렇다.

173cm / 오른손잡이 / 파란 눈 / 붉은 머리 / 사자자리

데미넌스 자작

지금까지 만난 용의자 중에 가장 나이가 많은 사람.
지금의 노인들이 젊었던 시절에도 노인이었다고 한다.

157cm / 왼손잡이 / 검은 눈 / 검은 머리 / 물고기자리

브라운스톤 수사

평생을 교회(의 돈벌이)를 위해 헌신한 수도사.

163cm / 왼손잡이 / 어두운 녹색 눈 / 짙은 갈색 머리 / 염소자리

장소

봉안당

실내

화장한 재를 보관하는
함 또는 벽.
(새로운 단어를 배웠다!)

거대한 묘당

실내

미드나이트 가문의 부자들이
전부 이 피라미드형
무덤에 묻혀 있다.

선물 가게

실내

비석 모양 기념품이나
이곳의 마스코트인
미스터 해골의 봉제 인형을
살 수 있다.

무기

팔뼈
보통 무게

죽은 사람의 뼈로
사람을 죽인다.

극독이 든 병
가벼움

안심해도 좋다.
잘 밀봉되어 있으… 잠깐,
코르크 마개가 어디 갔지?!

묵주
보통 무게

상아 구슬에 작은 기호가
잔뜩 새겨져 있다.

단서

▶논리탐정 로지코의 과학수사 팀이
거대한 피라미드에서
독 한 방울을 발견했다.

▶신비탐정 이라티노는 봉안당에서
손가락뼈를 발견했다. 뚜렷한 징조다!

진술

※범인은 거짓말을 합니다.

▶룰리언 경 :

나는 묵주를 가져왔어요.

▶데미넌스 자작 :

아, 그래요.
나는 죽은 사람의 뼈를 가져왔는데.

▶브라운스톤 수사 :

수도회의 명예를 걸고 맹세하는데,
저는 선물을 사지 않았습니다.

용의자   장소

무기 / 장소

사건 해결

누가?

_____

무엇으로?

_____

어디에서?

_____

35 | 종교 공동체 살인 사건: 범죄 실화 다큐 🔍🔍

신비탐정 이라티노와 논리탐정 로지코는 이라티노가 잡지에서 읽은 공동체를 찾아 열차를 타고 북쪽으로 향했습니다. 도착해 보니 그곳은 지도자가 없는 공동체였습니다. 최고 지도자가 방금 살해되었기 때문입니다.

용의자

조수 애플그린

출판을 그만두고 이 공동체로 왔다.
아버지의 자랑이 사라졌다.

160cm / 왼손잡이 / 파란 눈 / 금발 / 처녀자리

언어학자 플린트

어원 연구를 통해 단어가 어디에서 왔고 어떤 의미로 쓰였는지 등의
여러 가지를 가르친다. 전에도 들었던 말인가?

157cm / 왼손잡이 / 녹색 눈 / 금발 / 물병자리

수비학자 나이트

수학과 비전 지식에 뛰어나다.
E 값도 알고, E의 의미도 안다.

175cm / 왼손잡이 / 파란 눈 / 짙은 갈색 머리 / 물고기자리

장소

숙소
실내

지도자만 빼고 모두가
여기에서 잔다.
지도자는 잠을 안 잔다.

도서관
실내

이렇게 많은 책은 처음 본다.
전부 같은 사람이 썼다.

고대 유적
실내

마치 최면을 거는 것 같다.
근처에 있으면
정신이 혼미해진다.

셀레나이트 마법봉

보통 무게

주문을 걸거나
해골을 깰 때 쓴다.

국자

가벼움

공동체에서 수프를
나눌 때 쓴다.

유사과학 장치

무거움

이런, 체내 블랙손 과다가
이렇게 심하다니!

단서

▶도서관은 천장이 너무 낮아서,
　키가 가장 큰 용의자는 들어갈 수 없다.
▶숙소에 있던 사람은 눈이 녹색이다.

진술

※범인은 거짓말을 합니다.

▶**조수 애플그린 :**
　저는 셀레나이트 마법봉을
　가져오지 않았어요.
▶**언어학자 플린트 :**
　유사과학 장치는 고대 유적에
　있지 않았습니다.
▶**수비학자 나이트 :**
　숫자를 따져 보니, 제가 셀레나이트
　마법봉을 가져왔군요.

누가?

무엇으로?

사건 해결

어디에서?

36 | 목숨이 아깝지 않은 크루즈

논리탐정 로지코는 크루즈 여행을 가게 되어서 들떴지만, 알고 보니 타야 할 배는 버뮤다 삼각지의 화물선이었습니다. 일등항해사가 죽자 신비탐정 이라티노는 신이 났습니다. 드디어 초자연 현상의 증거를 찾았다고요.

용의자

Mx. 탠저린

성별 이분법에 들어가지 않는 사람도 얼마든지
살인자가 될 수 있다는 것을 몸소 입증하고 있다.
미술가이자 시인이자 용의자.

165cm / 왼손잡이 / 녹갈색 눈 / 금발 / 물고기자리

네이비 제독

네이비 제독의 맏아들인 네이비 제독의 맏아들.

175cm / 오른손잡이 / 파란 눈 / 밝은 갈색 머리 / 게자리

슬레이트 대위

우주비행사. 달의 뒷면을 탐험한 최초의 여성이자,
우주선 부조종사 살인 혐의를 받은 최초의 인물.

165cm / 왼손잡이 / 어두운 녹색 눈 / 짙은 갈색 머리 / 물병자리

장소

선장실
실내

선장이 좋아하는 파도들의
포스터가 잔뜩 붙어 있다.

선창
실내

대부분 저가 가전과
패스트패션 의류로 구성된
화물 수천 톤이 실려 있다.

선외
실외

여기서는 상어에게도
죽을 수 있다.

무기

독을 탄 럼
보통 무게

오호호,
비소는 한 병뿐!

선원용 밧줄
보통 무게

흰색의 가는 섬유로
갈라지고 있다.

조명탄
가벼움

조명탄은 하늘이나
누군가의 머리를 향해 쏜다.

단서

▶네이비 제독은 부끄럽게도
상어가 두려워 도움을 요청해야 했다.
▶Mx. 탠저린과 키가 같은 사람이 조명탄을
가지고 노는 모습이 목격되었다.

진술 ※범인은 거짓말을 합니다.

▶Mx. 탠저린 :
나는 화물 근처에는 가지 않았어요.
▶네이비 제독 :
선원용 밧줄이 선장실에 있었지.
▶슬레이트 대위 :
무슨 말을 듣고 싶은 걸까?
나는 선장실에 있었는데.

	용의자			장소		
무기 🧴						
무기 🔩						
무기 ✴						
장소 🛏						
장소 📦				사건 해결		
장소 〰						

누가?
_____

무엇으로?
_____

어디에서?
_____

37 | 집으로 간 로지코

논리탐정 로지코에게 숙모님의 전화가 왔습니다. 삼촌 한 분이 돌아가셔서 장례비를 구할 방법을 알아봐야 한다는 것이었습니다. 물론, 누군가는 이 살인 사건도 해결해야 합니다. 논리탐정 로지코는 몇 년 만에 집으로 돌아갔습니다. 고맙게도 이라티노가 함께 가 주었습니다.

용의자

망고 신부

청빈의 맹세를 했지만 BMW를 몰고, 순종의 맹세를 했지만 25세의 부하가 있고, 순결의 맹세도 했기 때문에 휴가를 떠났다.

178cm / 왼손잡이 / 어두운 녹색 눈 / 대머리 / 황소자리

허니 시장

로지코의 첫 사건에서 만난 그 시장이 아니다. 완전히 결백한 일란성 쌍둥이다.

183cm / 왼손잡이 / 녹갈색 눈 / 밝은 갈색 머리 / 전갈자리

카퍼 경관

범죄자가 경찰일 때 좋은 점은, 중간책을 제거해서 자기 범죄 수사를 망칠 수 있다는 것이다.

165cm / 오른손잡이 / 파란 눈 / 금발 / 양자리

장소

프랜차이즈 식당
실내

패밀리 레스토랑이 대출금 상환을 못 해서 나간 자리에 열었다. 양파 튀김을 판다.

중고품 상점
실내

주인을 여러 번 바꾼 것 같은 상품만 있다. 날아다니는 나방들마저 낡아 보인다.

중고차 매장
실외

판매원은 차가 폭발하지 않을 것이며, 지금 상태 그대로만 판매한다고 했다.

무기

낡은 검
무거움

오래된 전쟁에서
악당들이 썼던 검.
녹이 잔뜩 슬었다.

도끼
보통 무게

살인 미스터리에
단골로 등장할 만한
이유가 있다.

돋보기
보통 무게

단서를 찾고
작은 글씨를 읽을 때
유용한 물건.

단서

▶돋보기를 가진 용의자가 그걸로
　자기 대머리를 관찰하고 있었다.
▶카퍼 경관은 프랜차이즈 식당에 간
　적이 없다. 값을 깎아 주지 않기 때문이다.

진술

※범인은 거짓말을 합니다.

▶**망고 신부 :**
　허니 시장은 도끼를 가져오지 않았어요.
▶**허니 시장 :**
　낡은 검이 프랜차이즈 식당에 있던데.
▶**카퍼 경관 :**
　낡은 검은 중고차 매장에 없었지.

	용의자			장소		
무기 ⚔️							누가?
무기 🪓							
무기 🔍							무엇으로?
장소 🍔							
장소 👕				사건 해결			어디에서?
장소 🍱							

누가?

무엇으로?

어디에서?

38 │ 가문의 저택으로 돌아간 이라티노

신비탐정 이라티노는 논리탐정 로지코의 고향에 있는 동안에 자기 고향에서 온 팩스를 받았습니다. 여러 삼촌 중 하나가 죽었으니 당장 돌아오라는 것이었습니다. 삼촌은 살해되었고, 범인을 알아야 유언장을 집행할 수 있다고 했습니다.

용의자

브라운스톤 수사

평생을 교회(의 돈벌이)를 위해 헌신한 수도사.

163cm / 왼손잡이 / 어두운 녹색 눈 / 짙은 갈색 머리 / 염소자리

버밀리온 공작

아내처럼 비밀이 많다.
아내에게 비밀인 것들도 있다.

175cm / 왼손잡이 / 회색 눈 / 백발 / 물고기자리

점성학자 아주어

별을 보고 점을 친다.
사람들이 태어난 정확한 시간과 장소를 무척이나 궁금해한다.

168cm / 오른손잡이 / 녹갈색 눈 / 밝은 갈색 머리 / 게자리

장소

마당
실외

풀이 길고 튼튼하고 단정하다.
마치 이라티노의
머리카락처럼.

50칸 차고
실내

이라티노의 증조할아버지가
쇼에 출전하는 조랑말들을
두던 곳. 지금은 가세가 기울어
클래식 카만 두고 있다.

드넓은 침실
실내

이 침실은 로지코의
아파트 건물보다 크다.

무기

위자 보드
가벼움

장난감 가게에서 살 수 있는
가장 강력한 마법 도구로,
서양판 분신사바.

수정 단검
보통 무게

제사 같은 곳에 쓰임새가
있을지도 모르지만,
여하튼 망토와 잘 어울린다.

무거운 암호책
무거움

키워드와 암호가 가득하다.
암호나 해골을 깰 수 있다.

 단서

 진술　　　　※범인은 거짓말을 합니다.

단서
▶ 50칸 차고에 있던 용의자는
　수정 단검을 가지고 있지 않았다.
▶ 위자 보드는 염소자리인 사람이 가지고
　있었다. 염소자리가 원래 그렇다.

진술
▶ **브라운스톤 수사 :**
주님께 맹세코, 버밀리온 공작님이
암호책을 가지고 오셨습니다.
▶ **버밀리온 공작 :**
점성학자 아주어는 마당에 없었네.
▶ **점성학자 아주어 :**
별을 보세요! 무거운 책이 실외에
있었다고 하잖아요.

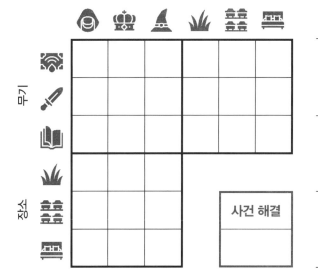

누가?

_____

무엇으로?

_____

어디에서?

_____

93

39 | 유령 호텔 사건

논리탐정 로지코와 신비탐정 이라티노는 유령이 나온다는 호텔에 묵기로 했습니다. 실제로 가보니 그 호텔은 조금 구식이기는 해도 좋은 곳이었습니다. 문제는 단 하나, 객실 관리 직원이 살해되었다는 것이었습니다.

용의자

라벤더 경

보수적인 귀족원 의원.
히트 뮤지컬 〈선셋 오솔길〉의 작곡가이기도 하다.

175cm / 오른손잡이 / 녹색 눈 / 금발 / 처녀자리

미스 사프론

매력이 넘치지만 머리는 비어 보인다.
아니면 그렇게 보이려는 것일지도 모른다.
아니면 그렇게 보이려고 하는 것처럼 보이는 것일지도 모른다.

157cm / 왼손잡이 / 녹갈색 눈 / 금발 / 천칭자리

레이디 바이올렛

사법권이 미치지 않는 세계 최대의 영역인 바이올렛 제도의 상속자.

152cm / 오른손잡이 / 파란 눈 / 금발 / 처녀자리

장소

웅장한 입구
실내

숙박부에 수많은 손님들의
체크인 기록이 있지만
체크아웃 기록은 없다.

보일러실
실내

유령이 가장 많은
곳이라고 한다.
일산화탄소 농도는
분명 가장 높을 것이다.

연회실
실내

아름다운 커플들이
잔뜩 모여 재즈 명곡들에
맞춰 춤춘다.

독이 든 머핀
가벼움

독이 들었을 뿐만 아니라
돌처럼 딱딱하다. 그래서
두 가지 방법으로 쓸 수 있다.

나이프가 가득 든
세탁물 가방
무거움

가끔은 나이프도
세탁이 필요하다.

황금 펜
보통 무게

잉크까지 전부 순금으로 된 펜.
집 한 채보다 비싸다.

▶ 나이프가 가득 든 세탁물 가방을 가진 용
  의자는 10월 13일에 태어났다
  (자료 B 참조).
▶ 키가 가장 큰 용의자는 보일러실에서
  주문 같은 것을 읊고 있었다.

※범인은 거짓말을 합니다.

▶ **라벤더 경 :**
  레이디 바이올렛은 웅장한 입구에 없더군요.
▶ **미스 사프론 :**
  무슨 의미가 있을지는 모르겠지만, 연회실에
  독이 든 머핀이 준비되어 있었어요.
▶ **레이디 바이올렛 :**
  귀부인으로서 말하는데,
  황금 펜이 숙박부에 있었어요.

누가? _____

무엇으로? _____

어디에서? _____

사건 해결

40 | 거액의 돈과 대형 은행과 살인

"돈을 주목하세요!" 신비탐정 이라티노가 논리탐정 로지코를 평생 본 은행 중 가장 큰 곳으로 안내하며 말했습니다. "돈이 있는 곳에는 항상 살인이 따른답니다." 은행원의 시체가 있는 것을 보니 정말로 그런 것 같습니다.

용의자

버밀리온 공작

돈이 없어진 것을 보고 아내에게도
비밀이 있다는 사실을 깨닫는 중이다.

175cm / 왼손잡이 / 회색 눈 / 백발 / 물고기자리

시뇨르 에메랄드

이탈리아의 저명한 보석상.
희귀 보석을 찾아 세계를 여행하며,
주머니에서 수시로 보석을 흘린다.

173cm / 왼손잡이 / 밝은 갈색 눈 / 검은 머리 / 궁수자리

데미넌스 자작

지금까지 만난 용의자 중에 가장 나이가 많은 사람.
남들이 잊은 것도 다 기억한다고 한다.

157cm / 왼손잡이 / 검은 눈 / 검은 머리 / 물고기자리

장소

시계장치실
실내

각종 톱니바퀴와 황동 부품들이
외부의 시계를 돌린다.
들어갔다가 다쳐도 은행은
책임을 지지 않는다!

뒷방
실내

인쇄기와 웃기게 생긴
돈이 보인다. 달러에 인쇄된
프랭클린의 얼굴에
콧수염이 달렸다.

금고실
실내

현금, 황금, 비밀이
가득한 보관함들이 있다.

노트북 컴퓨터	지구본	가죽 장갑
보통 무게	**무거움**	**가벼움**
업무용 기계. 일을 방해하는 세상의 모든 것과도 연결되어 있다.	세계 정복 계획을 세우거나 술을 보관할 때 쓰는 물건.	가죽 장갑 낀 사람을 조심할 것. 그 아래에 무엇을 숨기고 있을까?!

단서

▶ 금고실에서 소가죽 장갑이 발견되었다.
▶ 시계장치실에 있었던 사람의 별자리 : ♐

진술   ※범인은 거짓말을 합니다.

▶ **버밀리온 공작 :**
나는 뒷방에 있었지.
▶ **시뇨르 에메랄드 :**
장담하는데, 지구본이 뒷방에 있었어요.
▶ **데미넌스 자작 :**
무슨 소리! 난 지구본을 가져오지 않았어!

용의자   장소

	👑	🧔	🧝	⚙	🎥	🔘
💻						
🌐						
🧤						
⚙						
🎥				사건 해결		
🔘						

무기 / 장소

누가?
_____

무엇으로?
_____

어디에서?
_____

41 | 자기 죽음은 알아내지 못한 초능력자 🔍🔍

신비탐정 이라티노는 로지코가 모르는 기관명을 떠들며 말했습니다. "초능력 연구실에서 우리 협회에 희망적인 데이터가 나왔어요. 이 초능력자가 진짜인 것만 증명되면 우리가 백만 달러를 줄 예정입니다." 안타깝게도 증명된 사실은 그 초능력자가 죽었다는 것뿐이었습니다.

용의자

마술사 믹스달

지금은 수감된 마술사들이 자기가 주장하는 초능력을
검증하는 죄수 예능 프로그램에 출연하고 있다.

168cm / 왼손잡이 / 녹색 눈 / 금발 / 양자리

크림슨 원장

원장은 만나 본 사람 중에 자기가 제일 똑똑하다고 했고,
그 말이 맞을 것이다. 엔진 하나짜리 비행기를 몰지만,
그러다가 추락해도 자기 뼈를 맞출 수 있겠지.

175cm / 왼손잡이 / 녹색 눈 / 붉은 머리 / 물병자리

버밀리온 공작부인

초능력 연구실이 말한 금액만큼이나
크고 오래된 비밀을 간직한 키 크고 나이 많은 여성.

175cm / 왼손잡이 / 회색 눈 / 백발 / 물고기자리

장소

마당
실외

다우징 실험 때문에
구멍이 잔뜩 났다.

지붕
실외

유체 이탈 실험은
성공하고 공중 부양 실험은
실패한 곳.

감각차단실
실내

어두운 방에 놓인 수조.
그 안에서 과거로 회귀하거나
지독하게 지루한 시간을
보낼 수 있다.

무기

준영구기관
무거움

영원히 움직이는 영구기관과 달리 영구적으로 움직이지는 않는다. 이 장치의 최장 기록은 2시간이다.

다우징 막대
보통 무게

이걸로 물, 기름, 호구를 찾을 수 있다.

수정구
무거움

들여다보면 미래가 보인다. 미래에 그 수정구가 될 사람에게는.

단서

▶준영구기관은 새로 판 구멍 안에서 발견되었다.

▶다우징 막대를 가진 용의자는 2월 1일에 태어났다(자료 B 참조).

진술

※범인은 거짓말을 합니다.

▶**마술사 믹스달 :**

  마술사 암호 : 나는 수정구를 가져오지 않았어요.

▶**크림슨 원장 :**

  날 믿어요! 믹스달은 지붕 위에 서 있었어요.

▶**버밀리온 공작부인 :**

  나는 어두운 방에서 쉬고 있었는데.

		용의자			장소	
	🎁	🩺	👑	🌱	🪦	🛢
⚙️						
🍴						
🔮						
🌱						
🪦						
🛢						

무기 / 장소

누가?

무엇으로?

어디에서?

사건 해결

99

논리탐정 로지코는 신비탐정 이라티노에게 오컬트 현상이 많이 일어난 곳을 안다며 카페로 데려갔습니다. 하지만 두 사람이 도착해 보니 바리스타가 죽어 있었습니다.

용의자

라피스 수녀

세계를 다니며 신의 돈으로 신의 일을 하는 수녀.
캐시미어와 소비를 손에서 놓지 못한다.

157cm / 오른손잡이 / 밝은 갈색 눈 / 밝은 갈색 머리 / 게자리

그랜드마스터 로즈

체스 그랜드마스터. 항상 다음 일을 미리 계획한다.
어떤 라테를 마실까 같은 것도(2. Qh5).

170cm / 왼손잡이 / 어두운 녹색 눈 / 짙은 갈색 머리 / 전갈자리

커피 장군

여러 사람을 죽였는데도 팁을 후하게 주니까
카페에서도 계속 받아 주는 에스프레소 애호가.
(인생의 지혜!)

183cm / 오른손잡이 / 어두운 녹색 눈 / 대머리 / 궁수자리

장소

주차장
실외

여기는 고급 카페라서
드라이브스루 영업을
하지 않는다.
커피를 마시려면
차에서 내려야 한다.

화장실
실내

카페니까 화장실이 있다.
여기는 언제나
종이 타월이 다 떨어졌다.

안뜰
실외

거대한 참나무 아래의
어른거리는 햇빛이
식탁과 의자에 닿는다.
대화… 또는 살인을
하기에 아주 좋은 곳이다.

버터 나이프
가벼움

솔직히 이런 것에
죽으면 창피할 것 같다.

금속 빨대
가벼움

플라스틱 빨대보다
환경에 좋지만
더 치명적이다!

끓는 냄비
무거움

뜨겁고 무겁다!
살인자 입장에서는
기능이 두 배!

단서

▶ 팁을 잘 주는 용의자는
안뜰에 앉아 있었다.
▶ 키가 가장 큰 용의자는
버터 나이프를 가진 사람을 의심했다.

진술

※범인은 거짓말을 합니다.

▶ **라피스 수녀 :**
그랜드마스터 로즈는 주차장에 없었어요.
▶ **그랜드마스터 로즈 :**
화장실에 금속 빨대가 있었는데.
▶ **커피 장군 :**
흠… 버터 나이프가 안뜰에 있었지.

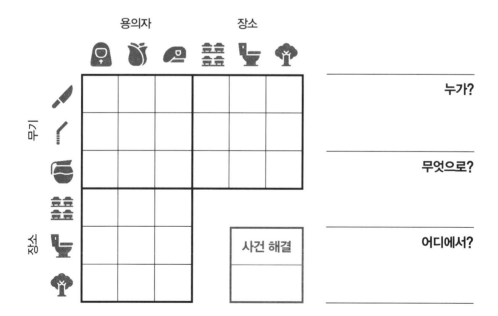

누가?

무엇으로?

어디에서?

43 | 극악무도한 펭귄 살해 사건

논리탐정 로지코는 신비탐정 이라티노가 눈물범벅인 것을 보고 무슨 일인지 물었습니다. "멸종 위기 펭귄이 살해당했어요!" 로지코는 통곡하는 이라티노의 어깨를 붙잡고 말했습니다. "그러면 같이 해결해요!"

용의자

루스카니 총장

추리대학 총장. 권위와 지식,
그리고 한 번도 잡힌 적이 없다는 점 때문에 존경을 받는다.

165cm / 왼손잡이 / 녹색 눈 / 반백 머리 / 천칭자리

버밀리온 공작부인

크고 오래된 비밀을 간직한 키 크고 나이 많은 여성.
이 이야기를 몇 번이나 해야 할까?

175cm / 왼손잡이 / 회색 눈 / 백발 / 물고기자리

Mx. 탠저린

성별 이분법에 들어가지 않는 사람도 얼마든지
살인자가 될 수 있다는 것을 몸소 입증하고 있다.
과학자이자 스키 애호가이자 용의자.

165cm / 왼손잡이 / 녹갈색 눈 / 금발 / 물고기자리

장소

탁구장
실내

화를 풀기에도 좋지만,
어색함을 풀기에 더 좋은 곳.
스낵도 있다!

얼어붙은 황무지
실외

혹독한 야생의 광야.
장점이라면 혼자 시간을
보낼 수 있다는 것 정도.

숙소
실내

모든 사람이 믿기
어려울 만큼 포근한 담요를
덮고 자는 곳.

무기

독이 든 핫초코

가벼움

한껏 마시면, 평생 마지막으로
몸이 따뜻해지는 느낌을
받을 수 있다.

얼음 도끼

보통 무게

등반과 살해,
그리고 작은 구멍을 뚫는
모든 일에 쓰인다.

고드름 단검

가벼움

완벽한 무기. 누군가를 찔러
죽여도 마지막엔
웅덩이만 남는다.

단서

▶바깥에 있었던 용의자는
   머리가 백발이었다.
▶과학자·스키 애호가·
   용의자는 고드름 단검을
   가지고 오지 않았다.

진술

▶루스카니 총장 :
   박사 학위 일곱 개를 가진 입장에서 말하는데,
   나는 탁구장에 있었네.
▶버밀리온 공작부인 :
   내 생각이라면, 루스카니 총장이 독이 든
   핫초코를 가져온 것 같은데?
▶Mx. 탠저린 :
   내가 직접 봤는데 얼음 도끼가 포근한 담요 아래 있었어요.

※범인은 거짓말을 합니다.

누가?

무엇으로?

어디에서?

103

44 | 무대 위의 진짜 살인

논리탐정 로지코와 신비탐정 이라티노는 숲속의 극장에서 연극을 보았습니다. 연극은 놀랍도록 생생한 몰입형 추리극이었습니다. 일단 로지코는 그렇게 생각했지만, 알고 보니 연출가가 살해된 진짜 범죄 현장이었습니다.

용의자

그레이 백작

홍차로 유명한, 유서 깊은 그레이 백작가의 후손.
사인은 해 주지 않지만, 요청한 사람에게
티백 하나를 공짜로 준다.

175cm / 오른손잡이 / 밝은 갈색 눈 / 백발 / 염소자리

라피스 수녀

세계를 다니며 신의 돈으로 신의 일을 하는 수녀.
캐시미어와 소비를 손에서 놓지 못한다.

157cm / 오른손잡이 / 밝은 갈색 눈 / 밝은 갈색 머리 / 게자리

파인 판사

법정의 주재자이며,
정의에 관한 신념을 스스로 정해 굳게 지킨다.

168cm / 오른손잡이 / 어두운 녹색 눈 / 검은 머리 / 황소자리

장소

무대
실외

주변의 나무를 베어
판자 형태로 다듬은 후
무대 제작에 썼다.

접수 나무
실외

접수대처럼 쓰지만 나무다.
입장할 곳을 알려줄 수 있게
장식해 놓았다.

무대 뒤 숲
실외

어둡고 음산하다.
깜짝 등장용으로 완벽하다.

독한 안내서
가벼움

소개 내용도 독하지만
잉크도 독하다.

독이 든 팝콘
보통 무게

신선하게 튀겨서
신선한 독을 넣었다.
아몬드 향!

공연용 검
보통 무게

배우들의 안전을 위해
조금 무디게 만들었지만,
아주 조금만 무디다….

단서

▶ 그레이 백작은 어둠을 무서워하기
때문에 무대 뒤 숲에는
갔을 리가 없다.
▶ 아주 조금 무딘 무기를 가지고
있었던 사람의 별자리: ♉

진술

※ 범인은 거짓말을 합니다.

▶ 그레이 백작 :
명예로운 그레이 백작가의 후손으로서 말하는데,
독이 든 팝콘은 접수 나무 옆에 있었네.
▶ 라피스 수녀 :
독한 안내서가 무대 위에 있었어요.
▶ 파인 판사 :
라피스 수녀가 판자 위에 있었다는 것
말고는 모르겠는데.

용의자 　　장소

무기 　　장소

사건 해결

누가?

무엇으로?

어디에서?

45 | 눈에 들어온 장면은 살인 추리극

논리탐정 로지코가 이제 라이브 극장은 피하고 싶다고 하자, 신비탐정 이라티노는 추리 영화를 보러 유령이 나온다는 자동차 극장에 로지코를 데려갔습니다. 로지코가 보기에는 아주 평범한 자동차 극장이었습니다. 으스스한 느낌이 조금 있기는 했습니다. 아마 티켓을 받는 직원이 살해되었기 때문이겠지요.

용의자

편집자 아이보리

역대 최고의 로맨스 편집자.
적이 연인으로 바뀌는 장르를 만들어 냈고,
최초로 책 표지에 벗은 남자를 넣었다.

168cm / 왼손잡이 / 밝은 갈색 눈 / 반백 머리 / 전갈자리

영화광 스모키

미드나이트 영화사 추리극의 촬영 장소는 전부 알지만,
친구를 사귀는 법은 모른다.

178cm / 왼손잡이 / 어두운 녹색 눈 / 검은 머리 / 처녀자리

전설의 대스타 실버튼

할리우드 영화의 황금기를 살았고,
지금은 황혼기를 살아가는 대배우.

193cm / 오른손잡이 / 파란 눈 / 은발 / 사자자리

장소

스크린
실외

영화가 마음에 안 들 때
불을 켜면 영화가 사라진다.

매점
실외

탄산음료, 양배추, 날계란 등
평범한 매점 상품을
무엇이든 살 수 있다!

매표소
실외

드라이브스루라서
차 한 대마다 표를 끊기 때문에
승합차가 많이 온다.

예비 타이어
무거움

아주 무거운 고무 둔기!

삽
보통 무게

다목적 도구. 삽 하나로
사람을 죽이고 묻는 것까지
해결할 수 있다!

독이 든 팝콘
보통 무게

신선하게 튀겨서
신선한 독을 넣었다.
아몬드 향!

단서

▶드라이브스루 매표소에
무거운 무기가 남아 있었다.
▶영화광 스모키는 독이 든 팝콘을
가져온 사람을 스토킹한 적이 있다.

진술

※범인은 거짓말을 합니다.

▶**편집자 아이보리 :**
전설의 대스타 실버튼이 삽을 가지고 왔었지요.
▶**영화광 스모키 :**
왜! 편집자 아이보리가 날계란을 사고 있었어요.
▶**전설의 대스타 실버튼 :**
소감을 말하자면, 나는 스크린 옆에 있었어요.

	용의자			장소		
무기						
타이어						
삽						
팝콘						
장소 스크린				사건 해결		
컵						
매표소						

누가?
_____

무엇으로?
_____

어디에서?
_____

107

46 | 목숨이 아깝지 않은 크루즈 2

신비탐정 이라티노는 협회에 새로 온 수비학자에게 계산을 시켰습니다. 그러자 비행기를 타고 여기저기 다니는 것보다 각종 비용이 통합된 크루즈를 이용하는 편이 훨씬 저렴하다는 결론이 나왔습니다. 그래서 결국 이라티노는 논리탐정 로지코를 데리고 크루즈 여행에 나섰습니다. 여행에서 생긴 최고의 추억은 일등항해사의 살인 사건을 해결한 것이었습니다.

용의자

네이비 제독

네이비 제독의 맏아들인 네이비 제독의 맏아들.

175cm / 오른손잡이 / 파란 눈 / 밝은 갈색 머리 / 게자리

모브 부사장

텍코 퓨처스의 부사장. 자기 메타버스에 들어오라는 요청을 받으… 안 돼! 당장 나가!

173cm / 오른손잡이 / 어두운 녹색 눈 / 검은 머리 / 황소자리

애플그린 교장

딸이 보수 좋은 출판사 직원을 그만두고 공동체에 들어갔다. 그러니까 이 크루즈 여행은 휴양을 위해서 왔을 것이다.

180cm / 오른손잡이 / 파란 눈 / 금발 / 천칭자리

장소

갑판
실외

크리비지를 할 수 있다. 크리비지가 뭔지 아는 사람은 없어 보이지만.

식당
실내

아마 선내 최고의 식당일 것이다.

선장실
실내

선장은 이 방이 얼마나 넓은지 아무에게도 들키지 않으려고 방을 잠가 둔다.

무기

맹독성 복어
가벼움

조심해서 준비하면 안전하게 먹을 수 있다. 더 조심해서 준비하면 살인에 쓸 수 있다.

낚시용 작살
보통 무게

관광객이 추가 요금을 내면 끝에 미리 물고기를 꿰어 준다.

타륜
보통 무게

이 무기로 사람을 죽일 때의 가장 나쁜 점은 배가 충돌한다는 것이다.

단서

▶탐구 협회에서 이라티노에게 전달한 사건에 관한 메시지: 이 별자리에 작살이 보여요.
▶맹독성 복어는 식당 반입이 금지되어 있다.

진술

※범인은 거짓말을 합니다.

▶**네이비 제독 :**
애플그린 교장이 바깥에 있었지.
▶**모브 부사장 :**
네이비 제독이 타륜을 가져왔고.
▶**애플그린 교장 :**
타륜은 선장실에 있었네.

	용의자			장소		
🐡						
🔱						
☸						
🚢						
🍴				사건 해결		
🛏						

무기 / 장소

누가?
_____

무엇으로?
_____

어디에서?
_____

47 | 신비한 섬의 신비

배가 좌초해서 도달한 섬엔 신비가 가득했습니다. 등대는 왜 불이 꺼져 있었을까요? 불도 켜지 않을 생각이었으면 등대는 왜 만들었을까요? 방금 비명을 지른 것은 누구였을까요? 선장은 누가 죽였을까요?

용의자

Mx. 탠저린

성별 이분법에 들어가지 않는 사람도
얼마든지 살인자가 될 수 있다는 것을 몸소 입증하고 있다.
선원이자 주방장이자 용의자.

165cm / 왼손잡이 / 녹갈색 눈 / 금발 / 물고기자리

마른 남작

놀랍도록 오만하고 앙심을 잘 품는 남자.
아무도 남작의 심기를 거스르고 싶어 하지 않는다.
적어도 아직 살아 있는 사람들은….

188cm / 오른손잡이 / 녹갈색 눈 / 붉은 머리 / 전갈자리

점성학자 아주어

별을 보고 점을 친다.
사람들이 태어난 정확한 시간과 장소를 무척이나 궁금해한다.

168cm / 오른손잡이 / 녹갈색 눈 / 밝은 갈색 머리 / 게자리

장소

죽음의 숲
실외

나무는 전부 죽었다.
하지만 이 숲에 뭔가가
살고 있다….

절벽 옆의 등대
실내

불이 꺼져 있었던
이유를 알아냈다.
등대지기가 오래전에
죽었기 때문이었다.

무너진 교회
실내

지붕이 무너졌고
교회 안이 지저분하다.

낡은 검
무거움

오래된 전쟁에서
악당들이 썼던 검.
녹이 잔뜩 슬었다.

상한 맹독성 복어
보통 무게

상해서 이제 독이 없는
부분도 위험하다.

삽
보통 무게

다목적 도구. 삽 하나로
사람을 죽이고 묻는 것까지
해결할 수 있다!

단서

▶등대에 있는 무기는
녹이 슬지 않았다.
▶믿을 만한 제보자가 로지코에게
흔들리는 손으로 써서 준 뒤죽박죽
쪽지 : 은죽 에숲 전자인갈리
사이람 지었있요.

진술

※범인은 거짓말을 합니다.

▶Mx. 탠저린 :
점성학자 아주어가
다목적 도구를 들고 왔어요.
▶마룬 남작 :
맹독성 복어가 무너진 교회에 있던데.
▶점성학자 아주어 :
별을 봐요! Mx. 탠저린이 독을
가져왔다고 하네요.

용의자   장소

🗡						
🐡						
🛠						
🌳						
🗼						
🏛						

무기

장소

누가?

무엇으로?

사건 해결

어디에서?

48 | 달빛이 내리는 폐허의 시체

섬에 밤이 오자, 논리탐정 로지코와 신비탐정 이라티노는 단시간에 더 넓은 지역을 수색하면서 단서와 도움을 청할 무선 설비를 찾으려고 갈라졌습니다. 로지코는 달빛이 쏟아지는 교회 폐허에 도착했습니다. 그리고 시체에 걸려 넘어졌습니다. 두 번째 일등항해사의 시체였습니다.

용의자

철학자 본

과감하고 어두운 철학자.
자신은 자기 행동에 책임을 질 필요가 없지만
보상은 받아야 한다는 윤리 이론의 선구자.

155cm / 오른손잡이 / 밝은 갈색 눈 / 대머리 / 황소자리

브라운스톤 수사

평생을 교회(의 돈벌이)를 위해 헌신한 수도사.

163cm / 왼손잡이 / 어두운 녹색 눈 / 짙은 갈색 머리 / 염소자리

라피스 수녀

세계를 다니며 신의 돈으로 신의 일을 하는 수녀.
캐시미어와 소비를 손에서 놓지 못한다.

157cm / 오른손잡이 / 밝은 갈색 눈 / 밝은 갈색 머리 / 게자리

장소

물에 잠긴 장의자
실내

나무가 썩고 뒤틀린
장의자들이 놓여 있다.

풀에 뒤덮인 오르간
실내

덩굴과 잡초에 덮였고
파이프에서 벌레들이
기어나온다.

금이 간 제단
실내

돌로 된 제단 한가운데를
커다란 금이 가로지른다.

돌
보통 무게

다른 무기를 찾을 수 없을
때라도 돌은 항상 근처에 있다.
이 돌은 깨져 있다.

묵주
가벼움

상아 구슬에
작은 기호가
잔뜩 새겨져 있다.

성유물
보통 무게

얼굴이 끔찍하게 생긴
잊힌 옛 신의 토템 같다.

단서

▶ 철학자 본은 장의자에
발을 들인 적이 없다. 발이 젖는 것을
싫어하기 때문이다.

▶ 금이 간 제단으로 간 용의자는
12월 25일에 태어났다(자료 B 참조).

진술　　※범인은 거짓말을 합니다.

▶ **철학자 본 :**
라피스 수녀는 돌을 가져오지 않았어요.

▶ **브라운스톤 수사 :**
성유물은 풀에 뒤덮인
오르간에 없었습니다.

▶ **라피스 수녀 :**
철학자 본이 돌을 가져왔어요.

용의자　　　　　장소

	😷	🧑	🧑‍🦰	💺	🏛	⚰
🪨						
📿						
🗿						
💺						
🏛						
⚰						

무기 / 장소

사건 해결

누가?
_____

무엇으로?
_____

어디에서?
_____

49 | 죽음의 숲에서의 죽음

로지코는 이 섬이 마음에 안 들었습니다. 여기는 어딘가 이상했습니다. 일행이 여기로 온 방법도 어딘가 이상했습니다. 이라티노가 그런 불가사의를 별로 반기지 않는 것도 어딘가 이상했습니다. 로지코는 산책을 갔다가 누군가가 죽음의 숲으로 뛰어드는 것을 보았습니다. 로지코가 그 사람을 따라잡았을 땐 이미 죽어 있었습니다!

용의자

루스카니 총장

추리대학 총장으로서, 사람을 죽일 수 있는 모든 방법을 안다.
대부분은 이론일 뿐이지만.

165cm / 왼손잡이 / 녹색 눈 / 반백 머리 / 천칭자리

룰리언 경

최근에 기사로 임명된 섬세한 신사.
들고 다니는 조잡한 서류에 따르면 그렇다.

173cm / 오른손잡이 / 파란 눈 / 붉은 머리 / 사자자리

그레이 백작

홍차로 유명한, 유서 깊은 그레이 백작가의 후손.
사인은 해 주지 않지만,
요청한 사람에게 티백 하나를 공짜로 준다.

175cm / 오른손잡이 / 밝은 갈색 눈 / 백발 / 염소자리

장소

고대 유적
실외

형언할 수 없는 기운이
박동하는 것 같다.

비틀린 나무
실외

괴이한 각도로 굽고 비틀렸다.
마녀처럼 보인다.

움직이는 동굴
실내

이 동굴은 발견할 때마다
위치가 다른 것 같다.

기도용 양초
보통 무게

누군가가 죽기를 기도했다면,
그 기도는 응답을 받았다.

훈련된 원숭이
무거움

숲 안을 어슬렁거린다…
지금도 우리를 지켜보고
있을 것만 같다.

돌
보통 무게

평범한 돌. 이상하게도
이 섬의 돌이 아니다.
깨져 있다.

단서

▶원숭이는 비틀린 나무 위에
있었을 것이라고 생각하기 쉽지만,
그 생각은 틀렸다.
▶누군가가 로지코에게 뒤죽박죽
암호로 남긴 중요한 메시지 :
카스가루니 을돌 지가고 다었있.

진술　　※범인은 거짓말을 합니다.

▶루스카니 총장 :
학자로서, 룰리언 경이 기도용 양초를
가져왔다고 말할 수 있네.
▶룰리언 경 :
기도용 양초는 고대 유적에 있었지.
▶그레이 백작 :
나는 고대 유적에 없었지만.

용의자　　　　장소

누가?

무엇으로?

사건 해결

어디에서?

50 | 이라티노의 죽음

로지코는 죽음의 숲에서 돌아오다가 절벽 옆의 등대에 불이 켜진 것을 보았습니다! 순간, 이라티노가 분명한 비명이 들렸습니다! 로지코는 등대로 뛰어갔지만 너무 늦었습니다. 신비탐정 이라티노는 크게 다쳐서 쓰러진 상태였습니다. 로지코는 사건 해결에 뛰어들었습니다.

용의자

마른 남작

놀랍도록 오만하고 앙심을 잘 품는 남자.
아무도 남작의 심기를 거스르고 싶어 하지 않는다.
적어도 아직 살아 있는 사람들은….

188cm / 오른손잡이 / 녹갈색 눈 / 붉은 머리 / 전갈자리

룰리언 경

최근에 기사로 임명된 섬세한 신사. 들고 다니는
조잡한 서류에 따르면 그렇다.

173cm / 오른손잡이 / 파란 눈 / 붉은 머리 / 사자자리

라피스 수녀

세계를 다니며 신의 돈으로 신의 일을 하는 수녀.
캐시미어와 소비를 손에서 놓지 못한다.

157cm / 오른손잡이 / 밝은 갈색 눈 / 밝은 갈색 머리 / 게자리

장소

등대
실내

이제는 끔찍한 불을
빛내며 항해하는
모든 사람들에게 다가오지
말라고 경고한다.

외진 만
실외

추방자들이 모래투성이 만에 모여
들것에 놓인 이라티노를 돌보고 있다.
이라티노는 아직 정신을
차리지 못해 말을 할 수 없다.

발전기
실내

석탄을 때서 섬에
전기를 공급하는
거대한 기계.

돌
보통 무게

최초의 살인에 쓰인 무기.
아마 마지막 살인에도
쓰일 것 같다.

기름병
가벼움

기름의 양은 불을 꽤 오래
유지하거나 사람의 머리를
후려치기에 충분하다.

선원용 밧줄
보통 무게

추방자들을 묶은 사람은
선원 매듭을 쓰지 않은
것이 분명하다.

단서

※범인은 거짓말을 합니다.

▶룰리언 경은 기름을 가지고 온
사람이 한순간도 마음에 들지 않았다.
▶탐구 협회 대리인이 논리탐정
로지코에게 보낸 메시지 :
이 별자리에 줄이 보여요. ♏ ♏

진술

▶마룬 남작 :
라피스 수녀는 등대 근처에 없었지.
▶룰리언 경 :
기름병이 석탄 근처에 있었어요.
▶라피스 수녀 :
돌은 발전기에 없었어요.

	용의자			장소		
	👑	♞	🧕	🔥	🦀	🏔
🪨 돌						
🍶 기름병						
🔨 선원용 밧줄						
🔥						
🦀						
🏔						

누가?

_____

무엇으로?

_____

사건 해결

어디에서?

_____

논리탐정 로지코는 모든 것을 잃었습니다. 친구이자 라이벌이었고, 어쩌면 그보다 더 큰 의미였던 사람입니다. 게다가 자금원이기도 했습니다. 신비탐정 이라티노 없이 이제는 혼자 험한 세상을 헤쳐 나가야 합니다. 이제 로지코에게는 반드시 해야 할 일이 생겼습니다. 아무도 그 일을 방해하지 못하게 할 것입니다.

새로운 25개 사건에서 로지코는 이라티노의 살인이라는 거대한 수수께끼를 해결하기 위해 자신을 극한까지 몰아붙입니다. 용의자는 더 있었지만, 진술은 그만 듣기로 했습니다. 그 대신 해야 할 일은 용의자들의 머릿속을 파악하는 것이었습니다. 이 단계에서는 사건을 풀 때 누가, 무엇으로, 어디에서 살인을 저질렀는지와 더불어 그 이유도 알아내야 합니다. 동기는 누구나 가지고 있지만, 범인은 한 명뿐입니다. 로지코는 지금까지 동기에 신경을 쓴 적이 없었지만, 이라티노는 신경을 썼습니다. 어쩌면 이것도 이라티노를 기리는 방법 중 하나일 수 있겠지요. 아니면 모든 사람이 언제든 살인을 저지를 수 있는 존재로 보이기 시작했기 때문이거나….

로지코에게는 사명이 있습니다. 고대 유적들의 정체가 무엇인지, 그 위에 새겨진 기호들의 의미가 무엇인지, 이라티노의 죽음과는 어떤 관계가 있는지 알아내야 합니다. 룰리언 경은 거대한 음모의 도구일 뿐이라는 사실은 이미 파악했습니다. 배후에는 흑막이 따로 있었습니다. 로지코는 그 사람을 찾아내고, 복수를 하기로 결심했습니다. 3단계의 어려운 도전은 로지코보다 먼저 고대 유적들의 의미를 알아내는 것입니다. 자신 있나요?

하드보일드 🔍 명탐정

문자는 모두 현대 문자(한글 자모)로 옮겨 적었습니다.

고 대 유 적 에 새 겨 진 미 궁

51 | 묘지에서의 묘한 죽음

논리탐정 로지코는 이라티노가 진짜로 죽었다는 것이 믿기지 않았습니다. 하지만 죽는 모습도, 묻히는 모습도 보았기 때문에 어떻게 부정할 방법이 없었습니다. 죽은 것이 확실했습니다. 알고 보니 이라티노의 장례식에서 추모사를 하기로 되어 있던 사람도 그랬습니다.

용의자

별을 보고 점을 친다.
사람들이 태어난 정확한 시간과 장소를 무척이나 궁금해한다.

168cm / 오른손잡이 / 녹갈색 눈 / 밝은 갈색 머리 / 게자리

점성학자 아주어

홍차로 유명한, 유서 깊은 그레이 백작가의 후손.
사인은 해 주지 않지만, 요청한 사람에게 티백 하나를 공짜로 준다.

175cm / 오른손잡이 / 밝은 갈색 눈 / 백발 / 염소자리

그레이 백작

성별 이분법에 들어가지 않는 사람도 얼마든지
살인자가 될 수 있다는 것을 몸소 입증하고 있다.
무덤 자리를 파고 운구를 담당한 사람이자 용의자.

165cm / 왼손잡이 / 녹갈색 눈 / 금발 / 물고기자리

Mx. 탠저린

저지 데빌, 나방 인간, 보기 크리크 괴물과 같은
습지 괴물의 모든 목격담과 각각의 차이를 전부 안다.

170cm / 오른손잡이 / 회색 눈 / 백발 / 전갈자리

신비동물학자 클라우드

이상한 오두막
실내

묘지 한 구석에 있는,
비밀이 있을 것이 분명한 나무 오두막.

선물 가게
실내

비석 모양 기념품이나
이곳의 마스코트인 미스터 해골의
봉제 인형을 살 수 있다.

거대한 묘당
실내

한 가문의 부자들이 전부
이 피라미드형 무덤에 묻혀 있다.

입구
실외

불길한 분위기를 내기에 딱 적당할
만큼만 녹이 슨 거대한 철창문.

솥
무거움 / 금속 소재

들어올릴 수 있다면 누군가를
후려칠 수도 있다. 아니면 속에 든 것을
한 모금만 먹여도 된다.

유령탐지기
보통 무게 / 금속 · 전기 소재

유령은 잘 못 찾지만
사람들을 감전시키는
성능은 정말 좋다.

빗자루
보통 무게 / 나무 · 밀짚 소재

마녀들은 이걸 타고 날아다닌다고 하지만,
로지코는 청소에만 썼다.

팔 뼈
보통 무게 / 뼈 소재

죽은 사람의 뼈로
사람을 죽일 수 있다.

동기

🕵 무언가를 빼앗기	👁 실제로 가능한지 보려고
👥 불륜 숨기기	💀 시체 훔치기

 단서

▶ 점성학자 아주어는 빗자루를 가져오지 않았다.

▶ 그레이 백작은 자기가 실제로 살인을 할 수 있는지 보려고 들거나 불륜을 숨기겠다고 사람을 죽이지는 않을 인물이다.

▶ 유령탐지기가 철창문의 봉들 사이에 끼여 있었다.

▶ 로지코는 해골 봉제 인형 옆에서 빗자루 털 한 가닥을 발견했다.

▶ 팔 뼈를 흔들고 다니던 사람은 불륜을 숨기려고 애쓰는 중이었다.

▶ Mx. 탠저린은 항상 시체를 훔치고 싶어서 안달이었다. 오늘이 그날이었을까?

▶ 솔을 끌고 다니던 사람은 누군가에게서 무언가를 빼앗으려고 했다.

▶ 괴물을 잘 아는 누군가가 이상한 오두막 주변을 기웃거리고 다녔다.

▶ **시체는 거대한 피라미드 안에서 발견되었다.**

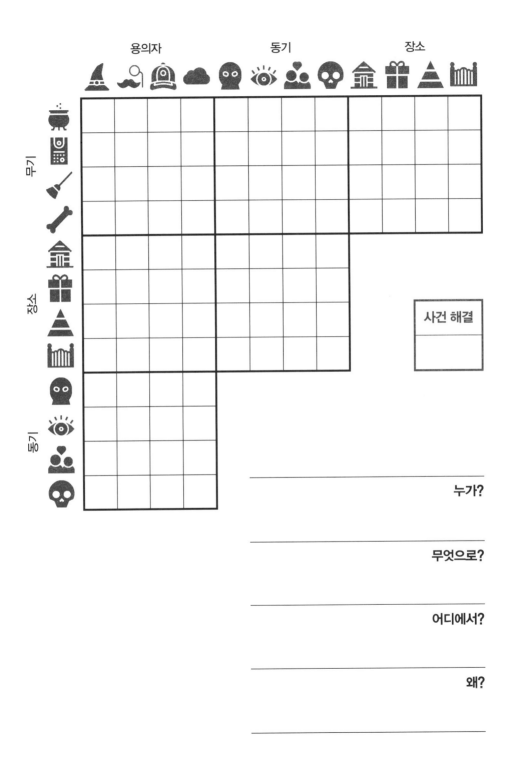

용의자   동기   장소

무기

장소

동기

사건 해결

누가?

무엇으로?

어디에서?

왜?

123

52 | 협회로 돌아가다

논리탐정 로지코가 탐구 협회로 돌아가 보니 온통 잡초가 무성했습니다. 이라티노가 없는 지금, 그 장소는 돌보는 사람이 아무도 없었고 너무나 조용했습니다. 이상할 정도로요…. 곧 로지코는 그게 유일한 경비원이 살해되었기 때문이라는 것을 알았습니다.

용의자

수비학자 나이트

수학과 비전 지식에 뛰어나다.
V 값도 알고, V의 의미도 안다.

175cm / 왼손잡이 / 파란 눈 / 짙은 갈색 머리 / 물고기자리

대연금술사 레이븐

연금술사는 전부 대연금술사라는 오래된 농담이 있다.
레이븐은 그 농담을 싫어한다.

173cm / 오른손잡이 / 밝은 갈색 눈 / 짙은 갈색 머리 / 물고기자리

약초학자 오닉스

온실에서 요리, 마법, 독에 필요한 온갖 식물을 기른다.

152cm / 오른손잡이 / 어두운 녹색 눈 / 검은 머리 / 처녀자리

언어학자 플린트

어원 연구를 통해 단어가 어디에서 왔고
어떤 의미로 쓰였는지 등의 여러 가지를 알고 있다.

157cm / 왼손잡이 / 녹색 눈 / 금발 / 물병자리

웅장한 저택
실내

중정(中庭)에서 자라는 나무가
시들어 죽기 시작했다.

거대한 탑
실내

실험 목적으로 물건들을
낙하시키기 위해
특별히 세운, 높이 솟은 탑.

미니 골프 코스
실외

풍차, 동굴, 루프 등이 있는 18홀 코스.
하지만 아무도 놀러 오지 않는다.

출구 없는 정원 미로
실외

출구 없는 정원 미로에서는
늘 사람을 구조해 내야 한다.

무기

다우징 막대
보통 무게 / 나무 소재

이걸로 물, 기름, 호구를
찾을 수 있다.

몽롱해지는 회중시계
가벼움 / 금속 소재

이 시계를 잘 들여다보면
시간을 알 수 있다.

준영구기관
무거움 / 금속 소재

영원히 움직이는 영구기관과 달리
영구적으로 움직이지는 않는다.
이 장치의 최장 기록은 하루.

수정구
무거움 / 수정 소재

들여다보면 미래가 보인다.
미래에 그 수정구가 될 사람에게는.

강인함을 입증   재산 상속

 사랑을 쟁취하기   그냥 그럴 수 있으니까

단서

▶키가 가장 작은 용의자는 손이 안 닿는 물건들을 건드려야 할 일에 대비해서
  다우징 막대를 가지고 왔다.

▶대연금술사 레이븐이 땅 위 높은 곳에서 떠도는 모습이 목격되었다.

▶준영구기관을 가지고 온 용의자는 사랑을 위해 싸우려는 욕망이 깊었다.

▶눈이 파란 사람은 절대 웅장한 저택에 가지 않았다.

▶작은 풍차 옆에서 점술 도구가 발견되었다.

▶그냥 그럴 수 있다는 이유로 살인을 저지를 만한 용의자는 웅장한 저택에 있었다.

▶물병자리인 사람은 재산 상속을 받고 싶었다.

▶시간을 알려주는 장치를 가지고 있던 용의자는 자기가 강하다는 것을 입증하고
  싶은 마음이 전혀 없었다.

▶**경비원의 시체는 굽이치는 관목 울타리길 사이에서 발견되었다.**

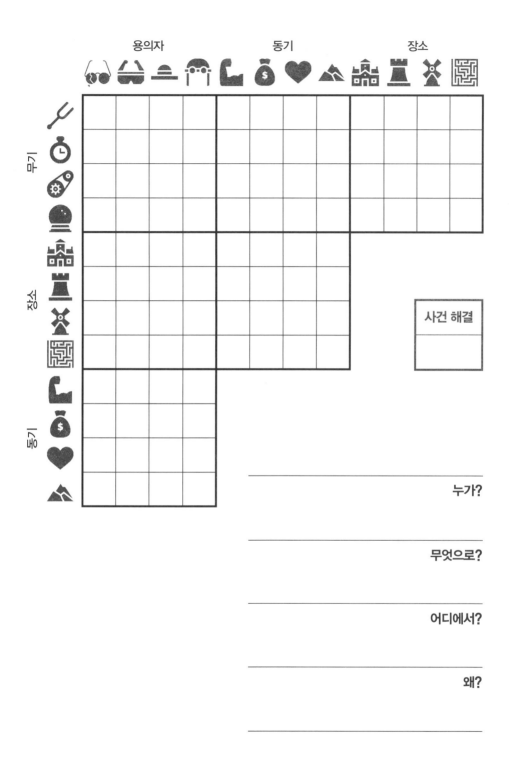

누가?

무엇으로?

어디에서?

왜?

53 | 신비한 숲을 걷다가 '헐'

논리탐정 로지코는 협회를 벗어나 쓸쓸한 길을 걷다가 어느새 길을 벗어나 숲에 들어갔습니다. 거기에는 사교도의 옷 같은 이상한 로브를 입은 여자의 시체가 있었습니다.

용의자

신비동물학자 클라우드

바게스트, 도바르쿠, 보드민 무어 괴물과 같은 마수들의 모든 목격담과 각각의 차이를 전부 안다.

170cm / 오른손잡이 / 회색 눈 / 백발 / 전갈자리

마룬 남작

놀랍도록 오만하고 앙심을 잘 품는 남자. 아무도 남작의 심기를 거스르고 싶어 하지 않는다. 적어도 아직 살아 있는 사람들은….

188cm / 오른손잡이 / 녹갈색 눈 / 붉은 머리 / 전갈자리

파인 판사

법정의 주재자이며, 정의에 관한 신념을 스스로 정해 굳게 지킨다.

168cm / 오른손잡이 / 어두운 녹색 눈 / 검은 머리 / 황소자리

사회학자 엄버

과학을 대표하는 입장에 서서 항상 남들에게 누구의 계보를 이었는지, 프랑스 사회학자 뒤르켐을 아는지 묻는다.

163cm / 왼손잡이 / 파란 눈 / 금발 / 사자자리

비틀린 나무
실외

괴이한 각도로 굽고 비틀렸다.
로지코는 그 모습을 보고 이라티노의
논리와 닮았다고 생각했다.

움직이는 동굴
실내

이 동굴은 발견할 때마다
위치가 다른 것 같다.

고대 유적
실외

근처에 있으면 다리가 불안해진다.
마치 땅 밑으로 가라앉는 것 같다.

작은 둔덕
실외

앉아서 피크닉을 하기에 좋아 보인다.
아니면 파트너를 추모하거나.

무거운 양초
무거움 / 왁스 소재

무겁지만,
방의 분위기를 가볍게 만들어 준다.

낡은 검
무거움 / 금속 소재

오래된 전쟁에서 악당들이 썼던 검.
녹이 잔뜩 슬었다.

나무토막
무거움 / 나무 소재

크고 무거운 참나무 토막. 누군가가
이걸로 사람을 죽이려고 나무를 죽였다.

도끼
보통 무게 / 나무·금속 소재

나무를 찍는 물건.
나쁜 기억도 찍어낼 수 있었으면.

곰을 겁주어 쫓아내기	소중한 책 훔치기
혁명 완수	복수 완성

단서

▶로지코는 나무토막에 감긴 붉은 머리를 발견했다.

▶무거운 양초를 가진 사람은 소중한 책을 훔치고 싶어 했다.

▶복수를 하고 싶었던 사람은 전갈자리다. 참 전형적이게도.

▶곰을 겁주어 쫓아내려고 했던 사람은 오른손잡이가 틀림없다.

▶혁명을 완수하기 위해 살인도 불사하려던 용의자가 실내에서 음모를 꾸미는 것이 목격됐다.

▶분석가들은 사회학자 엄버의 옷에서 금속 소재가 들어간 무기의 흔적을 찾아냈다.

▶이상하게 비틀린 나무를 베려는 사람이 있었던 것 같다.
  그 사람은 나무에 도끼를 기대어 놓았다.

▶멋진 피크닉 장소에 있던 사람은 분명 곰을 겁주어 쫓아낼 필요가 있었다.

▶두 번째로 키가 작은 용의자는 작은 둔덕에 간 적이 없다.

▶**사교도 옆에서 녹슨 날붙이가 발견되었다.**

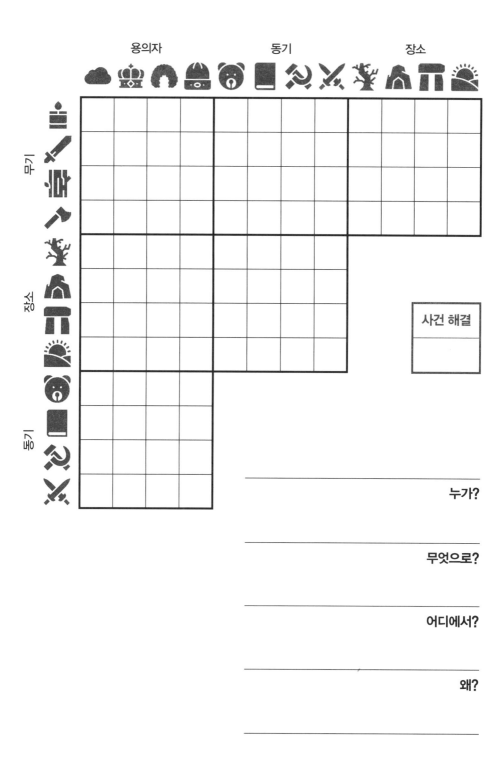

누가?

무엇으로?

어디에서?

왜?

54 | 이번에도 한 명 더 있었다

논리탐정 로지코는 고대 유적을 조사하러 다시 외딴 섬에 갔습니다. 하지만 도착해 보니 새 관리인이 피살된 채였습니다. 아무래도 외딴 섬의 관리인은 안전한 직업이 아닌 것 같습니다.

모브 부사장

텍코 퓨처스의 부사장.
자기 메타버스에 들어오라는 요청을 받으면
있는 힘을 다 짜내서 비명을 지를 것.

173cm / 오른손잡이 / 어두운 녹색 눈 / 검은 머리 / 황소자리

네이비 제독

제독의 할아버지도 네이비 제독의 맏아들이었고,
그 할아버지도 마찬가지였다!

175cm / 오른손잡이 / 파란 눈 / 밝은 갈색 머리 / 게자리

에이전트 잉크

따뜻한 마음과 뜨거운 탐욕을 가진 에이전트.
살인하는 법을 안다.

165cm / 오른손잡이 / 어두운 녹색 눈 / 검은 머리 / 처녀자리

그랜드마스터 로즈

체스 그랜드마스터. 항상 다음 일을 미리 계획한다.
이를테면 살인 추리극에서 용의자가 그만 되는 법 같은 것.
(2...Ke7??)

170cm / 왼손잡이 / 어두운 녹색 눈 / 짙은 갈색 머리 / 전갈자리

부두
실외

전에는 번듯했던 것 같지만
이제는 낡고 썩은 부두. 상어 조심!

유령의 숲
실외

섬의 한 구석에 있는 조그만 숲.
속삭이는 소리를 들었다고 말하는
방문객들이 많다.

고대 유적
실외

새로운 가설:
이 유적은 고대의
설치 미술일 것이다.

절벽
실외

아주 높지만,
뾰족한 바위에 걸리면
추락을 멈출 수 있다.

벽돌
보통 무게 / 벽돌 소재

평범한 보통 벽돌.
특별할 것 없는 그냥 벽돌.

도끼
보통 무게 / 나무·금속 소재

나무를 찍는 물건.
사람도 찍을 수 있다!

노
무거움 / 나무 소재

이것을 저으면 보트를 움직일 수 있지만,
가시를 조심해야 한다.

곰덫
무거움 / 금속 소재

사람에게 쓰기 너무 잔인한 것 같으면
곰의 기분도 생각해 보자!

| 아버지의 복수 | 보물지도 훔치기 |
| 숙녀의 호감 얻기 | 광기에 밀려서 |

▶곰덫을 가지고 온 사람은 가짜 보물지도를 훔칠 생각이 없었다.

▶숙녀의 호감을 사고 싶었던 용의자는 금속 소재가 들어간 무기를 가지고 있었다.

▶광기에 밀려서 살인을 저지를 법한 사람만이 평범한 벽돌을 사용할 것이다.

▶모브 부사장은 설치 미술 같은 것을 꼼꼼하게 살펴보고 있었다.

▶처녀자리인 사람은 노를 가지고 있었다. 처녀자리는 노—력을 좋아하니까.

▶키가 가장 큰 용의자는 나무 소재가 들어간 무기를 가지고 있었다.

▶숙녀의 호감을 사고 싶었던 용의자는 절벽에 있었다.

▶두 번째로 키가 큰 용의자는 금속 소재가 들어간 무기를 가지고 있었다.

▶유령의 숲에 있었던 사람은 왼손잡이였다.

▶**관리인은 도끼에 죽었다.**

용의자　　　　동기　　　　장소

무기

장소

동기

사건 해결

_____ **누가?**

_____ **무엇으로?**

_____ **어디에서?**

_____ **왜?**

135

55 | 특이한 거미줄, 부자연스러운 범죄

논리탐정 로지코는 국립공원에서 혼자 캠핑을 하다가 고대 유적이 나오고 공원 관리인이 살해되는 꿈을 꾸었습니다. 잠에서 깨자, 꿈은 현실이 되어 있었습니다!

용의자

허니 전 시장

숲의 휴양지에 가서 최근의 스캔들(살인)을 되새기며 정치적인 전망을 재정비하고 있었다.

183cm / 왼손잡이 / 녹갈색 눈 / 갈색 머리 / 전갈자리

애플그린 교장

살인죄를 면하는 것을 제외하고는 모든 면에서 엄격한 교장. 언제나 손에 분필가루가 묻어 있다.

180cm / 오른손잡이 / 파란 눈 / 금발 / 천칭자리

라즈베리 코치

어느 편에 있건, 미시시피강 이편에서 손꼽히는 유능한 코치.

183cm / 왼손잡이 / 파란 눈 / 금발 / 양자리

루스카니 총장

추리대학 총장으로서, 학계 정치에서 이길 최상의 방법을 추리해 냈다. 바로 아군에게 상을 주고, 적에게 벌을 주고, 살인을 겁내지 않는 것.

165cm / 왼손잡이 / 녹색 눈 / 반백 머리 / 천칭자리

고대 유적
실외

외계인들이 중요한 장소에
뭔가 표시를 해 놓은 것일까?

온천 스파
실내

사람들은 온천에 잠긴 자기 모습을 사진으로
남기려고 수백 킬로미터 밖에서 찾아온다.

파티 호수
실외

사람들이 곧잘 익사하고, 얼음처럼 찬 물에
시체도 곧잘 숨기는 곳이다.

입구
실외

돈을 내고 현대 사회와 단절될 수 있는
곳이라는 광고가 거대한 문에 걸려 있다.

무기

독거미
가벼움 / 생물 소재

우연이 아니다. 특이한 거미줄의 모양으로
보아 이 숲에 원래 있던 종류는 아니다.

원예 가위
보통 무게 / 금속 소재

무겁고, 녹이 많고, 위험하다.
생울타리를 자를 수도 있고,
누군가의 수명 몇 년을 자를 수도 있다.

활과 화살
보통 무게 / 세라믹 · 리넨 · 깃털 소재

이 아름다운 모습을 보라!
내 머리로 날아오는
화살의 깃털이 얼마나 멋진지.

등반용 도끼
무거움 / 금속 · 나무 소재

절벽을 올라가 아름다운
자연 경관을 만끽할 수 있다.
물론 사람을 죽일 수도 있다.

무언가를 빼앗기   부동산 사기를 위해

 실제로 가능한지 보려고   협박에서 벗어나기

단서

▶ 로지코는 전에도 독거미가 범죄에 쓰인 것을 보았는데, 언제나 부동산 사기의 일부였다.

▶ 애플그린 교장은 입구에 없었다.

▶ 키가 가장 작은 용의자는 절벽을 올라가기 위한 도구를 가지고 있었다.

▶ 살아 있는 동물이기도 한 무기의 흔적이 고대 유적에서 발견되었다.

▶ 자기가 실제로 살인을 할 수 있는지 보고 싶었던 용의자는 세라믹 소재가 들어간 무기를 가지고 있었다.

▶ 라즈베리 코치가 얼음처럼 차가운 물에서 수영을 하고 있었다.

▶ 원예 가위는 오른손잡이용이었다.

▶ 협박에서 벗어나고 싶었던 용의자는 스파를 즐길 기분이 아니었다.

▶ **공원 관리인 옆에서 특이한 거미줄이 발견되었다.**

	용의자	동기	장소

무기

장소

동기

사건 해결

_____ **누가?**

_____ **무엇으로?**

_____ **어디에서?**

_____ **왜?**

56 | 황폐한 마을

논리탐정 로지코는 처음에 옵시디언 부인을 찾아서 갔던 정겨운 작은 마을을 다시 방문했습니다. 지금은 집의 절반이 매물로 나와 있었습니다. 나머지 반은 빈집이었습니다. 수상한 그림자가 마을을 돌아다니고, 아무도 가게 주인이 있는 곳을 몰랐습니다. 그러다가 로지코는 살인 무기를 발견했고 가게 주인이 어떻게 되었는지 알았습니다.

용의자

섀도우

윤곽만 보이는 그림자.
한밤 같은 모습으로 바람처럼 움직인다.

[   ] / 왼손잡이 / 녹색 눈 / [   ] / 물병자리

망고 신부

청빈의 맹세를 했지만 BMW를 몰고,
순종의 맹세를 했지만 25세의 부하가 있고,
순결의 맹세도 했기 때문에 휴가를 떠났다.

178cm / 왼손잡이 / 어두운 녹색 눈 / 대머리 / 황소자리

라벤더 경

보수적인 귀족원 의원.
히트 뮤지컬 〈오케스트라의 유령〉을 만든
뮤지컬 작곡가이기도 하다.

175cm / 오른손잡이 / 녹색 눈 / 반백 머리 / 처녀자리

카퍼 경관

범죄자가 경찰일 때 좋은 점은,
중간책을 제거하면 자기 범죄 수사를 망칠 수 있다는 것이다.

165cm / 오른손잡이 / 파란 눈 / 금발 / 양자리

개발 지구
실외

재개발 사업이 사회를 망치는지,
활기를 주는지는 대답하는
사람에 따라 달라진다.

고대 유적
실외

이 유적은 일종의
신호기 같은 것일까?

성당
실내

스테인드글라스 창문과 비밀이
가득한 조그만 교회.

정겨운 정원
실외

꽃과 허브가 자라는 정겨운 작은 정원.
하지만 최근 수상한 크기와 모양의
새로 쌓인 흙더미가 생겼을지도 모른다.

실뭉치
가벼움 / 울 소재

자수 한 땀을 놓친 걸 발견했을 때, 가끔은
그냥 누군가의 목을 조르고 싶어지는 법이다.

골동품 화승총
보통 무게 / 나무 · 금속 소재

장전에 25분밖에 안 걸린다.

뜨개바늘
가벼움 / 금속 소재

스웨터나 올가미를
뜰 수 있다.

시안화물 한 병
가벼움 / 화학 약품 소재

정겨운 작은 병 속의
아몬드향 독.

아이디어 훔치기

 부동산 사기를 위해

 시체 훔치기

 곰을 겁주어 쫓아내기

단서

▶실뭉치는 오른손잡이가 가지고 있었다.

▶라벤더 경은 꽃과 허브가 자라는 곳에 없었다.

▶아이디어를 훔치려고 한 사람은 눈이 녹색이다.

▶망고 신부가 스테인드글라스 창문 아래에서 서성거리는 모습을 누군가가 보았다.

▶시체를 훔치려고 한 사람은 고대 유적에 있었다.

▶개발 지구에 있던 사람은 보통 무게의 무기를 가지고 있었다.

▶부동산 사기의 일부로 살인을 저지를 만한 사람은 물병자리였다.

▶곰을 겁주어 쫓아내려면 금속 소재를 쓴 무기가 필요하다.

▶**로지코는 피에 젖은 뜨개바늘을 발견했다.**

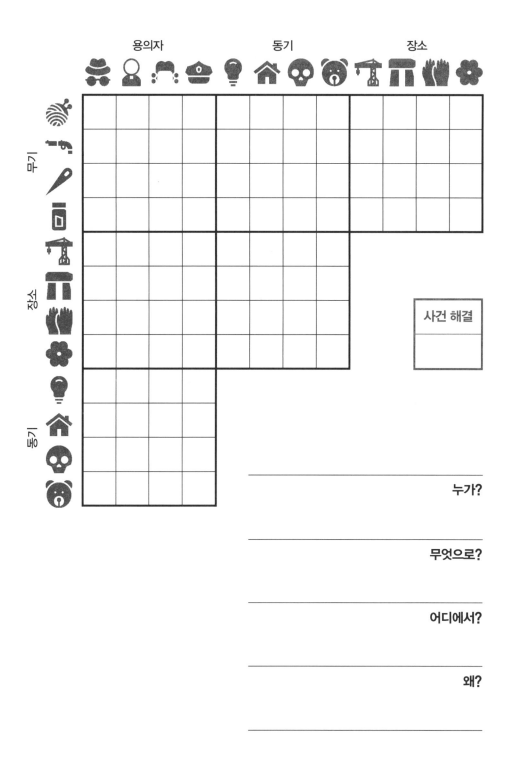

용의자　　　　　동기　　　　　장소

무기

장소

동기

사건 해결

누가?

무엇으로?

어디에서?

왜?

57 | 공포의 찬가를 부르자

망고 신부는 자기 성당이 불가침의 성역이라고 주장하더니 문을 닫았습니다. 하지만 곧바로 교구 신도가 피살되었고, 신부는 다시 문을 연 후 로지코에게 범인을 추방할 수 있게 찾아 달라고 말했습니다.

용의자

망고 신부

청빈의 맹세를 했지만 BMW를 몰고, 순종의 맹세를 했지만 25세의 부하가 있다. 하지만 살인하지 않겠다는 맹세는 하지 않았고, 살인도 저질렀다.

178cm / 왼손잡이 / 어두운 녹색 눈 / 대머리 / 황소자리

아주어 주교

교회의 주교. 친구와 적 모두를 위해 기도한다. 당연히도 비는 내용은 다르지만….

163cm / 오른손잡이 / 밝은 갈색 눈 / 짙은 갈색 머리 / 쌍둥이자리

버디그리 부제

성공회 소속의 부제. 교구 신도들의 기부금, 그리고 가끔은 비밀을 다룬다.

160cm / 왼손잡이 / 파란 눈 / 반백 머리 / 사자자리

브라운스톤 수사

평생을 교회(의 돈벌이)를 위해 헌신한 수도사.

163cm / 왼손잡이 / 어두운 녹색 눈 / 짙은 갈색 머리 / 염소자리

성가대석
실내

지금은 조용하다. 아무도 노래하지 않는다.
하지만 예배 시간에는
오르간 소리가 들리겠지!

전면 계단
실외

오르내리는 것이 귀찮지만,
분위기 조성에 도움이 된다.

묘지
실외

교회 옆의 작은 묘지.
대부분이 오래된 무덤이지만,
어쩌면 근래에 생긴 것이 있을 수도….

대기실
실내

교회 행사 전단에 뒤덮인 탁자와
수많은 문이 있는 로비 공간.

무기

골동품 화승총
보통 무게 / 나무 · 금속 소재

무려 1.2미터 거리까지 총탄을 발사할 수 있고,
쏜 사람을 화약 가루로 뒤덮는다.

와인병
보통 무게 / 유리 소재

얼룩 조심. 붉은색이
좀처럼 빠지지 않는다.

성유물
보통 무게 / 뼈 소재

사랑이 넘치는 신의 토템이다.
얼굴이 아름답다.

실뭉치
가벼움 / 울 소재

자수 한 땀을 놓친 걸 발견했을 때, 가끔은
그냥 누군가의 목을 조르고 싶어지는 법이다.

부모의 뒤를 이으려고	유령이 시켜서
연습 삼아	종교적인 이유

단서

▶ 와인병을 가진 사람은 왼손잡이였다.

▶ 교회 전단지 위에서 화약 가루가 발견되었다.

▶ 종교적인 이유로 살인을 하려던 사람은 묘지에 없었다.

▶ 살인이 일어났을 때 망고 신부는 실외에 있었다.

▶ 뼈 소재로 된 무기는 연습 삼아 살인을 하려던 사람이 가져왔다.

▶ 쌍둥이자리 사람이 계단 위에 서 있었다.

▶ 부모의 뒤를 이어서 살인을 하려던 사람은 눈이 파란색이었다(부모가 그랬듯이!).

▶ 아주어 주교와 키가 같은 사람이 실뭉치를 가진 모습이 목격되었다.

▶ **교구 신도의 시체는 성가대석에서 발견되었다.**

146

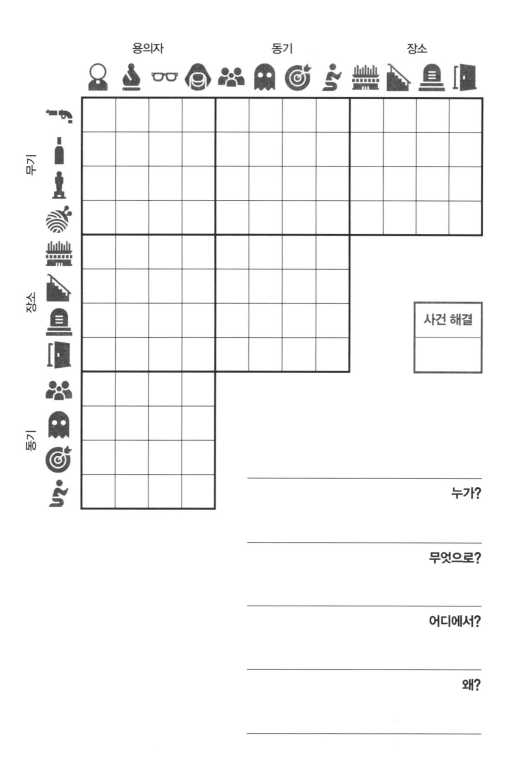

용의자

동기

장소

무기

장소

동기

사건 해결

누가?

무엇으로?

어디에서?

왜?

58 | 죽음과 생울타리의 미로

논리탐정 로지코는 옵시디언 부인의 버려진 저택에서 출구 없는 정원 미로를 걸었습니다. 탐구 협회와 마찬가지로 생울타리가 마구 자랐고, 길도 더는 반듯하지 않았습니다. 알고 보니 정원 사가 살해되었습니다.

용의자

데미닌스 자작

지금까지 만난 용의자 중에 가장 나이가 많은 사람.
할아버지가 태어났을 때도 노인이었고,
손자가 죽을 때도 노인일 것이라고들 한다.

157cm / 왼손잡이 / 회색 눈 / 짙은 갈색 머리 / 물고기자리

라벤더 경

보수적인 귀족원 의원.
히트 뮤지컬 〈지저스 크라이스트 메가스타〉의 작곡가이기도 하다.

175cm / 오른손잡이 / 녹색 눈 / 금발 / 처녀자리

버밀리온 공작부인

크고 오래된 비밀을 간직한 키 크고 나이 많은 여성.
만약 살인자라면, 이번이 처음은 아닐 것이다.

175cm / 왼손잡이 / 회색 눈 / 백발 / 물고기자리

마룬 남작

놀랍도록 오만하고 앙심을 잘 품는 남자.
아무도 남작의 심기를 거스르고 싶어 하지 않는다.
적어도 아직 살아 있는 사람들은….

188cm / 오른손잡이 / 녹갈색 눈 / 붉은 머리 / 전갈자리

경비탑
실내

정원 위에서 모든 것을 볼 수 있다.
벽에는 미로의 지도가 있다.

고대 유적
실외

원래부터 무너지고 있었으니
끝을 향해 미로보다
여러 발 앞서가는 셈이다.

분수대
실외

미로 한가운데에 있는 분수대.
바싹 말랐다.

비밀 정원
실외

미로 한가운데에 있는 비밀 정원.
이름을 아는 모든 꽃과 이름 모를
꽃 수백 가지가 있다.

독을 탄 차
무거움 / 세라믹 소재

향긋한 차 한 모금과 길고 긴 낮잠.

원예 가위
보통 무게 / 금속 소재

생울타리를 자를 수도 있고,
누군가의 수명 몇 년을 자를 수도 있다.

벽돌
무거움 / 진흙 소재

평범한 보통 벽돌.
특별할 것 없는 그냥 벽돌.

화분
보통 무게 / 세라믹 소재

살인에 쓸 생각이라면
일단 꽃부터 옮겨 심으면 좋겠다.

동기

	비밀 지키기		소중한 책 훔치기
	살인을 경험하기		과학 실험

단서

▶ 과학수사 결과 고대 유적에서 금속 무기의 흔적이 발견되었다.

▶ 소중한 책을 훔치려고 한 사람은 왼손잡이였다.

▶ 살인하는 느낌을 경험하고 싶어 한 사람은 짙은 갈색 머리였다.

▶ 붉은 머리카락 한 가닥이 비밀 정원에서 발견되었다.

▶ 과학 실험을 위해 살인을 저지르려 한 사람은 처녀자리였다.

▶ 지나가던 제보자가 로지코에게 말했다. "실내에 티백이 있었어요."
   더 자세한 정보를 들을 수는 없었다.

▶ 버밀리온 공작부인과 키가 같은 사람은 경비탑에 없었다.

▶ 버밀리온 공작부인은 잘 들지도 못할 벽돌을 가지고 왔다.

▶ **살인 무기는 화분이었다.**

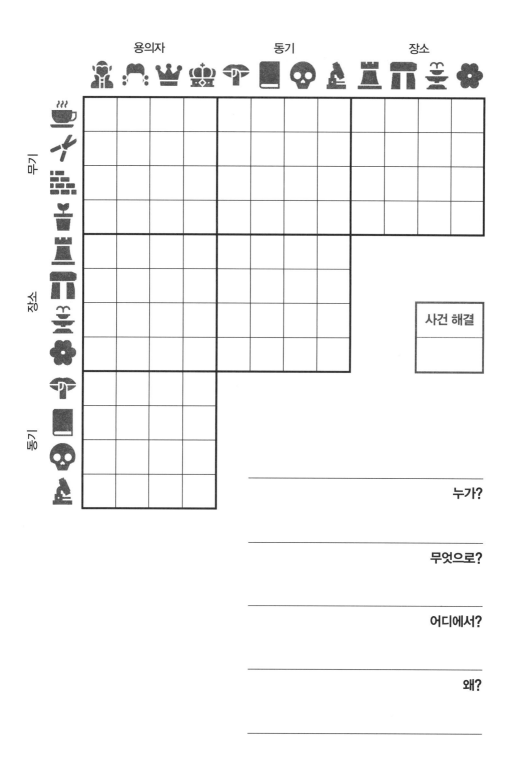

59 | 요트에서의 요란한 죽음

논리탐정 로지코는 다시 요트에 초청되어 초크 회장과 책 판매에 관한 이야기를 하게 되었습니다. 판매가 계속되고는 있었지만, 판매량이 다소 떨어졌습니다. 회장이 말했습니다. "독자들의 이목을 끌 방법이 있다면 좋겠는데요. 그러고 보니! 여기 선원 한 명이 살해되었군요! 그 사건을 해결하면 되겠어요!"

용의자

부키상 수상자 게인스

누구를 만나도 2분 안에
자기 소설이 부킹턴상을 받았다고 말한다.
흙에 관한 6000페이지짜리 책이다.

183cm / 왼손잡이 / 녹갈색 눈 / 밝은 갈색 머리 / 쌍둥이자리

초크 회장

여러 해 전에 출판업을 속속들이 파악했고,
앞만 보고 나아가는 중이다. 전자책은 반짝 유행으로 치부하며,
아직도 다이얼식 전화를 쓴다. 억만장자.

175cm / 오른손잡이 / 파란 눈 / 백발 / 궁수자리

편집자 아이보리

역대 최고의 로맨스 편집자.
적이 연인으로 바뀌는 장르를 만들어 냈고,
최초로 책 표지에 벗은 남자를 넣었다.

168cm / 왼손잡이 / 밝은 갈색 눈 / 반백 머리 / 전갈자리

에이전트 잉크

따뜻한 마음과 뜨거운 탐욕을 가진 에이전트.
살고 싶으면 적으로 삼지 말 것.
아마존보다 책 판매 실적이 더 높다.

165cm / 오른손잡이 / 어두운 녹색 눈 / 검은 머리 / 처녀자리

기관실
실내

친환경 요트라서 핵 반응로를 쓴다.
우라늄 연료봉이 소모되면
그냥 바다에 버린다.

갑판
실외

바다를 내려다볼 수 있다.
너무 멀리 보면 누군가에게 밀려
떨어질 수 있으니 조심.

선외
실외

넓은 바다.
역사 속 사랑 받는 익사자들
몇 명이 있는 곳.

식당
실내

수상 경력이 화려하지만
땅에서는 취업이 금지된
주방장이 근무한다.

기념용 펜
가벼움 / 금속 소재

그 뭐였더라… 여하튼 특별한 행사를
기념하는 펜. 비싼 잉크가 새어 나온다.

난해한 계약서
가벼움 / 종이 소재

어려운 법률 용어 때문에
머리가 지끈거린다.

에코백
보통 무게 / 캔버스 소재

책을 좋아하는 마피아 단원들이 암살에 쓰는
캔버스 백. 책을 운반할 수도 있다.

오래된 닻
무거움 / 금속 소재

이끼에 뒤덮이고
체인이 녹슬어서 멋지게 보인다.

교단의 명령

 소중한 책 훔치기

 로지코 위로

 책 판매고 향상

단서

▶ 갑판에서 어려운 법률 용어가 보였다.

▶ 멀미에 시달리는 것이 분명한 제보자로부터 로지코가 받은 뒤죽박죽 메시지:
   자집편 가아리보이 중한소 을책 치고려훔 했다.

▶ 기념용 펜을 가진 사람은 책 판매고를 향상시키고 싶었다.

▶ 핵 반응로 옆에서 녹슨 사슬이 발견되었다. 안전에 위험이 될까?

▶ 부키상 수상자 게인스는 교단의 명령에 따라 살인을 하려고 했다.

▶ 초크 회장은 로지코를 위로할 마음이 없었다.

▶ 편집자 아이보리는 갑판에 없었다.

▶ 에이전트 잉크는 넓고 무심한 바다에서 수영을 하고 있었다.

▶ **죽은 선원은 수상 경력이 빛나는 음식에 얼굴을 묻은 채로 발견되었다.**

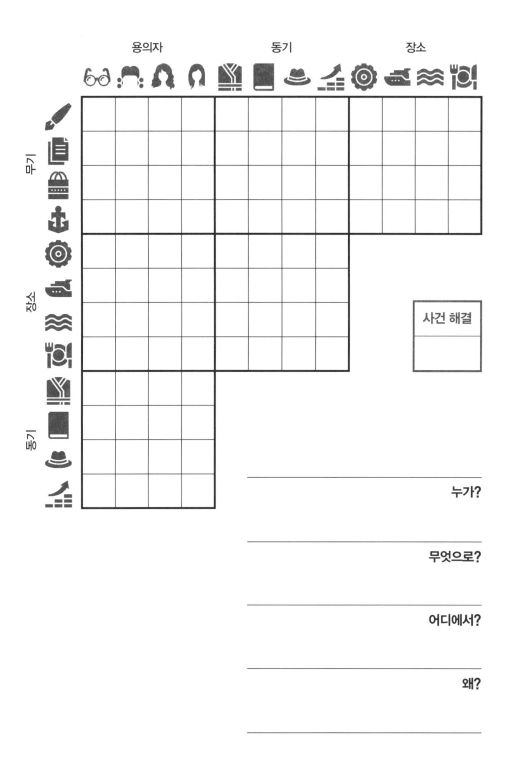

용의자   동기   장소

무기

장소

동기

사건 해결

_____

누가?

_____

무엇으로?

_____

어디에서?

_____

왜?

_____

60 | 종교 공동체 살인 사건 속편

논리탐정 로지코는 전에 만난 종교 공동체에 관한 기억이 떠올랐습니다. 공동체의 영역 가장자리에 고대 유적이 있었다는 사실입니다. 그래서 다시 북쪽으로 갔습니다. 거기에는 고대 유적도 있고 살인도 있었습니다. 오랜 신도가 살해당한 것입니다!

용의자

샴페인 동무

부유한 공산주의자.
세계 곳곳에서 최고의 발포 와인을 마시며
공산주의 메시지를 전하는 것이 최고의 기쁨이다.

180cm / 왼손잡이 / 녹갈색 눈 / 금발 / 염소자리

Mx. 탠저린

성별 이분법에 들어가지 않는 사람도
얼마든지 살인자가 될 수 있다는 것을 몸소 입증하고 있다.
공산주의자이자 농부이자 용의자.

165cm / 왼손잡이 / 녹갈색 눈 / 금발 / 물고기자리

조수 애플그린

아버지가 학교 교장이다.
이 공동체에서 보내는 시간이 길어질수록
아버지의 자랑이 줄고 있다.

160cm / 왼손잡이 / 파란 눈 / 금발 / 처녀자리

애플그린 교장

살인죄를 면하는 것을 제외하고는 모든 면에서 엄격한 교장.
언제나 손에 분필가루가 묻어 있다.

180cm / 오른손잡이 / 파란 눈 / 대머리 / 천칭자리

주민 회관
실내

공적인 일을 논의하는 일에 쓰며,
아무것도 이루어지지 않는 곳.

낡은 방앗간
실내

곡식을 가루로 만들거나
비밀을 숨기기에 좋은 곳.

고대 유적
실외

종교적인 의미가 있을까?
고대의 신들이라거나….

도서관
실내

이렇게 많은 책은 처음 본다.
전부 같은 사람이 썼다.

알루미늄 파이프
무거움 / 금속 소재

납보다 안전하다.
머리를 후려치지만 않는다면.

골동품 시계
무거움 / 나무 · 금속 소재

똑딱똑딱.
시간은 우리를 천천히 죽인다.

돋보기
보통 무게 / 금속 · 유리 소재

단서를 찾거나 벌레를 알아볼 때 쓴다.

낡은 검
무거움 / 금속 소재

오래된 전쟁에서 악당들이 썼던 검.
녹이 잔뜩 슬었다.

교단의 명령	뼈아픈 교훈
로지코 자극	유언장 변경 막기

단서

▶ 돋보기가 공식 회의의 소품으로 사용되었다.

▶ 애플그린 교장은 시간을 확인하려고 골동품 시계를 가져왔다.

▶ 알루미늄 파이프를 가진 사람은 로지코를 자극하고 싶었다.

▶ 도서관에는 오른손잡이가 있었다.

▶ 염소자리인 사람이 낡은 방앗간 주위를 돌고 있었다.

▶ 물고기자리인 사람은 지혜의 깊은 우물이라는 집단에 속해 있다.

▶ 오랜 신도에게 뼈아픈 교훈을 주려고 한 사람은 보통 무게의 무기를 들고 있었다.

▶ 지혜의 깊은 우물 회원들은 전원이 교단의 명령에 따라 살인을 해야 한다.

▶ **오랜 신도의 시체는 고대 유적에 걸려 있었다.**

용의자   동기   장소

무기

장소

동기

사건 해결

누가?

무엇으로?

어디에서?

왜?

61 | 악몽의 섬

논리탐정 로지코는 신비탐정 이라티노를 잃은 섬에 다시는 눈길도 주고 싶지 않았습니다. 하지만 눈을 감으면 언제나 그 섬이 보였습니다. 그리로 돌아가야만 했습니다. 도착해 보니 살인이 한 건 더 일어났고, 또 수상한 그림자가 돌아다니고 있었습니다.

용의자

섀도우

윤곽만 보이는 그림자.
한밤 같은 모습으로 바람처럼 움직인다.

[   ] / 왼손잡이 / 녹색 눈 / [   ] / 물병자리

아마란스 대통령

프랑스의 대통령. 유권자들, 특히 1퍼센트의
특정한 유권자들과 함께 있는 것을 좋아한다.

178cm / 오른손잡이 / 회색 눈 / 붉은 머리 / 쌍둥이자리

슬레이트 대위

우주비행사. 달의 뒷면을 탐험한 최초의 여성이자,
우주선 부조종사 살인 혐의를 받은 최초의 인물.

165cm / 왼손잡이 / 어두운 녹색 눈 / 짙은 갈색 머리 / 물병자리

미드나이트 3세

아버지에게서 영화 제작을 배우고
할아버지에게서 경영을 배웠다.
살인 기술은 타고났다.

173cm / 왼손잡이 / 어두운 녹색 눈 / 짙은 갈색 머리 / 천칭자리

죽음의 숲
실외

죽음의 숲 안에
고대 유적이 묻혀 있는 것을
어렴풋이 느낄 수 있다.

난파된 크루즈선
실외

한때는 세련된 크루즈 여객선이었지만,
지금은 부서지고 녹슬었다.

무너진 교회
실내

지붕이 무너졌고
교회 안이 지저분하다.

절벽 옆의 등대
실내

이제 점등 방식을
자동 LED 조명으로 바꿔서
비용을 크게 절감했다.

도끼
보통 무게 / 나무 · 금속 소재

섬에 남아 있다.
뭔가 이유가 있겠지.

빗자루
보통 무게 / 나무 · 짚 소재

마녀들은 이걸 타고 날아다닌다고 하지만,
로지코는 청소에만 썼다.

수정 해골
보통 무게 / 수정 소재

진짜 외계인의 해골이거나,
아니면 재미로 만든 미술품일 것 같다.

외계 유물
무거움 / 플라스틱 소재

진짜일 수도 있지만 아마 가짜일 것이다.
플라스틱으로 만든 것은 분명하다.

사업 계약	체면 유지
도굴하기	전쟁 승리를 위해

단서

▶전쟁 승리에 기여하고 싶었던 용의자는 플라스틱으로 만든 무기를 가지고 있었다.

▶물병자리인 사람이 LED 조명에 비쳤다. 별로 돋보이지 않았다.

▶슬레이트 대위는 죽음의 숲에서 횡설수설하다가 발견되었다.

▶미드나이트 3세는 체면을 유지할 생각이 없다. 어떻게 보이건 신경을 쓰지 않았다.

▶무너진 지붕 아래에 있었던 사람은 오른손잡이였다.

▶녹슨 선체 부근에서 도끼가 발견되었다.

▶무덤을 털고자 하는 자는 쌍둥이자리였다.

▶수정 해골이 밖에서 달빛을 받아 빛나고 있었다.

▶**시체에서 짚 한 가닥이 발견되었다.**

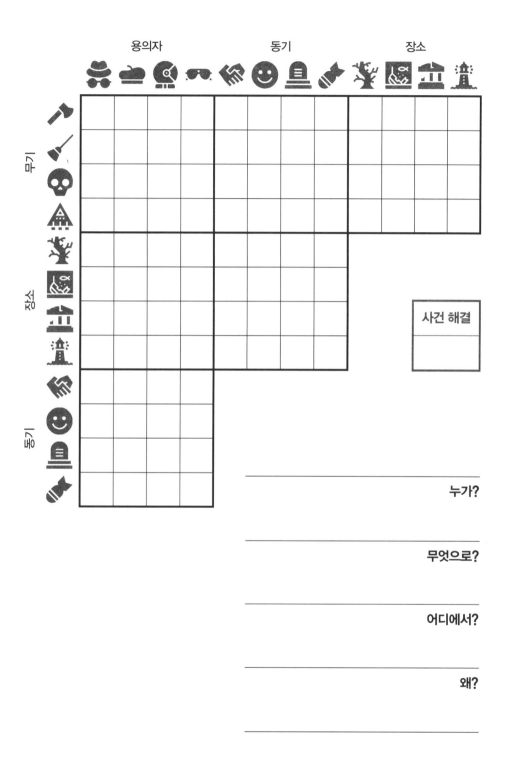

62 | 다시 집으로

논리탐정 로지코는 포기하고 집으로 돌아가 보험금 심사원이 될까 생각도 해 보았습니다. 고향에는 진짜로 그 일자리가 있었습니다. 보험금 심사원 하나가 막 피살되었기 때문입니다. 로지코는 일단 사건을 조사하면서 정말로 새 취직 자리를 얻고 싶은지 생각해 보았습니다.

용의자

허니 전 시장

시장으로 있을 때 누군가를 죽였지만,
시장 자리에서 물러나자 조용해졌다.

183cm / 왼손잡이 / 녹갈색 눈 / 밝은 갈색 머리 / 전갈자리

카퍼 전 경관

살인 사건을 저지르고
경찰로 취직할 가능성이 조금 낮아졌다.

165cm / 오른손잡이 / 파란 눈 / 금발 / 양자리

평범한 블루스카이 씨

러시아 억양이 짙은, 완벽하게 평범한 미국인 남성.
신경 쓸 필요는 전혀 없다.

188cm / 왼손잡이 / 어두운 녹색 눈 / 검은 머리 / 양자리

크림슨 전 원장

원장은 만나 본 사람 중에 자기가 제일 똑똑하다고 했고,
그 말이 맞을 것이다. 하지만 살인자가 되고 나니
그 능력으로도 다른 곳에서 취직할 방법을 찾기가 어렵다.

175cm / 왼손잡이 / 녹색 눈 / 붉은 머리 / 물병자리

중고차 매장

실내

판매원은 차가 폭발하지 않을 것이며,
지금 상태 그대로만 판매한다고 했다.

쇠락한 상점가

실내

분수대는 메말랐고 상점은 두 곳만 열었다.
하나는 고금리 단기대출 업소,
하나는 금을 매입하는 곳이다.

낡은 공장

실내

이런저런 물건들을 만들던 곳이지만,
그 물건들은
이제 앱으로 대체되었다.

중고품 상점

실내

주인을 여러 번 바꾼 것 같은 상품만 있다.
날아다니는 나방들마저
낡아 보인다.

포크

가벼움 / 금속 소재

잘 생각해 보면 나이프보다
훨씬 살벌하다.

오래된 닻

무거움 / 금속 소재

이끼에 뒤덮이고
체인이 녹슬어서 멋있게 보인다.

알루미늄 파이프

무거움 / 금속 소재

납보다 안전하다.
머리를 후려치지만 않는다면.

벽돌

보통 무게 / 벽돌 소재

평범한 보통 벽돌.
특별할 것 없는 그냥 벽돌.

165

돈 때문에

 비밀 지키기

 모욕 되돌려주기

 정신이 나간 상태로

단서

▶평범한 블루스카이 씨는 비밀을 지키고 싶었다. 어떤 비밀일까?

▶쇠퇴한 상점가에 있었던 용의자는 지하의 힘이라는 단체 소속이다.

▶평범한 벽돌을 가진 사람은 오른손잡이였다. 그 벽돌이 오른손잡이용이기 때문이다.

▶전갈자리인 사람이 포크를 가지고 있었다. 원래 전갈자리 사람들은 포크를 수집한다.

▶물병자리인 사람은 폭발하지 않을 것을 보장 받은 자동차 옆에 있었다.

▶벽돌은 분명 낡은 공장에 있었다.

▶지하의 힘 회원들은 알루미늄을 만지는 것이 금지되어 있다.

▶오래된 닻을 가진 사람은 모욕을 되돌려주고 싶어 했다.

▶정신이 나간 상태로 살인을 저질렀을 가능성이 있는 사람은 오른손잡이였다.

▶**보험금 심사원의 시체는 나방에 뒤덮여 있었다.**

용의자   동기   장소

무기

장소

동기

사건 해결

누가?

무엇으로?

어디에서?

왜?

167

63 | 눈더미 속의 시체

논리탐정 로지코는 어느 수도원에서 온 편지를 받았습니다. 브라운스톤 수사가 위급한 일 때문에 이야기를 나누고 싶다며 방문을 요청한 것입니다. 하지만 로지코가 수도원에 가 보니 이미 브라운스톤 수사는 살해된 후였습니다!

용의자

망고 신부

망고 신부는 오래도록 성공회 사제로서 행복한 삶을 누릴 수도 있었다. 살인을 하다가 잡히지 말라는 계율 하나만 지켰다면. 이제는 이 수도원에 감금된 신세다.

178cm / 왼손잡이 / 어두운 녹색 눈 / 대머리 / 황소자리

버디그리 부제

성공회 소속의 부제. 교구 신도들의 기부금, 그리고 가끔은 비밀을 다룬다.

160cm / 왼손잡이 / 파란 눈 / 반백 머리 / 사자자리

라피스 수녀

세계를 다니며 신의 돈으로 신의 일을 하는 수녀. 캐시미어와 소비를 손에서 놓지 못한다.

157cm / 오른손잡이 / 밝은 갈색 눈 / 밝은 갈색 머리 / 게자리

브라운스톤 형제

브라운스톤 수사의 가족. 수도원 소속은 아니고, 혈연 관계로 이어진 가족이다.

163cm / 왼손잡이 / 어두운 녹색 눈 / 어두운 머리 / 염소자리

안뜰
실외

지금은 눈더미가 쌓여 있지만,
평소에는 꽤 보기가 좋다.

금서 서고
실내

수도사들이 읽어서는
안 될 책들을 보관하는 곳.

성당
실내

수도사들이 능숙하게 기도하는 소리와
어설프게 노래하는 소리가 들린다.

절벽
실외

왜 사람들은 언제나 절벽 바로 옆에,
그것도 뾰족한 바위가 많은 곳에
건물을 짓는 걸까?

무기

묵주
가벼움 / 상아 소재

상아 구슬에 작은 기호가
잔뜩 새겨져 있다.

기도용 양초
보통 무게 / 왁스 소재

누군가가 죽기를 기도했다면,
그 기도는 응답을 받았다.

성찬식 와인
보통 무게 / 유리 소재

신실함을 입증하는 좋은 방법은
이 신성한 와인을 대량으로 마시는 것이다.

성유병
가벼움 / 유리 · 기름 소재

마사지 오일과 다르다.
석유에서 추출해 독성이 있지만,
그래도 신성하다.

아버지의 복수	강인함을 입증
광기에 밀려서	종교적인 이유

단서

▶광기에 밀려서 살인을 할 만한 사람은 오른손잡이였다.

▶성유병을 가진 사람은 아버지의 복수를 위해 살인할 작정이었다.
  그 성유는 아버지의 것이기 때문이다.

▶황소자리인 사람은 성찬식 와인을 즐기고 있었다. 어쩌면 지나칠 정도로….

▶묵주는 바깥에 가져갈 수 없고, 아무도 그 규칙을 어기지 않았다.

▶버디그리 부제는 밖을 돌아다니고 있었다.

▶작은 기호들이 새겨진 무기는 종교적인 이유로 살인을 저지르려던 사람이 가지고 있었다.

▶뾰족한 바위 근처에 있던 용의자는 눈이 밝은 갈색이었다.

▶두 번째로 키가 큰 용의자는 음정이 안 맞는 노랫소리를 듣고 있었다.

▶**시체는 눈더미 속에서 발견되었다.**

용의자 동기 장소

무기

장소

사건 해결

동기

누가?

무엇으로?

어디에서?

왜?

64 | 돌아온 추리대학

찾아야 할 답이 과거에 있다면, 로지코는 공부를 할 필요가 있었습니다. 그래서 모교인 추리대학으로 자료를 뒤적이러 갔습니다. 하지만 앞을 막아서는 사람이 있었습니다. 딱히 막으려는 것이 아니라 로지코와는 관계 없는 이유로 사서가 죽었기 때문일지도 모릅니다.

용의자

글라우 학장

추리대학 무슨 학부의 학장.
하는 일이라면, 일단 돈을 다루고….

168cm / 오른손잡이 / 밝은 갈색 눈 / 밝은 갈색 머리 / 처녀자리

섀도우

윤곽만 보이는 그림자.
한밤 같은 모습으로 바람처럼 움직인다.

[   ] / 왼손잡이 / [   ] / [   ] / 물병자리

루스카니 총장

추리대학 총장으로서,
경쟁자에게 살해되지 않는 최고의 방법은
경쟁자를 먼저 죽이는 것임을 추리해 냈다.

165cm / 왼손잡이 / 녹색 눈 / 반백 머리 / 천칭자리

미스 사프론

매력이 넘치지만 머리는 비어 보인다.
아니면 그렇게 보이려는 것일지도 모른다.
아니면 그렇게 보이려고 하는 것처럼 보이는 것일지도 모른다.

157cm / 왼손잡이 / 녹갈색 눈 / 금발 / 천칭자리

서점
실내

교내에서 돈을 제일 잘 버는 곳.
교재 세 권에 750달러라는
문구가 걸려 있다.

구본관
실내

교내 최초의 건물이자
관리 상태가 최악인 곳.
벽에서 페인트가 벗겨질 정도다!

경기장
실외

돈으로 살 수 있는
최고급 가짜 잔디가
바닥에 깔린 곳.

수목원
실외

교정 한가운데에 있는 수목원.
참나무, 소나무 등의
온갖 나무가 있다!

무기

수정 해골
보통 무게 / 수정 소재

진짜 외계인의 해골이거나,
아니면 모조품일 것 같다.

학위복 술끈
가벼움 / 천 소재

이 끈에 목이 졸려 죽는 것도
학계의 큰 영광이 아닐까.

날카로운 연필
가벼움 / 나무 · 금속 소재

당시에는 진짜 납이 들어 있었다.
찔리면 납 중독으로 죽을 수 있다.

무거운 백팩
무거움 / 천 · 종이 소재

드디어 그 많은 논리학 교재들의
실용성을 찾았다.

동기

 주장을 입증

 로지코 저지

 대의를 위해

 주의를 돌리려고

단서

▶주의를 분산시키려고 한 사람은 가짜 잔디 위에 있었다.

▶섀도우는 대의를 위해 살인할 마음이 없었다.

▶처녀자리인 사람이 소나무를 보고 있었다. 예쁜 나무였다.

▶고대 유적에 새겨진 미궁에서 2번 방은 서점에 있었던 용의자의 첫 글자와 연결된다
  (자료 C 참조).

▶로지코는 구본관에서 수정 조각을 발견했다.

▶주장을 입증하고 싶었던 사람은 오른손잡이였다.

▶학위복 술끈이 실외의 바닥에 놓여 있었다.

▶미스 사프론은 날카로운 연필을 가지고 있었다. 사실은 똑똑한 사람이었나 보다!

▶**사서 옆에서 무거운 백팩이 발견되었다.**

용의자   동기   장소

무기

장소

동기

사건 해결

_____ 누가?

_____ 무엇으로?

_____ 어디에서?

_____ 왜?

65 | 구본관에서, 옛 시절처럼

루스카니 총장은 논리탐정 로지코를 구본관 기록 보관실로 데려갔습니다. 아쉽게도 그곳에 도착했을 땐 보조 사서도 피살된 후였습니다. 로지코와 뭔가 관련이 있을까요? 어느 쪽이건, 기록을 조사하려면 사건부터 해결해야 했습니다.

용의자

글라우 학장

추리대학 무슨 학부의 학장.
하는 일이라면, 일단 돈을 다루고….

168cm / 오른손잡이 / 밝은 갈색 눈 / 밝은 갈색 머리 / 처녀자리

철학자 본

과감하고 어두운 철학자.
자신은 자기 행동에 책임을 질 필요가 없지만
보상은 받아야 한다는 윤리 이론의 선구자.

155cm / 오른손잡이 / 밝은 갈색 눈 / 대머리 / 황소자리

편집자 아이보리

역대 최고의 로맨스 편집자.
적이 연인으로 바뀌는 장르를 만들어 냈고,
최초로 책 표지에 벗은 남자를 넣었다.

168cm / 왼손잡이 / 밝은 갈색 눈 / 반백 머리 / 전갈자리

신비동물학자 클라우드

빅풋, 예티, 서스쿼치와 같은 설인의 모든 목격담과
각각의 차이를 전부 안다.

170cm / 오른손잡이 / 회색 눈 / 백발 / 전갈자리

총장실
실내

고급 책상 뒤에 루스카니 총장의
초상화가 걸려 있다.

지붕
실외

교정 전체가 보인다.
수목원까지도 보인다!

교수 휴게실
실내

사과 로고가 아주 많이 보인다.
눈 돌리는 곳마다 보인다!

전면 계단
실외

인류의 지식이 끝없이 높아지는 것
(아니면 뭔가 다른 것)을 표현한 돌 계단.

대리석 흉상
무거움 / 대리석 소재

유명한 학자의 흉상. 올려다보면
실망스러운 모습이 보인다.

낡은 컴퓨터
무거움 / 플라스틱 · 전기 소재

모니터, 거대한 타워형 케이스,
딸깍거리는 무거운 키보드, 볼 마우스…
이 정도면 골동품이다!

노트북 컴퓨터
보통 무게 / 금속 · 전기 소재

업무용 기계.
일을 방해하는 세상의 모든 것과도
연결되어 있다.

무거운 책
무거움 / 종이 소재

선돌에 관한
참고 서적.

정치적 목적	그냥 그럴 수 있으니까
과학 실험	숙녀의 호감 얻기

단서

▶종이 소재 무기는 지붕에서 발견되지 않았다.

▶빅풋에 대해 너무 많은 것을 아는 용의자는 숙녀의 호감을 사려고 했다.

▶철학자 본은 옛 죽은 자의 길이라는 조직의 회원이다.

▶대리석 흉상을 가진 사람은 정치적 목적으로 살인을 할 생각이었다.

▶지붕 위에 있던 용의자는 머리가 반백이었다.

▶금속 소재가 들어간 무기에서 오른손잡이의 지문이 발견되었다.

▶참고 서적이 바깥에서 발견되었다.

▶옛 죽은 자의 길 회원은 과학 실험을 하지 않는다.

▶한 학생이 로지코에게 전한 뒤죽박죽 메시지:

　녀리자처인 이람사 은낡 퓨터를컴 고가지 있어었요.

▶그냥 살인을 저지를 만한 사람은 교수 휴게실에 있었다.

▶**보조 사서의 시체는 총장 초상화 아래에서 발견되었다.**

용의자   동기   장소

무기

장소

동기

사건 해결

_____ 누가?

_____ 무엇으로?

_____ 어디에서?

_____ 왜?

_____

66 | 혁명 만세!

로지코는 기록들을 살펴보다가 프랑스 대혁명에 관한 수많은 기록들 중 하나에서 고대 유적이 어느 큰 사건에 사소하게 얽힌 경우를 발견했습니다. 혁명기에는 사소한 살인 한 건이 큰 불을 일으키는 불티가 될 수도 있는 법입니다. 그 기록에서 살해된 사람은 방계 왕족이었습니다.

용의자

아마란스 대통령

지금의 아마란스 대통령과 같은 이름의 전설적인 위인.
유권자들, 특히 특정 계급의 유권자들과 함께 있는 것을 좋아한다.

178cm / 오른손잡이 / 회색 눈 / 붉은 머리 / 쌍둥이자리

마린 제독

마린 제독의 맏아들인 마린 제독의 맏아들.

175cm / 오른손잡이 / 파란 눈 / 밝은 갈색 머리 / 게자리

데미넌스 자작

믿기 어려운 일이지만, 역사책을 살펴보면 이 사람은
데미넌스 자작의 조상이 아니라 본인인 것 같다.

157cm / 왼손잡이 / 회색 눈 / 짙은 갈색 머리 / 물고기자리

샴페인 동무

현재의 샴페인 동무도 아니고, 조상조차 아니다.
그저 발포 와인을 좋아하는 다른 사람일 뿐이다.

180cm / 왼손잡이 / 녹갈색 눈 / 금발 / 염소자리

고대 유적
실외

그 글에는 이 돌들이 신비롭게 언급된다.
마치 뭔가를 숨기고 있는 것처럼.

바리케이드
실외

게릴라의 방어 시설.
여기에 관한 뮤지컬을 만들 수도 있다.

바스티유 요새
실내

프랑스 역사의 어느 시점을 봐도,
여기를 습격하고 있지 않으면
지키고 있다.

센 강
실외

어느 시기를 봐도 너무나 심하게 오염된 강.
마시거나, 수영하거나, 만지거나,
시선을 두지 말 것.

무기

정치에 관한 논문
보통 무게 / 종이 소재

지금까지 읽은 어떤 문서보다도
난해하게 폭력을 정당화한다.
그러니 살인에 쓰이는 것도 어울린다.

투표함
무거움 / 나무 소재

투표는 중요하다.
특히 이 상자의 무게를
더하는 일에.

횃불
보통 무게 / 나무 소재

이걸 든 사람이 누구인지에 따라
자유의 횃불 또는 압제의 횃불.

신성한 홀
무거움 / 유리 소재

고대의 신성한 홀. 모든 프랑스인이
중하게 여긴다. 보석 하나가 빠져 있다.

동기

혁명 저지	왕위에 오르기
💚 대의를 위해	☭ 혁명 완수

단서

▶ 횃불의 빛이 거대한 요새를 비추고 있었다.

▶ 혁명을 저지하고 싶었던 사람은 고대 유적에서 음모를 꾸몄다.

▶ 마린 제독은 검은 와인을 마시는 자들이라는 조직의 회원이었다.

▶ 고대 유적에 새겨진 미궁에서 'ㅅ' 방은 혁명을 완수하기 위해
   살인도 불사할 용의자의 첫 글자와 연결되어 있다(자료 C 참조).

▶ 바리케이드 옆에서 투표용지가 든 상자가 발견되었다. 민주주의가 실행되고 있었다!

▶ 샴페인 동무는 민중의 동지였다. 왕위에 오를 생각은 전혀 없었다.

▶ 횃불을 든 사람은 혁명 완수를 위해 살인할 생각이 없었다.

▶ 두 번째로 키가 큰 용의자가 독한 물이 흐르는 강 주위를 어슬렁거리고 있었다.

▶ 검은 와인을 마시는 자들 회원은 항상 정치에 관한 논문을 가지고 다녀야 한다.

▶ **피해자 옆에서 보석 한 알이 발견되었다.**

용의자   동기   장소

무기

장소

동기

사건 해결

_____

누가?

_____

무엇으로?

_____

어디에서?

_____

왜?

_____

183

논리탐정 로지코는 멀고 먼 과거의 역사로 더 깊이 파고 들었다가 아서 왕 전설의 잘 알려지지 않은 이야기를 발견했습니다. 수십 년 동안 이어진 전쟁이 궁정 광대의 죽음 때문에 시작되었다고 적혀 있는데, 로지코는 뭔가 흥미로운 일이 은밀하게 진행되었다는 생각이 들었습니다.

용의자

라벤더 경

궁정에서 왕실에 대한 충성이 누구보다도 굳건하며,
〈성채의 유령〉과 〈별빛 마차〉 같은
음유시인의 노래를 만든 작곡가이기도 하다.

175cm / 오른손잡이 / 녹색 눈 / 반백 머리 / 처녀자리

레이디 바이올렛

바이올렛 제도의 발견자.
섬의 이름은 레이디 바이올렛의 이름을 따서 지었다.

152cm / 오른손잡이 / 파란 눈 / 금발 / 처녀자리

버밀리온 공작

현재 버밀리온 공작의
73대조 할아버지.

175cm / 왼손잡이 / 회색 눈 / 백발 / 물고기자리

룰리언 경

늙은 기사. 가짜 룰리언 경이
이 사람의 이름을 훔친 것 같다.

173cm / 오른손잡이 / 파란 눈 / 붉은 머리 / 사자자리

아발론
실외

전설 속 섬들이
흔히 그렇듯이 마법과 신비에
둘러싸인 섬.

고대 유적
실외

이 돌들은
아서 왕의 시대에도
서 있었다.

카멜롯
실내

불평등이 지금보다
아주 약간 덜 심했던
아서 왕의 궁정.

마법의 호수
실외

물속에 사는 여자가
지나가는 사람들에게 검을 던진다.
당시의 삶은 위험했다.

무기

와인병
보통 무게 / 유리 소재

얼룩 조심. 붉은색이 좀처럼 빠지지 않는다.

골동품 투구
무거움 / 금속 소재

녹이 슬었고 멋있어 보인다.

엑스칼리버
무거움 / 금속 소재

전설 속의 고대 검. 호수에서
튀어나오거나 돌에서 뽑아낸다.
어느 쪽인지는 불확실하다.

술잔
보통 무게 / 금속 소재

성배 또는 그냥 황금 잔.
어느 쪽이건 가치가 높다!

| 그게 논리적이니까 | 시체 훔치기 |
| 종교적인 이유 | 용기를 증명 |

단서

▶라벤더 경은 물속에 사는 여자와 흥겹게 놀고 있었다.

▶골동품 투구를 가진 사람은 용기를 증명하기 위해 살인할 마음이 없었다.

▶술잔을 가진 사람은 종교적인 이유로 살인할 동기가 있었다.

▶글 속에서 암호로 뒤죽박죽 적혀 있던 문구:

　리밀버온 작공이 리엑칼를스버 고가지 다있었.

▶두 번째로 키가 작은 용의자가 고대 유적에서 목격되었다.

▶와인병을 가진 사람은 하도 취해서 시체를 훔치고 싶다는 생각까지 할 지경이었다.

▶라벤더 경은 시체를 훔칠 생각이 없었다. 그 정도로 심한 망나니는 아니었다!

▶그게 논리적이라는 이유로 살인을 저지를 만한 사람은 아발론에서 논리를 따지고 있었다.

▶**시체는 카멜롯에서 발견되었다.**

	용의자				동기				장소			

누가?

무엇으로?

어디에서?

왜?

사건 해결

68 | 휴스턴, 여기 시체가 있다

로지코는 고대 유적의 문자들을 재배열하다가(자료 C 참조) '달'이라는 단어를 찾았습니다. 달과 관련이 있는 것 같아 정부 데이터베이스를 해킹해서 최근에 건설된 달 기지의 정보를 찾았더니 믿을 수 없는 사실 두 가지가 나왔습니다. 하나는 달에서 고대 유적을 발견한 것이었고, 하나는 달에서 일어난 살인 사건을 숨긴 것이었습니다.

용의자

라즈베리 코치

어느 편에 있건,
미시시피강 이편에서 손꼽히는 유능한 코치.

183cm / 왼손잡이 / 파란 눈 / 금발 / 양자리

슬레이트 대위

우주비행사. 달의 뒷면을 탐험한 최초의 여성이자,
우주선 부조종사 살인 혐의를 받은 최초의 인물.

165cm / 왼손잡이 / 어두운 녹색 눈 / 짙은 갈색 머리 / 물병자리

우주인 블루스키

전직 소련 우주비행사. 빨간 피가 흐른다.
물론 그게 보통이지만,
그래도 이건 애국의 상징이다.

188cm / 왼손잡이 / 어두운 녹색 눈 / 검은 머리 / 양자리

커피 장군

커피가 아니었다면 지금 같은
전범이 되지 않았을 에스프레소 애호가.

183cm / 오른손잡이 / 어두운 녹색 눈 / 대머리 / 궁수자리

고대 유적

실외

우주에서는 보존 상태가 완벽하다. 하지만
어떻게 거기에 있는 걸까? 그리고 도대체 왜?

월면차

실외

멋진 차를 타고 신나게 돌아다니다가
달에서 매력적인 사람들을 만날 수도 있겠지.

달 기지

실내

고향 세계와는 멀리 떨어진 집.
중력이 낮은 곳에서 힘이
아주 강해진 기분을 즐겨 보자.

달 착륙선

실외

제트 추진기를 이용해서
궤도를 도는 우주선으로
다시 날아오를 수 있다.

무기

공기 탱크

무거움 / 금속 소재

숨을 쉬거나 남의 숨을 멈추는 데
사용할 수 있다.

대형 배터리

무거움 / 금속 소재

1만 볼트 전기로 우주용 공구들에
동력을 공급하거나 살인을 할 수 있다!

인간 두개골

보통 무게 / 뼈 소재

"아, 불쌍한 요릭, 나는 그 친구를 알았지.
이제는 이렇게 그 친구의 해골을 사람들에게
휘두르고 있지만."

월석

보통 무게 / 암석 소재

다른 무기를 찾을 수 없을 때라도
돌은 항상 근처에 있다.

복수하려고　　　　 **과학 실험**

 정치적 목적　　　　 **우주의 광기에 빠져서**

단서

▶ 정부 기록에 따르면, 공기 탱크를 가진 사람은 우주의 광기에 빠져서
　살인을 저지를 가능성이 높다. 우주의 광기는 실제로 존재한다!

▶ 양자리인 사람이 월석을 가지고 있었다.

▶ 한편 궁수자리인 사람은 대형 배터리를 가지고 있었다.

▶ 커피 장군과 키가 같은 용의자는 우주 캠프에 있을 때 공기 탱크를 가져온 사람과
　같은 무리에서 어울리며 돌아다녔다.

▶ 달 기지에 틀어박혀 있던 사람은 복수를 하고 싶은 마음에 사로잡혔다.

▶ 인간의 머리 유해가 실외에서 목격되었다.

▶ 과학 실험을 위해 살인을 저지르려던 사람이 월면차를 몰고 있었다.

▶ 뒤죽박죽 섞인 메시지: 인우주 키블루가스 한대위 명혁 의웅영 골을해 달에 져왔다가.

▶ 고대 유적에 간 사람은 오른손잡이였다.

▶ **살인은 제트 추진기 아래에서 일어났다.**

용의자   동기   장소

무기

장소

동기

사건 해결

누가?

무엇으로?

어디에서?

왜?

69 | 마법 같은 마술 살인

논리탐정 로지코는 고대 유적의 문자를 조합해서 믹스달의 이름이 나오는 것을 확인하자, 그게 우연일 리는 없다는 생각이 들었습니다. 그래서 믹스달을 만나려고 매직 팰리스 마술 공연의 표를 샀습니다. 하지만 공연장에 가 보니 예약 담당자가 살해된 후였습니다. 마술사 믹스달의 짓일까요? 아니면 그날 밤 매직 팰리스에 살인자가 두 명 있었던 걸까요?

용의자

섀도우

윤곽만 보이는 그림자.
한밤 같은 모습으로 바람처럼 움직인다.

[   ] / 왼손잡이 / [   ] / [   ] / 물병자리

대연금술사 레이븐

연금술사는 전부 대연금술사라는 오래된 농담이 있다.
레이븐은 그 농담을 싫어한다.

173cm / 오른손잡이 / 밝은 갈색 눈 / 짙은 갈색 머리 / 물고기자리

마술사 믹스달

탈출의 대가라서
이미 한참 전에 감옥을 나왔다.

168cm / 왼손잡이 / 녹색 눈 / 금발 / 양자리

영화광 스모키

미드나이트 영화사 추리극의 촬영 장소는 전부 알지만,
친구를 사귀는 법은 모른다.

178cm / 왼손잡이 / 검은 눈 / 짙은 갈색 머리 / 처녀자리

피아노실
실내

이 이상한 방에는 저절로 연주되는
피아노가 있다! 유령일까,
아니면 비공식 저임금 노동자일까?

주 무대
실내

실력이나 인맥이 가장 뛰어난 마술사만
오를 수 있는 곳. 우유 탈출 마술로 온 곳에
우유를 흩뿌리는 등의 고전적인 마술을 한다.

공연 테이블
실내

카드와 동전 마술을 보는 곳….
현명한 사람이라면 지갑을 조심!

주차장
실외

무지막지하게
비싼 발레 파킹만 가능하다.

무기

스페이드 에이스
가벼움 / 종이 소재

충분히 강하게 던지면 인간의 목에 베인
상처를 낼 수 있다. 더 무서운 일은,
카드 트릭에 쓸 수 있다는 것이다.

톱
보통 무게 / 금속 · 나무 소재

보통은 여성을 두 토막으로 자른다.
사실은 누구든 두 토막으로
자를 수 있다.

훈련 받은 포악한 토끼
보통 무게 / 생물 소재

모자를 쓰기 전에 꼭 확인할 것.
흰색의 포악한 털뭉치가 들어 있을지도 모른다.

값싼 술 한 병
가벼움 / 유리 소재

변질되어 치명적이다.
아주 희미하게 메탄올 맛이 난다.

아이디어 훔치기

 마술의 비밀 보호

 규칙을 어겼기 때문

 유령이 시켜서

단서

▶유령이 시켜서 살인을 저지를 생각이었던 사람은 오른손잡이였다.

▶로지코가 거액이 적힌 영수증에서 발견한 뒤죽박죽 메시지:

인리자녀처 이람사 흰의색 악포한 치뭉털를 지가고 었있다.

▶고대 유적에 새겨진 미궁에서 1번 방은 아이디어를 훔치고 싶지 않았던

용의자의 첫 글자와 연결된다(자료 C 참조).

▶피아노실에 있던 사람은 가벼운 무기를 가지고 왔다.

▶대연금술사 레이븐은 보통 무게의 무기를 가지고 왔다.

▶마술의 비밀을 보호하고 싶었던 용의자는 종이 소재 무기를 가지고 있었다.

▶마술사 믹스달은 우유 웅덩이에 서 있었다.

▶규칙을 어겼다는 이유로 살인을 할 만한 사람은 카드 마술을 보고 있었다.

▶**예약 담당자는 톱날에 두 토막으로 잘렸다.**

용의자　　　　동기　　　　장소

무기

장소

동기

사건 해결

_____ 누가?

_____ 무엇으로?

_____ 어디에서?

_____ 왜?

_____

70 | 한층 더 어두운 골목에서의 죽음 ৭৭৭

논리탐정 로지코는 흑막을 파헤쳐 복수하기 위한 여정에서 더 단서를 찾지 못하고, 비틀거리며 매직 팰리스 밖으로 나왔습니다. 밖의 골목은 전에 본 골목보다도 더 어두웠습니다. 그리고 그곳에는, 전혀 놀랍지 않게도, 또 시체가 있었습니다.

용의자

앳된 블루 씨

트렌치코트에 들어간 어린이 두 명이 아니라 어른 남성 한 명이다. 미성년자 관람 불가 영화를 보거나, 맥주를 사거나, 잠들 시간이 지난 뒤에도 돌아다니는 등의 어른 같은 일들을 한다.

234cm / 오른손잡이 / 파란 눈 / 금발 / 쌍둥이자리

블랙스톤 변호사

변호사에게 가장 중요한 능력, 즉 돈 받는 능력이 출중하다.

183cm / 오른손잡이 / 검은 눈 / 검은 머리 / 전갈자리

섀도우

윤곽만 보이는 그림자. 한밤 같은 모습으로 바람처럼 움직인다.

[   ] / 왼손잡이 / [   ] / 짙은 갈색 머리 / 물병자리

전설의 대스타 실버튼

할리우드 영화의 황금기를 살았고, 지금은 황혼기를 살아가는 대배우.

193cm / 오른손잡이 / 파란 눈 / 은발 / 사자자리

철제 울타리

실외

흔한 철망 울타리.
특별한 점은 없다.

불타고 형체만 남은 자동차

실외

누군가가 자동차를
마구 부순 뒤에
불을 지른 것 같다.

쓰레기 수거함

실외

냄새가 좋지 않다.
진짜 좋지 않다.

정신 사나운 그래피티

실외

오토바이를 탄 용 벽화 때문에
으스스한 폐허의
분위기가 깨진다.

무기

시미터

보통 무게 / 금속 소재

그냥 곡선형 칼일 뿐이지만
시미터라고 부르면 멋있다.

삽

보통 무게 / 금속 · 나무 소재

살인 무기로 삽을 쓰면 시체를 숨길
구멍도 팔 수 있어서 참 좋다.

붉은 청어

보통 무게 / 생물 소재

꼬리를 잡으면
꽤 강하게 휘두를 수 있다.

독이 든 병

가벼움 / 유리 소재

독이 든 평범한 병이다.
고전적인 방법을 무시하지 말 것.

아이디어 훔치기	피에 굶주려서
뼈아픈 교훈	목격자 제거

단서

▶ 붉은 청어를 가진 사람은 머리가 검은색이었다.

▶ 아이디어를 훔치려던 용의자는 금속 소재가 들어간 무기를 가지고 있었다.

▶ 가십 칼럼 기고자가 로지코에게 전한 뒤죽박죽 메시지 :

　금황 대시 우배는 되어소전 만체형 은남 차동자 서곁에 목된격 후 에피

　려굶서주 인을살 지저고려르 다햇.

▶ 앳된 블루 씨는 굽은 칼을 가지고 다니다가 자기 몸이 베어서 울음을 터뜨렸다.

▶ 누군가 로지코에게 보낸 암호 메시지(자료 B 참조):

ᘓ ᚻ ᚼ ᕷ ᚼ ⓘ ♈ ⚹ ♂ △ ⅍

▶ 아이디어를 훔치려고 했던 사람은 정신 사나운 그래피티 근처에 없었다.

▶ 철제 울타리에 있었던 사람은 오른손잡이였다.

▶ 섀도우는 정신 사나운 그래피티 옆에 없었다.

▶ 목격자를 제거하려던 사람은 쓰레기 수거함에 있었다.

▶ **시체 옆에서 피 묻은 삽이 발견되었다.**

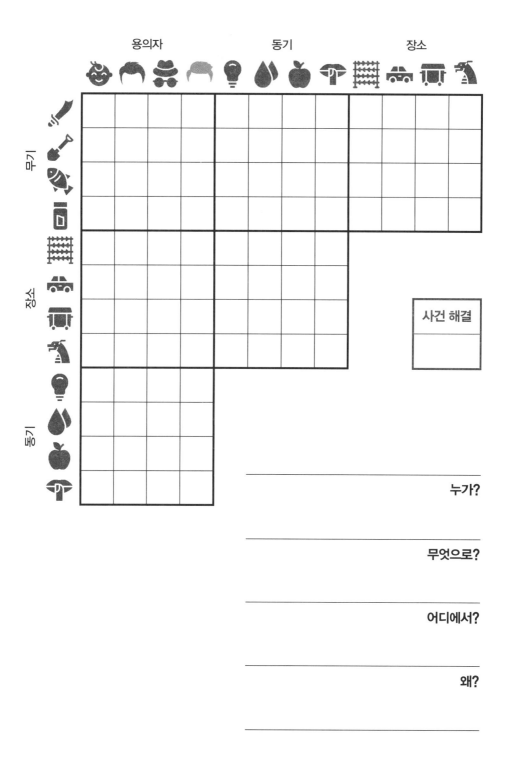

용의자　　　동기　　　장소

무기

장소

동기

사건 해결

누가?

무엇으로?

어디에서?

왜?

71 | 새로운 시대의 새로운 살인!

뉴 에이지 공동체는 길이 널찍하고, 상점이 현란하고, 관광객 수련 산업이 확고한 히피 마을이었습니다. 이라티노가 좋아할 만한 곳이기 때문에 로지코도 조금은 마음에 들었습니다. "과학적으로 증명된 영적 초월을 보장"한다는 주장에는 의문이 들었지만요. 이를테면, 부시장이 살해된 일과 그 말이 서로 맞으려면 어떻게 해야 할까요?

용의자

미드나이트 삼촌

아버지가 사망하자
사막에 수영장 딸린 저택을 사서 은퇴했다.
당시 나이가 17세였다.

173cm / 왼손잡이 / 파란 눈 / 짙은 갈색 머리 / 궁수자리

부키상 수상자 게인스

누구를 만나도 2분 안에 자기 소설이
부킹턴상을 받았다고 말한다.
흙에 관한 6000페이지짜리 책이다.

183cm / 왼손잡이 / 녹갈색 눈 / 밝은 갈색 머리 / 쌍둥이자리

허니 시장

허니 전 시장의 세 번째 쌍둥이.
여러 번 살인을 저지른 사람은 결코 아니다.

183cm / 왼손잡이 / 녹갈색 눈 / 밝은 갈색 머리 / 전갈자리

수정의 여신

신도들은 이 사람이 신성한 존재라고 생각하고,
그래서 돈을 준다.

175cm / 왼손잡이 / 파란 눈 / 백발 / 사자자리

키치 레스토랑
실내

고대 외계인 테마의 레스토랑.
유에프오믈렛 같은
요리를 판다.

마을 광장
실외

다우징을 이용해
찾아낸 우물이 있다.
지금은 마른 우물이다.

수정 상점
실내

가장 좋고 가장 비싼 수정만 판매하는 곳.
모든 수정에 좋은 기운이
들었을 것을 보장한다.

UFO 추락 지점
실외

이 마을의 주 수입원.
에펠 탑에 맞먹는 관광객 수를 자랑한다.
적어도 광고지에 따르면 그렇다.

무기

셀레나이트 마법봉
보통 무게 / 수정 소재

주문을 걸거나
해골을 깰 때 쓴다.

다우징 막대
보통 무게 / 나무 소재

이걸로 물, 기름, 호구를
찾을 수 있다.

굽은 숟가락
가벼움 / 금속 소재

신비한 정신의 힘으로 비틀린 것일까,
잠깐 안 보는 사이에 비튼 것일까?

기도용 양초
보통 무게 / 왁스 소재

누군가가 죽기를 기도했다면,
그 기도는 응답을 받았다.

동기

 마약에 취해서

 질투 때문에

 비밀 지키기

 과학 실험

단서

▶ 기도용 양초를 가진 사람은 마약에 취해서 사람을 죽였을 수도 있다.

▶ 사자자리인 사람이 굽은 숟가락을 가지고 있었다(역시나).

▶ 궁수자리인 사람이 기도용 양초를 가지고 있었다(당연히도).

▶ 허니 시장이 UFO 추락 지점에 있었거나, 그게 아니면 부키상 수상자 게인스가 키치 레스토랑에 있었다.

▶ 질투 때문에 살인을 저지를 만한 사람은 실내에서 목격되었다.

▶ 과학 실험을 위해 살인할 만한 사람은 마을 광장에 있었다.

▶ 부키상 수상자 게인스는 키치 문화를 싫어한다. 키치 레스토랑에는 어떤 상황이라도 결코 들어가지 않는다.

▶ 누군가가 그래피티에 다음 글자 암호로 남긴 스프레이 문구: 리먐몃슊 햨룝 식.

▶ **부시장의 시체 옆에서 피투성이 다우징 막대가 발견되었다.**

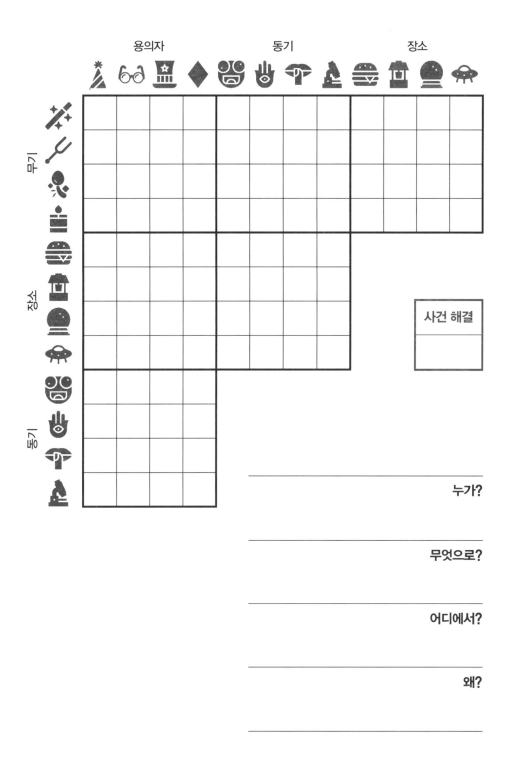

용의자　　　동기　　　장소

무기

장소

동기

사건 해결

누가?

무엇으로?

어디에서?

왜?

논리탐정 로지코가 수정 상점에 발을 들였을 때 처음 든 생각은, 신비탐정 이라티노에게 줄 선물을 사야겠다는 것이었습니다. 두 번째로는 슬픈 생각이 들었습니다. 이제는 이라티노에게 선물을 줄 수 없을 테니까요. 세 번째 생각은 수정 판매상이 죽었다는 것이었습니다.

용의자

총교주 코발트

길고 흰 로브를 입고 길고 흰 수염을 길렀다.

175cm / 오른손잡이 / 파란 눈 / 은발 / 물병자리

수비학자 나이트

수학과 비전 지식에 뛰어나다.
H 값도 알고, H의 의미도 안다.

175cm / 왼손잡이 / 파란 눈 / 짙은 갈색 머리 / 물고기자리

블랙스톤 변호사

변호사에게 가장 중요한 능력,
즉 돈 받는 능력이 출중하다.

183cm / 오른손잡이 / 검은 눈 / 검은 머리 / 전갈자리

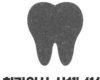

치과의사 시셀 선생

우주에 관한 새 이론을 연구하는
아마추어 물리학자이자 현직 치과의사.

170cm / 오른손잡이 / 녹색 눈 / 반백 머리 / 물고기자리

허브 코너
실내

지속 가능한 방식으로
채취한 잡초들.
하지만 효과가 있다!

커다란 금고
실내

현금은 금전출납기에 보관한다.
이 안에는 수정만 잔뜩 있다.

옥상 바
실외

수정 상점 위에는 옥상 바가 있다.
수정을 넣은 칵테일을
파는 곳이다.

야외 명상 공간
실외

여기에서 돈을
얼마나 쓸지에 집중하며
차분하게 명상하는 곳.

무기

수정 단검
보통 무게 / 수정 소재

제사 같은 곳에 쓰임새가 있을지도 모르지만,
여하튼 망토와 잘 어울린다.

살인 타로 덱
가벼움 / 종이 소재

살인 테마의 타로 카드로
미래를 점칠 수 있다.

수정구
무거움 / 수정 소재

들여다보면 미래가 보인다.
미래에 그 수정구가 될 사람에게는.

죽은 자의 전언
무거움 / 종이 소재

게인스의 명작보다 더 길다.
유령이 쓴 글이라고 한다.

동기

돈 때문에	기운이 이상해서
애정을 증명	수정 훔치기

단서

▶ 수정 단검을 가진 사람은 애정을 증명하고 싶었다.

▶ 신성한 흙의 기사단원은 누구나 죽은 자의 전언을 한 부씩 가지고 다닌다.

▶ 과학수사 결과 허브 코너에 종이 소재를 쓴 무기가 있었음이 밝혀졌다.

▶ 기운이 이상하다는 이유로 살인을 할 만한 사람은 눈이 파란색이었다.

▶ 용의자의 거동이 적힌 뒤죽박죽 메시지: 교총주 발가코트 외서에실 되목다격었.

▶ 총교주 코발트와 키가 같은 용의자는 살인 타로 덱을 가진 사람을 사랑하고 있었다.

▶ 치과의사 시셀 선생은 신성한 흙의 기사단원이었다.

▶ 수정을 훔치고 싶어 한 사람은 진한 물고기자리의 기운을 풍겼다.

▶ 명상 공간에 있었던 사람은 무거운 무기를 가지고 왔다.

▶ 물고기자리인 사람이 커다란 금고 안에 있었다.

▶ 분석가들은 블랙스톤의 옷에서 수정 소재 무기의 흔적을 발견했다.

▶ **마치 운명의 장난처럼, 수정 판매원을 죽인 무기는 수정구였다.**

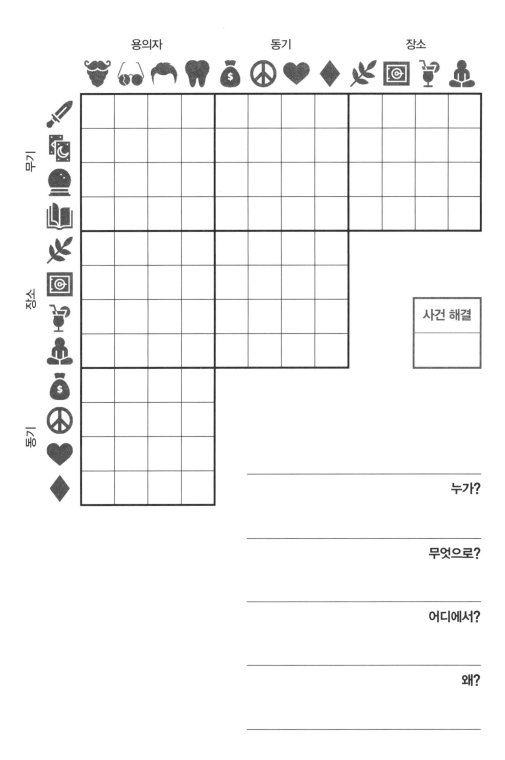

용의자   동기   장소

무기

장소

동기

사건 해결

누가?

무엇으로?

어디에서?

왜?

73 | 키치 키치 킬킬

로지코는 예쁘고 작은 식당에 갔습니다. 온천, 고대 유적, UFO 추락 지점 같은 마을 명소들을 주제로 장식한 곳이었습니다. 로지코는 샌드위치를 주문하려고 했지만, 샌드위치 주방장이 살해되었기 때문에 안 된다는 말을 들었습니다.

용의자

라즈베리 코치

어느 편에 있건,
미시시피강 이편에서 손꼽히는 유능한 코치.

183cm / 왼손잡이 / 파란 눈 / 금발 / 양자리

커피 장군

가장 아끼던 커피잔을 한참 전에 잃어버린 에스프레소 애호가.
가져간 사람을 알아내면 죽일 것이다.

183cm / 오른손잡이 / 어두운 녹색 눈 / 대머리 / 궁수자리

오버진 주방장

남편을 죽이고 요리해서 레스토랑 손님들에게
서빙했다는 소문이 있다.
헛소문이지만, 그런 헛소문에도 의미가 있다.

157cm / 오른손잡이 / 파란 눈 / 금발 / 천칭자리

그레이 백작

홍차로 유명한, 유서 깊은 그레이 백작가의 후손.
사인은 해 주지 않지만, 요청한 사람에게 티백 하나를 공짜로 준다.

175cm / 오른손잡이 / 밝은 갈색 눈 / 백발 / 염소자리

주방
실내

솔직히 말해,
여기에서 음식을 만드는 과정은
안 보는 편이 좋다.

화장실
실내

주방도 그렇지만,
여기도 들어가지 않는 편이 좋다.

부스 좌석
실내

부스 좌석이 찢어져
속이 뜯겨 나왔다.
그래도 자리는 널찍하다!

테라스 좌석
실외

전면 테라스 좌석은
마을 광장이 잘 보이기 때문에
사람 구경을 하기에 아주 좋다.

벽에 걸린 소품
무거움 / 금속 소재

벽에 낡은 소품이 걸려 있다.
오래된 공구인 것 같다.

독이 든 병
가벼움 / 유리 소재

독이 든 평범한 병이다.
고전적인 방법을 무시하지 말 것.

숟가락
가벼움 / 금속 소재

포크가 나이프보다 살벌하다면, 숟가락으로
사람을 죽이는 것은 얼마나 심할까.

슈퍼 알레르기 오일
가벼움 / 기름 소재

이름이 의미하는 그대로다. 모든 사람이
이 오일에 치명적인 알레르기를 가지고 있다.

동기

주장을 입증	더 좋은 자리를 위해
파티의 흥 돋우기	질투 때문에

 파티의 흥 돋우기

 더 좋은 자리를 위해

 질투 때문에

단서

▶ 요리는 파티의 흥을 돋우기에 아주 좋은 방법이지만,

파티의 흥을 돋우고 싶었던 사람은 주방에 없었다.

▶ 주장을 입증하고 싶었던 사람은 오른손잡이였다.

▶ 양자리인 사람은 낡은 공구를 가지고 있었다. 비유나 수사적인 표현이 아니라

말 그대로 낡은 공구였다.

▶ 오버진 주방장은 강철단이라는 조직의 회원이다.

▶ 누군가가 플라스틱 메뉴판에 끄적인 뒤죽박죽 메시지:

이독 든 을병 진가 은람사 투질 문에때 할인살 이각다생.

▶ 화장실에서 기름 한 방울이 발견되었다.

▶ 궁수자리인 사람이 마을 광장을 바라보며 앉아 있었다.

▶ 강철단 회원은 금속 무기만 가지고 다닌다.

▶ 더 좋은 자리를 가지고 싶었던 사람은 염소자리였다.

▶ **살인 무기는 숟가락이었다.**

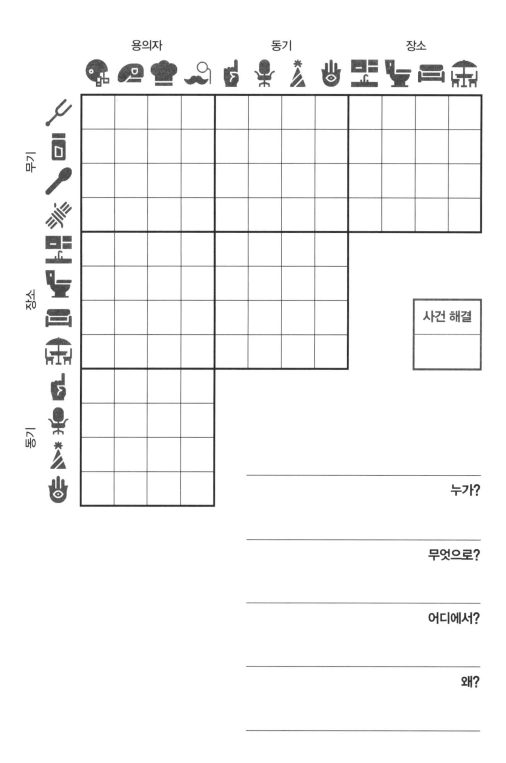

누가?

무엇으로?

어디에서?

왜?

74 | UFO는 알고 있을까?

논리탐정 로지코는 지역 명소인 UFO 추락 지점으로 갔습니다. 관광객 중에는 진짜 UFO가 진짜로 추락했다고 믿는 사람도 있고, 가짜라고 믿는 사람도 있었습니다. 물론 둘 중 어느 쪽에도 속하지 않는 사람도 있습니다. 죽었기 때문입니다.

용의자

셀러돈 장관

국방 장관. 전쟁 범죄도 꽤 저질렀다.
셀러돈 학살의 바로 그 셀러돈.

168cm / 왼손잡이 / 녹색 눈 / 밝은 갈색 머리 / 사자자리

사회학자 엄버

과학을 대표하는 입장에 서서 항상 남들에게
누구의 계보를 이었는지,
독일의 사회 철학자 아도르노를 아는지 묻는다.

163cm / 왼손잡이 / 파란 눈 / 금발 / 사자자리

약초학자 오닉스

온실에서 요리, 마법, 독에 필요한 온갖 식물을 기른다.

152cm / 오른손잡이 / 어두운 녹색 눈 / 검은 머리 / 처녀자리

치과의사 사셸 선생

우주에 관한 새 이론을 연구하는
아마추어 물리학자이자 현직 치과의사.

170cm / 오른손잡이 / 녹색 눈 / 반백 머리 / 물고기자리

크레이터
실외

가운데에는 눈을 가늘게 뜨고 잘 보면
외계의 물건처럼 보일 것도 같은
금속 장치가 있다.

동굴 입구
실외

안에서 희미한 빛과
맥박 같은 소리가
나오는 것 같다.

선물 가게
실내

외계인 봉제 인형,
이곳의 타임셰어 회원권, 납치된 사람
NFT 등을 살 수 있다.

공무용 밴
실내

이 현장이 가짜라면,
흰색 공무용 밴이 근처를
돌아다닐 이유가 있을까?

유사과학 장치
무거움 / 금속 소재

블랙손에 추가로 파르쿠온까지
측정할 수 있게 업그레이드되었다.

솥
무거움 / 금속 소재

들어올릴 수 있다면 누군가를 후려칠 수도 있다.
아니면 속에 든 것을 한 모금만 먹여도 된다.

셀레나이트 마법봉
보통 무게 / 셀레나이트 소재

주문을 걸거나
해골을 깰 때 쓴다.

몽롱해지는 회중시계
가벼움 / 금속 소재

이 시계를 잘 들여다보면
시간을 알 수 있다.

과학 실험	기운이 이상해서
교단의 명령	UFO 훔치기

단서

▶셀러돈 장관은 타르와 깃털 교단 소속이다.

▶교단의 명령으로 살인을 하려던 사람은 처녀자리였다.

▶파르쿠온 측정 장치가 봉제 인형 옆에서 발견되었다.

▶사회학자 엄버는 솥을 가지고 있었다. 사회학자이면서 마녀이기 때문이다.

▶방명록에 남아 있던 뒤죽박죽 메시지: 자리자가사 터이크에레 있다엇.

▶타르와 깃털 교단에 속한 사람은 셀레나이트를 만지거나
  동굴 입구에 들어가는 것이 금지되어 있다.

▶기운이 이상하다는 이유로 살인을 저지를 사람은 무거운 무기를 가지고 있었다.

▶UFO를 훔치고 싶어 한 사람은 왼손잡이였다.

▶치과의사 시셸 선생은 셀레나이트 마법봉을 가져왔거나, 그게 아니면 동굴 입구에 있었다.

▶약초학자 오닉스는 유사과학 장치를 가져왔다.

▶**관광객의 시체는 흰색 밴 안에서 발견되었다.**

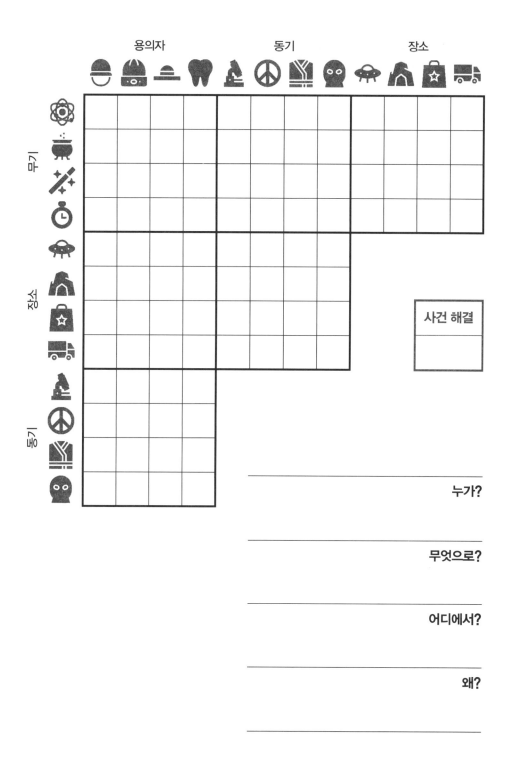

용의자   동기   장소

무기

장소

동기

사건 해결

누가?

무엇으로?

어디에서?

왜?

논리탐정 로지코는 신비한 동굴의 통로들을 살금살금 돌아다녔습니다. 그러다 갑자기 비명 소리가 들리자, 살금살금 조용히 다니기를 멈추고 뛰기 시작했습니다. 시체는 보이지 않았습니다. 그 대신, 도착한 곳에는 지하 작업실 같은 설비와 최근 살인자 세 명의 비밀 은신처가 있었습니다. 여기는 뭐 하는 곳이고, 섀도우의 정체는 무엇일까요?

용의자

섀도우

윤곽만 보이는 그림자.
한밤 같은 모습으로 바람처럼 움직인다.

188cm / 왼손잡이 / 녹색 눈 / 짙은 갈색 머리 / 물병자리

허니 시장

깊이 묻힌 비밀들을 알고,
언제나 표를 얻어내는 사람.

183cm / 왼손잡이 / 녹갈색 눈 / 밝은 갈색 머리 / 전갈자리

블랙스톤 변호사

변호사에게 가장 중요한 능력,
즉 돈 받는 능력이 출중하다.

183cm / 오른손잡이 / 검은 눈 / 검은 머리 / 전갈자리

치과의사 시셀 선생

우주에 관한 새 이론을 연구하는
아마추어 물리학자이자 현직 치과의사.

170cm / 오른손잡이 / 녹색 눈 / 반백 머리 / 물고기자리

거대한 기계
실내

이 기계가 지금까지
고대 유적으로 알던 돌을
만들어 내는 것 같다!

새 유적
실내

고대 유적과 같지만 새로 만들었고
상한 곳이 없다. 옆에는 'SdW'라는
마크가 찍혀 있다.

탁자
실내

위에는 유적이 있는 장소의 지도와
가짜 역사 문서가 가득 놓여 있다.

막다른 곳
실내

긴 터널을 끝까지 따라가면
아무것도 없고 앞이 돌벽으로 막힌다.

무기

거대한 뼈
무거움 / 뼈 소재

얼마나 큰 동물이어야 이런 뼈가 나올까?
개가 이 뼈를 먹으려면
덩치가 얼마나 커야 할까?!

거대 자석
보통 무게 / 금속 소재

칼, 못 등에 가까이 두지 말 것.
강력한 전자기장을 발생시킨다.

돌
보통 무게 / 광물 소재

평범한 돌. 이상하게도
이 사막의 돌이 아니다. 깨져 있다.

지구본
무거움 / 금속 소재

세계 정복 계획을 세우거나
술을 보관할 때 쓰는 물건.

동기

 돈 때문에   오컬트 알리기

 전쟁 승리를 위해   마을 홍보

단서

▶탁자 옆에 서 있었던 사람은 오른손잡이였다.

▶불타는 흙의 제사라는 조직은 마을을 홍보하는 것이 목표다.

▶돈 때문에 살인을 저지르려던 사람은 막다른 곳에 가지 않았다.

▶섀도우는 계속 무기를 휘둘렀고, 로지코는 그 무기가 어딘가 부딪힐 때마다
  불꽃이 튀는 것을 보자 금속 소재인 것을 알았다.

▶전쟁 승리에 기여하고 싶었던 사람은 물고기자리의 기운이 짙게 풍겼다.

▶불타는 흙의 제사 단원이 되려면 전갈자리여야 한다.

▶거대한 뼈는 'SdW' 마크 옆에 있었다. 무슨 의미일까?

▶허니 시장이 지구본을 가져왔거나, 그게 아니면 지구본이 거대한 기계 옆에 있었다.

▶불타는 흙의 제사 단원이 지구본을 가지고 있었다.

▶동굴 벽에 누군가가 끄적인 뒤죽박죽 메시지: 돈 문에때 하는인려살 사이람 지본을구 졌가다.

▶**틀림없이 거대 자석을 가진 사람이 핵심 인물이다.**

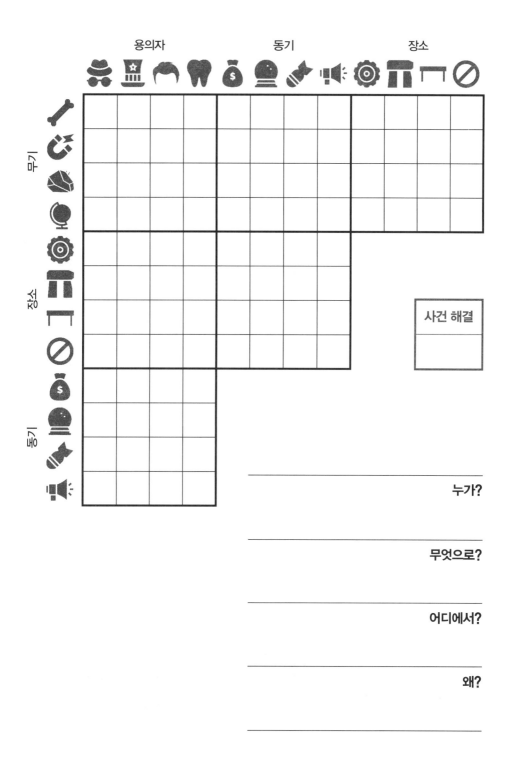

누가?

무엇으로?

어디에서?

왜?

논리탐정 로지코는 탐정 일을 그만두었습니다. 지난 25개 사건 내내 복수심의 힘으로 달려왔지만, 모두 풀고 나니 복수할 이유가 되었던 사람이 바로 복수의 대상임을 알게 되었습니다. 그래서 탐정 일을 포기하고 삼각형의 변이 늘어나면 몇 개부터 사각형이 되는지 같은, 순수하게 논리적인 문제에만 집중하기 시작했습니다. 그러던 어느 날, 전 용의자로부터 전화가 왔습니다. 바로 할리우드에서 가장 오래된 독립 스튜디오인 미드나이트 영화사의 상속자 미드나이트 3세였습니다.

"혹시 크라임 퍼즐 영화화에 관심이 있으신가요?" 로지코는 별로 내키지 않았습니다. 미스터리 사건의 해결을 그만두면서 미스터리 영화에도 관심이 식었기 때문입니다. 그런 것들은 도무지 생각할 시간을 주지 않으니까요. 미드나이트 3세가 말했습니다.

"그래서 좋을지 나쁠지는 생각할 필요 없어요. 제가 얼마나 돈을 드릴지, 그 이야기나 했으면 합니다." 그 말에 로지코는 바로 동의했습니다.

정작 할리우드에 가 보니 그곳은 섬보다도 외롭고, 출구 없는 정원 미로보다도 혼란스럽고, 옵시디언 부인의 소설보다도 놀라웠습니다. 로지코는 거의 불가능해 보이는 미스터리와 마주쳤습니다. 지금까지 익힌 모든 기법을 동원해서 마지막 25개의 불가능해 보이는 사건들에 도전하세요. 더 어려운 도전이 필요하다면, 할리우드의 진짜 미스터리를 풀어 보세요. 재미 없는 영화가 그렇게나 많은 이유는 무엇일까요?

불 가 능 에 🔍 도 전

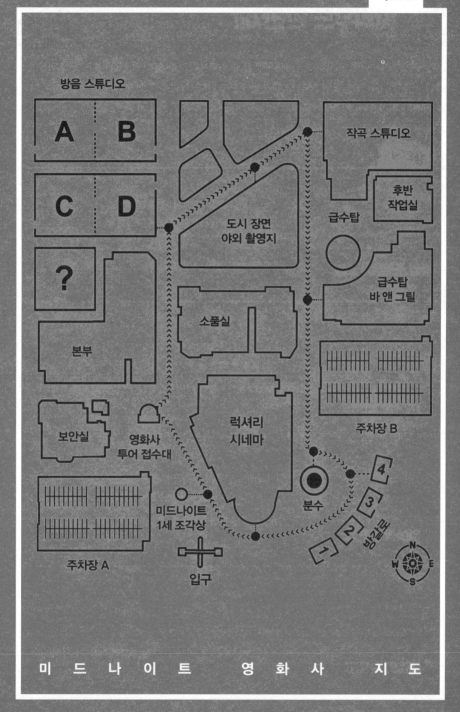

방음 스튜디오

A B

C D

?

본부

보안실

주차장 A

영화사
투어 접수대

미드나이트
1세 조각상

입구

도시 장면
야외 촬영지

소품실

럭셔리
시네마

분수

작곡 스튜디오

후반
작업실

급수탑

급수탑
바 앤 그릴

주차장 B

방갈로

1 2 3 4

N
W E
S

미 드 나 이 트   영 화 사   지 도

76 | 할리우드 만만세!

로지코는 할리우드에 도착하고 나서 바뀐 환경에 적응하느라 힘이 들었습니다. 애써 적응하고 나니 이번에는 힘겹게 살인 사건을 해결해야 했습니다. 할리우드 역사가 한 사람이 이제는 지난 역사가 되었습니다.

용의자

책임 프로듀서 스릴

할리우드에서 제일 부유하고,
영리하고, 성격 나쁜 프로듀서.
일단 지금은.

168cm / 오른손잡이 / 회색 눈 / 백발 / 양자리

핵 블랙스턴

할리우드 작가 중에서
최고 수준의 돈을 받지만 실력은 최저 수준이다.

183cm / 오른손잡이 / 밝은 갈색 눈 / 대머리 / 궁수자리

영화광 스모키

미드나이트 영화사 추리극의 촬영 장소는 전부 알지만,
친구를 사귀는 법은 모른다.

178cm / 왼손잡이 / 검은 눈 / 짙은 갈색 머리 / 처녀자리

배경의 마렝고

기억에 전혀 남지 않게 생겼다.
그래서 엑스트라로서도, 살인자로서도 아주 유리하다.

165cm / 왼손잡이 / 밝은 갈색 눈 / 짙은 갈색 머리 / 쌍둥이자리

미드나이트 영화사
실내

한때는 할리우드에서 가장 큰 영화사였다.
지금 제작하려는 〈크라임 퍼즐: 더 무비〉가
역전의 계기가 될지도 모른다.

그레이트 파크
실외

살인자의 이름을 따서 지은
명칭이 따로 있지만,
그냥 그레이트 파크라고 부른다.

아가일 연예 기획사
실내

할리우드에서 유서 깊은
최강의 연예 기획사.

매직 팰리스
실내

마술사 전용 나이트클럽.
로지코는 이곳에서 일어난
살인 사건들 때문에 알고 있다.

보톡스 주사
가벼움 / 플라스틱 소재

보톡스도 독이니까
무기로 사용할 수 있다.

필름
가벼움 / 플라스틱 소재

공교롭게도, 이 필름에는
목 졸리는 남자의 모습이 찍혀 있다.

골프채
보통 무게 / 금속 소재

영화사 임원들도 열심히 일한다.
영업용 골프를 얼마나 많이 쳐야 하는지….

트로피
보통 무게 / 금속 소재

믿기 어려울 정도로 귀하고
대단한 할리우드 영화상 트로피.

223

| 강인함을 입증 | 영화 만들기 |
| 각본 판매 돕기 | 업계 잠입 |

단서

▶영화광 스모키는 업계에 잠입하려고 했다.

▶배경의 마렝고는 자기 영화를 만들고 싶었다(행운을 빌어요!).

▶강인함을 입증하고 싶었던 용의자는 실외에 있었다.

▶과학수사 결과 할리우드에서 가장 강력한 연예 기획사에서
   보톡스 한 방울이 발견되었다.

▶책임 프로듀서 스틸은 무슨 일이 있어도 각본 판매를 돕지 않을 것이다.

▶핵 블랙스턴은 골프채를 가진 사람에게 원한이 있었다.

▶트로피를 쥔 사람은 오른손잡이였다.

▶로지코가 역사가의 동료 학자에게서 받은 뒤죽박죽 메시지:
   직매 스리에펠 있던 은람사 통보 게무 를무기 다졌가.

진술

※범인은 거짓말을, 나머지는 진실을 말합니다.

▶책임 프로듀서 스틸 :
   영화광 스모키는 골프채를 가져오지 않았어요.

▶핵 블랙스턴 :
   떠올려 보세요. 배경의 마렝고는 아가일 연예 기획사에 있었습니다.

▶영화광 스모키 :
   와왜! 필름이 미드나이트 영화사에 있었어요.

▶배경의 마렝고 :
   어우! 골프채가 그레이트 파크에 있었죠.

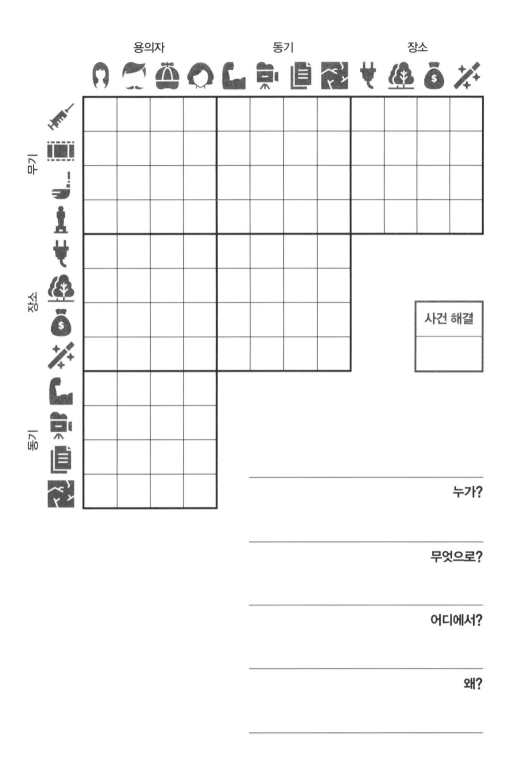

용의자　　　동기　　　장소

사건 해결

누가?

무엇으로?

어디에서?

왜?

로지코의 첫 미팅이 열린 곳은 할리우드의 영화사가 아니라 할리우드 힐스에 있는 프로듀서 자택이었습니다. 프로듀서는 손님맞이를 잘하지 못했지만, 그 사람 잘못은 아니었습니다. 그는 죽었으니까요.

용의자

미드나이트 3세

세계 최고의 영화사 자리를 되찾으려는
미드나이트 영화사의 후계자.
아직은 아버지에게서 수상 후보자 선정 권한만 겨우 받았다.

173cm / 왼손잡이 / 어두운 녹색 눈 / 짙은 갈색 머리 / 천칭자리

에이전트 아가일

에이전트 잉크와 달리,
아가일은 따뜻한 마음이 없다.
아예 마음이랄 것이 없다.

193cm / 오른손잡이 / 밝은 갈색 눈 / 짙은 갈색 머리 / 처녀자리

책임 프로듀서 스틸

할리우드에서 제일 부유하고,
영리하고, 성격 나쁜 프로듀서.
일단 지금은.

168cm / 오른손잡이 / 회색 눈 / 백발 / 양자리

미드나이트 삼촌

아버지가 사망하자
사막에 수영장 딸린 저택을 사서 은퇴했다.
당시 나이가 17세였다.

173cm / 왼손잡이 / 파란 눈 / 짙은 갈색 머리 / 궁수자리

지하실 바
실내

이것저것 잘 갖춘 번듯한 바,
핀볼 기계, 대량의
종이 박스가 있다.

옥상 발코니
실외

할리우드 힐스를 내려다보며
권력의 기분을 느끼고
우쭐해 할 수 있다

대형 홀
실내

거대한 나선 계단이 프로듀서의
커다란 조각상을 가운데 두고
감싸는 구조다.

안뜰의 수영장
실외

술을 마시고 유명인들의
이름을 들먹이며 어슬렁거리기에
딱 좋은 수영장.

무기

희귀한 꽃병
무거움 / 세라믹 소재

고대 할리우드기(1930년대)의
세라믹 미술품.

피아노 줄
가벼움 / 금속 소재

어딘가에 줄 하나가 빠진 피아노가 있고,
그 때문에 음악회가 망할 참이다.

골동품 타자기
무거움 / 금속 소재

할리우드의 근대 초기에 해당하는
1970년대의 물건.

육중한 각본
무거움 / 종이 소재

프랜차이즈 영화의 시작편이라서
지루한 설명이 50페이지 더 붙어 있다.

영화 완성   파티의 흥 돋우기

 사업 계약 확정   돈 때문에

단서

▶사업 계약을 확정하고 싶었던 사람은 옥상 발코니에 없었다.

▶오래된 피치의 노래 단원이 육중한 각본을 가지고 지하실 바에 있었다.

  물론 파티의 흥을 돋우려 한 것이다.

▶술을 조금 과하게 마신 사람이 로지코에게 건넨 뒤죽박죽 메시지:

  한희귀 병을꽃 진가 사이람 화영 을완성 망갈함.

▶오래된 피치의 노래는 궁수자리인 사람만 가입할 수 있다.

▶근대 초기의 무기에서 짙은 갈색 머리 한 가닥이 발견되었다.

▶수영장에 있었던 사람은 왼손잡이였다.

진술

※범인은 거짓말을, 나머지는 진실을 말합니다.

▶**미드나이트 3세 :**

  단도직입적으로, 에이전트 아가일이 골동품 타자기를 가져왔지요.

▶**에이전트 아가일 :**

  하, 골동품 타자기는 옥상 발코니에 있었어요.

▶**책임 프로듀서 스틸 :**

  찾아보세요. 희귀한 꽃병이 대형 홀에 있었으니까.

▶**미드나이트 삼촌 :**

  그러니까, 미드나이트 3세가 안뜰의 수영장에 있었지.

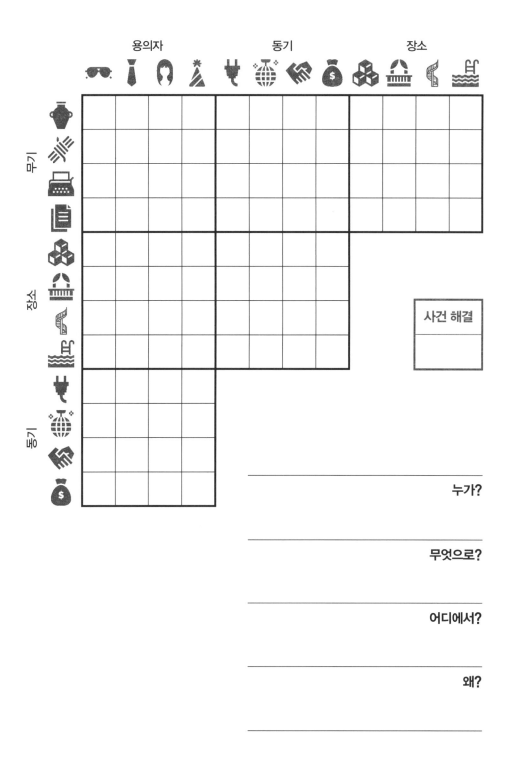

용의자　　　　동기　　　　장소

무기

장소

동기

사건 해결

_____ 누가?

_____ 무엇으로?

_____ 어디에서?

_____ 왜?

_____

78 | 바다에서의 수많은 죽음

로지코의 다음 미팅은 부두 위에 지은, 해변의 스시 레스토랑에서 열렸습니다. 어딘가 비린 듯한 냄새가 풍겼고, 어딘가 수상한 느낌도 있었습니다. 원인은 곧 발견되었습니다. 주방장이 살해되었기 때문이었습니다.

용의자

차콜 두목

옛 시절의 갱 보스. 당시 갱 보스는
그래도 지금보다 의미가 있는 자리였다.

180cm / 오른손잡이 / 어두운 녹색 눈 / 검은 머리 / 황소자리

셀러돈 장관

국방 장관. 적지 않은 환경 재해에 직접적인 책임이 있다.
셀러돈 참사의 바로 그 셀러돈.

168cm / 왼손잡이 / 녹색 눈 / 밝은 갈색 머리 / 사자자리

그랜드마스터 로즈

체스 그랜드마스터. 항상 다음 일을 미리 계획한다.
다음 대결에서 속임수를 쓰는 일까지도! (3. Qxe5#)

170cm / 왼손잡이 / 어두운 녹색 눈 / 짙은 갈색 머리 / 전갈자리

전설의 대스타 실버튼

할리우드 영화의 황금기를 살았고,
지금은 황혼기를 살아가는 대배우.

193cm / 오른손잡이 / 파란 눈 / 은발 / 사자자리

바

실내

제일 싼 칵테일이 150달러이고,
바느질 도구인 골무를
잔으로 쓴다.

대리 주차장

실외

팁조차 못 받는 직원에게
클래식 카를 맡기는 곳.

구석의 부스 자리

실내

3년 전에 한 번 들렀던
유명인을 위해
항상 예약석으로 두는 곳.

쓰레기 수거함 옆 자리

실외

한물간 사람과
예약 없이 온 사람들을
보내는 곳.

트로피

보통 무게 / 금속 소재

바로 그 귀하다는 상의 트로피.

붉은 청어

보통 무게 / 생물 소재

꼬리를 잡으면
꽤 강하게 휘두를 수 있다.

고급 접시

보통 무게 / 세라믹 소재

어지간한 사람 몸값보다
비싼 값에 팔리는 접시.

젓가락

가벼움 / 나무 소재

하나를 사면
무기 두 개가 나온다.

동기

 주의를 돌리려고　　　　 화풀이

 재산 상속　　　　 강인함을 입증

단서

▶바텐더가 로지코에게 준 뒤죽박죽 쪽지 : 에바 있던 의자는용 발은.

▶한물간 사람과 예약 없이 온 사람들을 보내는 곳에서 트로피가 발견되었다.

▶차콜 두목은 옛 시절의 갱 보스답게 항상 강인함을 입증하고 싶어 했다.

▶주차 장소에 있던 용의자는 짙은 갈색 머리였다.

▶로지코가 받은 뒤죽박죽된 공문서: 돈셀러 관은장 이풀화로 인할살 생이각 습다니없.

▶황소자리인 사람이 붉은 청어를 가져왔다. 참으로 황소자리다운 행동이다.

▶사람보다 더 값비싼 무기를 가진 사람은 재산을 상속받으려고 했다.

진술

※범인은 거짓말을, 나머지는 진실을 말합니다.

▶**차콜 두목 :**

　분명해. 젓가락이 주차 장소에 있었어.

▶**셀러돈 장관 :**

　나는 구석의 부스 자리에 없었는데.

▶**그랜드마스터 로즈 :**

　이론을 무시하면 안 되지요. 셀러돈 장관이 트로피를 가져왔던데.

▶**전설의 대스타 실버튼 :**

　차콜 두목은 고급 접시를 가져오지 않았어.

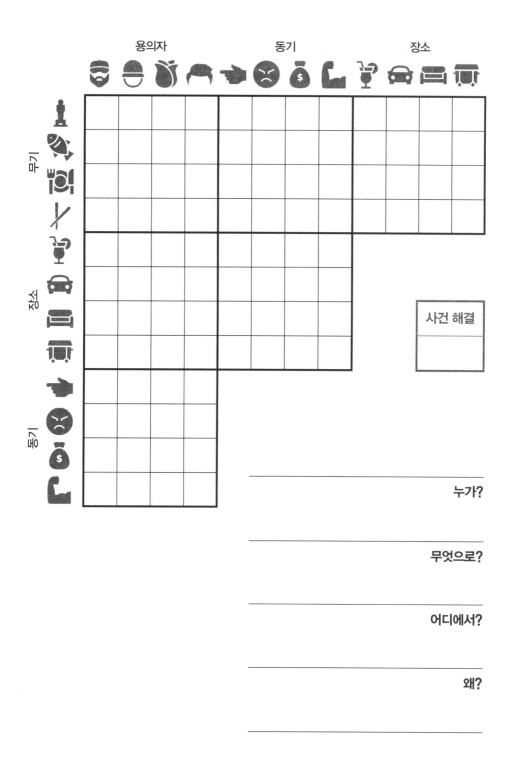

용의자   동기   장소

무기

장소

동기

사건 해결

누가?

무엇으로?

어디에서?

왜?

79 | 영화관 살인 사건

〈크라임 퍼즐: 더 무비〉 프로듀서들이 이틀째 아무 연락도 없었기 때문에, 논리탐정 로지코는 호텔 근처의 극장에 추리 영화를 보러 갔습니다. 그런데 자리를 찾기가 힘들어서 안내원을 찾으러 갔습니다. 안내원을 찾으러 가 보니 안내원은 이미 시체였습니다.

용의자

영화 편집자 펄

미국 편집자 길드 회원. 사상 최고라고 극찬받는 영화,
매출 기록이 높은 영화 몇 개를 편집했다.
그 둘이 겹치는 일은 없었지만.

165cm / 오른손잡이 / 파란 눈 / 금발 / 물병자리

핵 블랙스턴

할리우드 작가 중에서 최고 수준의 돈을 받지만
실력은 최저 수준이다.

183cm / 오른손잡이 / 밝은 갈색 눈 / 대머리 / 궁수자리

영화광 스모키

미드나이트 영화사 추리극의 촬영 장소는 전부 알지만,
친구를 사귀는 법은 모른다.

178cm / 왼손잡이 / 검은 눈 / 짙은 갈색 머리 / 처녀자리

더스티 감독

진정한 영화 장인.
영화 예술을 한갓 사람 목숨보다 중히 여긴다.

178cm / 왼손잡이 / 녹갈색 눈 / 대머리 / 물고기자리

영사실
실내

고전적인 살인 장소의 조건을 훌륭하게 갖춘 곳.
이미 본 영화를 상영하는 중이고 큰소리가
어느 부분에서 나는지 안다면 완벽하다.

매표소
실내

표 값이 비싸지만 팝콘보다는
덜 비싸고, 팝콘도 음료보다는
덜 비싸다.

로비
실내

커다란 샹들리에가 있었지만 이상하게
자꾸 떨어져서 사람들을 깔아 뭉갰다.
지금은 액자에 든 포스터만 걸려 있다.

상영관
실내

항상 어두워서
자리를 찾기가 정말 힘들다.

의식용 단검
보통 무게 / 뼈 소재

뼈로 만들었다.
인간 뼈는 아니었으면!

트로피
보통 무게 / 금속 소재

누구나 이걸 하나쯤은
가지고 있는 걸까?

상한 초코바
가벼움 / 초콜릿 소재

쇠지레만큼 딱딱하다. 〈아라비아의 로렌스〉가
개봉한 후로 줄곧 여기에 있었다

독이 든 팝콘
보통 무게 / 기름·옥수수 소재

신선하게 튀겨서
신선한 독을 넣었다. 아몬드 향!

동기

 실제로 가능한지 보려고 영화 만들기

🪑 더 좋은 자리 아이디어 훔치기

단서

▶상한 초코바를 들고 있던 사람은 왼손잡이였다.

▶영사 기술자가 로지코에게 준 뒤죽박죽 쪽지: 은블턴랙스 더 은좋 에리자 심이관 었없다.

▶매표소에 아몬드 냄새가 진동했다.

▶트로피를 가진 사람은 아이디어를 훔치고 싶어 했다.

▶미국 편집자 길드 회원이 핸드백에 의식용 단검을 넣는 모습이 목격되었다.

▶영화광 스모키는 마음속 깊은 곳에 자기가 실제로 살인을 할 수 있는지
   보고 싶은 욕망이 있었다.

▶상영관 바닥에서 초콜릿 조각이 발견되었다.

진술

※범인은 거짓말을, 나머지는 진실을 말합니다.

▶**영화 편집자 펄** :

  핵 블랙스턴이 독이 든 팝콘을 가져온 걸 봤다고 생각하는데요.

▶**핵 블랙스턴** :

  생각해 봐요. 더스티 감독이 트로피를 가져왔어요.

▶**영화광 스모키** :

  더스티 감독은 독이 든 팝콘을 가져오지 않았어요.

▶**더스티 감독** :

  나는 굉장히 바빠요. 여하튼 의식용 단검은 영사실에 있었어요.

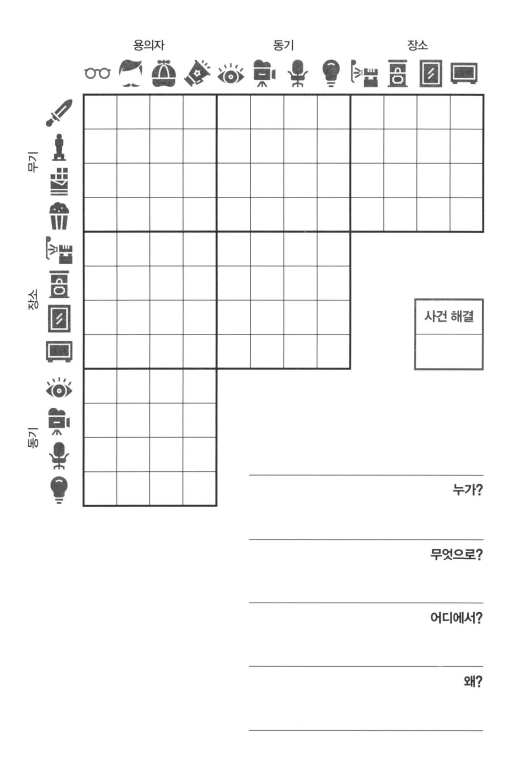

용의자

동기

장소

무기

장소

동기

사건 해결

누가?

무엇으로?

어디에서?

왜?

80 | 진짜 살인 덕분에 들어간 집

이 화려한 도시에 얼마간 더 머물러야 할 것이 확실해지자, 로지코는 할리우드의 좋은 아파트를 빌렸습니다. 그리고, 좋은 조건에 집을 얻을 수 있었던 이유는 전에 살던 사람이 살해되었기 때문이라는 것을 금방 알게 되었습니다.

용의자

미드나이트 삼촌

아버지가 사망하자
사막에 수영장 딸린 저택을 사서 은퇴했다.
당시 나이가 17세였다.

173cm / 왼손잡이 / 파란 눈 / 짙은 갈색 머리 / 궁수자리

차콜 두목

옛 시절의 갱 보스. 당시 갱 보스는
그래도 지금보다 의미가 있는 자리였다.

180cm / 오른손잡이 / 어두운 녹색 눈 / 검은 머리 / 황소자리

크림슨 원장

원장은 만나 본 사람 중에
자기가 제일 똑똑하다고 했고, 그 말이 맞을 것이다.
흡연가이지만, 암이 생기면 치료법도 찾겠지.

175cm / 왼손잡이 / 녹색 눈 / 붉은 머리 / 물병자리

책임 프로듀서 스틸

할리우드에서 제일 부유하고,
영리하고, 성격 나쁜 프로듀서. 일단 지금은.

168cm / 오른손잡이 / 회색 눈 / 백발 / 양자리

옥상정원
실외

여기에 살 만큼의 돈을 모을
가망이 없는 사람들이
아름답게 잘 가꾼 옥상정원.

보일러실
실내

이곳의 불길한 기운 때문에
정신이 나간
유명인이 많다.

제일 작은 방
실내

전에는 벽장이었지만,
이제는 평범한 아버지 세대가 평생 본 것보다
더 많은 돈을 매월 내야 쓸 수 있다.

펜트하우스
실내

옥상정원을 빼면 가장 높은 층.
여기 주인들은 그래서
보통 옥상정원을 빼고 센다.

목 조르는 스카프
가벼움 / 면 소재

햇빛이 풍부한 할리우드에서 스카프를 쓸
곳이라고는 목을 조르는 일밖에 없다.

골동품 타자기
무거움 / 금속 소재

할리우드의 후기 고전 시대에
해당되는 1950년대의 물건.

황금새
무거움 / 황금 소재

거액의 가치를 가진
황금 플라밍고.

유령탐지기
보통 무게 / 금속 소재

유령은 잘 못 찾지만 사람들을
감전시키는 성능은 정말 좋다.

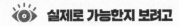 실제로 가능한지 보려고	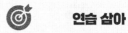 연습 삼아
교단 가입	질투 때문에

단서

▶골동품 타자기를 가진 사람은 실제로 할 수 있는지 보려고 살인할 생각이었다.

▶화장실 벽에 누군가가 끄적인 뒤죽박죽 메시지: 가황새금 임책 서로프듀 에스틸게.

▶질투 때문에 살인을 하려는 사람은 왼손잡이였다.

▶크림슨 원장은 의사 수입으로 월세를 감당할 수 있는 곳이

　제일 작은 방뿐이어서 거기에 있었다.

▶연습 삼아 살인하려는 사람은 보일러실에 없었다.

▶과학수사 결과 펜트하우스에서 면 소재 무기의 흔적이 발견되었다.

▶한 목격자는 차콜 두목이 아름다운 정원에서 꽃을 감상하는 모습을 보았다.

진술

※범인은 거짓말을, 나머지는 진실을 말합니다.

▶**미드나이트 삼촌 :**

　자, 나는 연습 삼아서가 아니라면 마땅히 살인할 동기가 없어요.

▶**차콜 두목 :**

　스틸은 골동품 타자기를 가져오지 않았지.

▶**크림슨 원장 :**

　골동품 타자기는 제일 작은 방에 없었어요.

▶**책임 프로듀서 스틸 :**

　차콜 두목도 제일 작은 방에 없었어요.

		용의자				동기				장소		

무기

장소

동기

사건 해결

_____ **누가?**

_____ **무엇으로?**

_____ **어디에서?**

_____ **왜?**

241

81 | 미스터리콘 행사장의 미스터리 🔍🔍🔍🔍

"로-지-코! 로-지-코!" 관람객들이 연호했습니다. 하지만 논리탐정 로지코를 연기한 배우는 나오지 않았습니다. 그러다 결국은 진짜 로지코가 나오더니 주연 배우가 살해되었다고 발표했습니다. 군중이 날뛰기 시작했습니다.

용의자

할리우드 영화의 황금기를 살았고,
지금은 황혼기를 살아가는 대배우.

193cm / 오른손잡이 / 파란 눈 / 은발 / 사자자리

전설의 대스타 실버튼

미드나이트 영화사 CEO. 예술과 사업을 소중하게 여긴다.
굳이 비교하자면 사업 쪽을 조금 더.

188cm / 오른손잡이 / 검은 눈 / 검은 머리 / 염소자리

미드나이트 2세

진정한 영화 장인. 명작을 만드는 것이 소원이다.
그 소원을 이루려면 살인을 해야 할지도 모른다.

178cm / 왼손잡이 / 녹갈색 눈 / 대머리 / 물고기자리

더스티 감독

(전직) 법정의 주재자였고,
정의에 관한 신념을 스스로 정해 굳게 지킨다.

168cm / 오른손잡이 / 어두운 녹색 눈 / 검은 머리 / 황소자리

파인 판사

주차장
실외

어느 불쌍한 참가자는 잠긴 자동차의
미스터리를 해결하려고 했다.
열쇠는 안에 있고, 사람은 밖에 있었다.

행사 공간
실내

인디 미스터리 작가들이
탐정 코스튬을 입고
자기 물건들을 파는 곳.

전시장
실내

원통해하는 인디 작가들을 앞에 두고
미드나이트 영화사가
〈크라임 퍼즐: 더 무비〉를 발표하는 곳.

푸드코트
실내

클루베리 머핀 같은
최고의 미스터리 테마 음식을
주문할 수 있다.

돋보기
보통 무게 / 금속 · 유리 소재

단서를 찾을 때 쓰거나
코스튬 소품으로 쓸 수 있다.

쇠지레
보통 무게 / 금속 소재

솔직히 말해 다른 일보다
범죄에 훨씬 많이 쓰이는 물건.

폭발 파이프
가벼움 / 금속 소재

흡연은 사람을 죽인다.
파이프 폭탄을 쓴다면 특히나 더.

특별 양장판
보통 무게 / 종이 소재

《크라임 퍼즐》이 영화 관련 표지를 넣어서
하드커버로 다시 나왔다. 못생겼다.

영화 홍보	좋은 장면 촬영
💰 돈 때문에	🎭 배역 빼앗기

단서

▶배역을 빼앗고 싶었던 사람은 잠긴 자동차 옆에 있었다.

▶분리되지 않은 빛의 모임에서는 눈이 파란 사람을 받아 주지 않는다.

▶전시장에 있었던 사람은 왼손잡이였다.

▶더스티 감독은 냉정하다. 돈 때문에 살인할 준비가 되어 있었다.

▶용의자 전원이 분리되지 않은 빛의 모임과 오래된 피치의 노래 중 한 단체에 소속되어 있다.

▶돋보기는 너무 식상한 소품이라서 행사 공간 반입이 금지되었다.

▶현재 오래된 피치의 노래에 속한 유일한 회원이 쇠지레를 가져왔다.

▶파인 판사는 그저 영화를 홍보하고 싶을 뿐이었다.

▶좋은 장면을 촬영하고 싶었던 사람은 보통 무게의 무기를 가지고 있었다.

진술

※범인은 거짓말을, 나머지는 진실을 말합니다.

▶**전설의 대스타 실버튼 :**

　어떻게 된 건지 말해 보겠어요. 놀랍게도 돋보기가 전시장에 있었어요.

▶**미드나이트 2세 :**

　사장으로서 말하는데, 전설의 대스타 실버튼은 주차장에 있었습니다.

▶**더스티 감독 :**

　저는 바빠요. 여하튼 파인 판사가 폭발 파이프를 가져왔어요.

▶**파인 판사 :**

　진상은 명확하네. 쇠지레가 주차장에 있었지.

	용의자		동기		장소

무기

장소

동기

사건 해결

_____ 누가?

_____ 무엇으로?

_____ 어디에서?

_____ 왜?

82 | 공원에서의 살인

미스터리콘 행사장에서 살인이 일어난 후, 논리탐정 로지코는 그레이트 파크에서 즐거운 하루를 보내며 기분을 전환하기로 했습니다. 하지만 살인 사건을 해결하면서 동시에 아름다운 언덕, 장엄한 풍경, 역사적인 명승지를 만끽하기는 어려운 법입니다. 그곳에는 피살된 관광객이 있었거든요.

용의자

Mx. 탠저린

성별 이분법에 들어가지 않는 사람도 얼마든지 살인자가 될 수 있다는 것을 몸소 입증하고 있다. 하이킹과 조류 관찰을 즐기는 사람이자 용의자.

165cm / 왼손잡이 / 녹갈색 눈 / 금발 / 물고기자리

영화 편집자 펄

미국 편집자 길드 회원. 사상 최고라고 극찬을 받는 영화, 매출 기록이 높은 영화 몇 개를 편집했다. 그 둘이 겹치는 일은 없었지만.

165cm / 오른손잡이 / 파란 눈 / 금발 / 물병자리

라벤더 경

보수적인 귀족원 의원. 히트 뮤지컬 〈문라이트 익스프레스〉의 작곡가이기도 하다.

175cm / 오른손잡이 / 녹색 눈 / 반백 머리 / 처녀자리

루스카니 총장

추리대학 총장으로서, 가끔은 날씨가 너무나 완벽해서 공원으로 가야만 하는 날도 있다는 것을 정확하게 추리해 냈다.

165cm / 왼손잡이 / 녹색 눈 / 반백 머리 / 천칭자리

그리스식 극장
실외

거대한 노천극장.
오케스트라 연주나 스칸디나비아 바이킹
밴드의 투어 공연을 감상하기에 완벽하다.

오래된 동물원
실외

지금 가난한 배우들이 사는 아파트처럼
비좁고 지저분한 곳에
동물들을 넣어 두곤 했다.

유명한 동굴
실외

이 동굴의 이름을 따서 만든
거리의 이름을 딴 유명 배우가 있다.

할리우드 사인
실외

할리우드 명소들의 역사는 부동산 사기와
깊이 얽혀 있다. 할리우드 사인도 마찬가지다.

소화기
무거움 / 금속 소재

불이나 누군가의
온기를 끌 수 있다.

나무토막
무거움 / 나무 소재

크고 무거운 참나무 토막. 누군가가
사람을 죽이려고 나무를 죽였다.

골동품 투구
무거움 / 금속 소재

녹이 슬었고
멋있게 생겼다.

돌
보통 무게 / 암석 소재

다른 무기를 찾을 수 없을 때라도
돌은 항상 근처에 있다.
안에 특이한 광물 조각이 들어 있다.

그럴 수 있으니까

 경쟁자의 커리어 파괴

 협박에서 벗어나기

 루비 훔치기

단서

▶협박에서 벗어나고 싶었던 사람은 협박 때문에 머리가 세어 반백이 되었다.

▶할리우드 사인의 거대한 H 옆에서 특이한 광물 조각이 발견되었다.

▶옛 죽은 자의 길이라는 조직은 천칭자리인 사람만 가입할 수 있다.

▶미국 편집자 길드 회원은 대중 앞에 모습을 잘 드러내지 않지만,
　이번에는 극장 무대 위에 있었다.

▶공원 관리인이 로지코에게 준 뒤죽박죽 메시지:
　이린저탠 화소기를 든 으로습모 목됨격.

▶옛 죽은 자의 길 회원은 가난한 배우의 아파트처럼 좁은 장소에 있었다.

▶골동품 투구를 가진 사람은 라이벌 커리어를 파괴하려고 했다.

진술

※범인은 거짓말을, 나머지는 진실을 말합니다.

▶Mx. 탠저린 :
　나무토막을 가진 사람은 협박에서 벗어나려고 했어요.

▶영화 편집자 펄 :
　물고기자리인 사람은 오래된 동물원에 없었습니다.

▶라벤더 경 :
　그냥 그럴 수 있다고 해서 살인을 저지를 사람은 할리우드 사인에 가 있었지요.

▶루스카니 총장 :
　학자로서, 나는 탠저린이 할리우드 사인에 가 있었다고 단언할 수 있네.

	용의자	동기	장소

무기

장소

동기

사건 해결

_____ **누가?**

_____ **무엇으로?**

_____ **어디에서?**

_____ **왜?**

83 | 지옥 같은 주차장

논리탐정 로지코는 드디어 미드나이트 영화사에 초대를 받아 내부를 구경하고 촬영 현장을 볼 수 있게 되었습니다. 하지만 그보다 먼저, 지금까지 접했던 어떤 것보다도 끔찍한 문제인 주차를 해결해야 했습니다. 심지어 주차 관리인은 피살되어 있었습니다.

용의자

라벤더 경

보수적인 귀족원 의원.
히트 뮤지컬 〈에비티나〉의 작곡가이기도 하다.

175cm / 오른손잡이 / 녹색 눈 / 반백 머리 / 처녀자리

시뇨르 에메랄드

이탈리아의 저명한 보석상.
희귀 보석을 찾아 세계를 여행하며,
주머니에서 수시로 보석을 흘린다.

173cm / 왼손잡이 / 밝은 갈색 눈 / 검은 머리 / 궁수자리

카퍼 경비원

스튜디오 경비원은 사실 경찰이라고 할 수 없지만,
그래도 여전히 사람들에게 호통을 칠 수 있다.

165cm / 오른손잡이 / 파란 눈 / 금발 / 양자리

영화 편집자 펄

미국 편집자 길드 회원. 사상 최고라고 극찬을 받는 영화.
매출 기록이 높은 영화 몇 개를 편집했다.
그 둘이 겹치는 일은 없었지만.

165cm / 오른손잡이 / 파란 눈 / 금발 / 물병자리

주차장 A
실외

좋은 주차장.
출입구와 가깝다.
고위직과 스타들이 주차하는 곳.

보안실
실내

대부분의 군부대보다도
보안 시스템이 정교하다.

주차장 B
실외

안 좋은 주차장.
출입구와 멀다.
여기는 주차가 유료다.

분수대
실외

급수탑에서 물을 받아 돌리는 분수대.
세트에서 부상을 입은 모든 엑스트라들의
희생을 기리는 의미로 지었다.

무기

육중한 각본
무거움 / 종이 소재

프랜차이즈 영화 시작편이라서
지루한 설명이 50페이지 더 붙어 있다.

트로피
보통 무게 / 금속 소재

하도 많이 보이니 점점 로지코의
마음속에서 가치가 내려간다.

골프 카트
무거움 / 금속 · 플라스틱 · 고무 소재

작은 타이어를 굴리며 길을 떠나거나
누군가를 치어 죽이기에 좋다.

경찰봉
보통 무게 / 금속 소재

무고한 사람들을 험하게
다룰 때 딱 좋은 도구.

비밀 지키기   급해서

 더 좋은 자리   도굴하기

단서

▶카퍼 경비원은 비밀 조직의 회원이다.

▶비밀을 지키고 싶었던 사람은 영화사 투어 접수대 바로 서쪽의 건물에 가지 않았다
(자료 D 참조).

▶논리탐정 로지코는, 다음 미팅 시간을 고려할 때 시뇨르 에메랄드는
분명 무척 마음이 급했을 것이라고 추론했다.

▶여기에서는 비밀 조직 회원만 경찰봉을 휴대할 수 있다.

▶프랜차이즈 영화 첫 편의 각본 한 페이지가 희생을 기리는 분수대 옆에서 발견되었다.

▶미국 편집자 길드 회원은 동쪽 주차장 부근에서 돌아다니는 모습이 목격되었다
(자료 D 참조).

▶더 좋은 자리를 갖고 싶었던 사람은 보통 무게의 무기를 들고 있었다.

진술

※범인은 거짓말을, 나머지는 진실을 말합니다.

▶**라벤더 경 :**

카퍼가 보안실에 있었지요.

▶**시뇨르 에메랄드 :**

라벤더 경이 골프 카트를 몰고 있었고.

▶**카퍼 경비원 :**

더 좋은 자리를 갖고 싶었던 사람은 주차장 B에 있었지.

▶**영화 편집자 펄 :**

카퍼가 도굴을 하고 싶어 하는 것 같던데요.

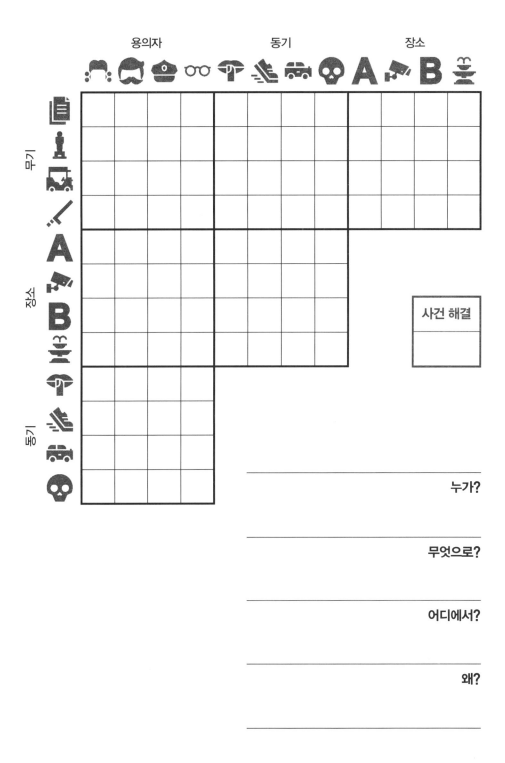

누가?

무엇으로?

어디에서?

왜?

84 | 죽음의 투어

주차를 마치고 나니 아직 꽤 여유 시간이 남아서, 로지코는 영화사 투어를 하며 시간을 죽이기로 했습니다. 하지만 죽은 것은 시간만이 아니었습니다. 투어 안내원도 누군가가 죽였습니다. 로지코는 바로 사건 해결에 들어갔습니다.

용의자

영화광 스모키

미드나이트 영화사 추리극의 촬영 장소는 전부 알지만,
친구를 사귀는 법은 모른다.

178cm / 왼손잡이 / 검은 눈 / 짙은 갈색 머리 / 처녀자리

라피스 수녀

세계를 다니며 신의 돈으로 신의 일을 하는 수녀.
캐시미어와 소비를 손에서 놓지 못한다.

157cm / 오른손잡이 / 밝은 갈색 눈 / 밝은 갈색 머리 / 게자리

카퍼 경비원

스튜디오 경비원은 사실 경찰이라고 할 수 없지만,
그래도 여전히 사람들에게 호통을 칠 수 있다.

165cm / 오른손잡이 / 파란 눈 / 금발 / 양자리

라즈베리 코치

어느 편에 있건,
미시시피강 이편에서 손꼽히는 유능한 코치.

183cm / 왼손잡이 / 파란 눈 / 금발 / 양자리

급수탑 바 앤 그릴
실내

탑 모양 유리잔에
음료를 담아 주는
테마 레스토랑.

미드나이트 1세 조각상
실외

미드나이트 영화사를 설립한
위인 미드나이트 1세의 조각상.

도시 장면 야외 촬영지
실외

도시가 배경인 장면을
촬영하는 곳이다.
실존하는 어느 도시보다도 깨끗하다.

투어 접수대
실외

관광객들이
영화사 투어 접수를 하는 곳.

무기

소화기
무거움 / 금속 소재

불이나 누군가의
온기를 끌 수 있다.

깃발
가벼움 / 폴리에스테르 소재

깃발은 다양한 위험을 가지고 있다.
이를테면, 사람의 목을 조를 수 있다.

골프 카트
무거움 / 금속 · 플라스틱 · 고무 소재

영화사 안을 돌아다니거나
사람을 치어 죽일 수 있다.

가짜 트로피
보통 무게 / 금속 소재

진짜가 여기저기 막 굴러다니는데
도대체 왜 가짜가 필요할까?

255

계약 재협상	업계 잠입
불륜 숨기기	유명인 만나기

단서

▶라피스 수녀는 항상 유명인을 만나고 싶어 했다.

▶골프 카트를 몰던 사람은 업계에 잠입할 생각이 없었다.

▶경비원은 어떻게든 불륜을 숨기려고 애쓰는 중이었다.

▶가짜 트로피가 영화사 창립자의 기념물 옆에 비스듬히 놓여 있었다.

▶계약을 재협상하고 싶었던 사람은 영화사 투어 접수대에 있었다.

▶저임금 노동에 시달리는 비서 한 사람이 로지코에게 전한 뒤죽박죽 메시지:

　을발깃 진가 은사람 명분 이오잡른손.

▶감시 카메라 영상을 확대해 보니 야외 도시 장면 촬영장에 있던 사람은 눈이 검은색이었다.

진술

※범인은 거짓말을, 나머지는 진실을 말합니다.

▶**영화광 스모키 :**

　왜! 카퍼가 가짜 트로피를 가져왔죠.

▶**라피스 수녀 :**

　처녀자리인 사람은 가짜 트로피를 가져오지 않았습니다.

▶**카퍼 경비원 :**

　나는 영화사 투어 접수대에 없었는데.

▶**라즈베리 코치 :**

　나는 가짜 트로피를 가져오지 않았어요.

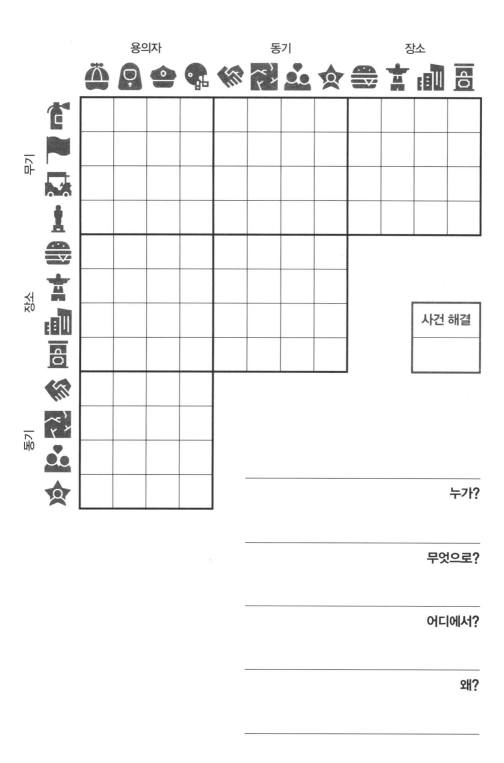

누가?

무엇으로?

어디에서?

왜?

85 | 조용한… 너무나 조용한 세트장 QQQQ

〈크라임 퍼즐: 더 무비〉의 촬영이 시작되었습니다. 영화사는 촬영 장소로 쓸 땅을 잔뜩 사들였으면서도 영화 전체를 영화사 내부의 방음 스튜디오에서 찍기로 했습니다. 하지만 특수 효과 감독이 살해되어서, 영화 촬영을 잠시 중단해야 했습니다.

용의자

차콜 두목

옛 시절의 갱 보스. 당시 갱 보스는
그래도 지금보다 의미가 있는 자리였다.

180cm / 오른손잡이 / 어두운 녹색 눈 / 검은 머리 / 황소자리

미드나이트 2세

미드나이트 영화사 CEO. 예술과 사업을 소중하게 여긴다.
굳이 비교하자면 사업 쪽을 조금 더.

188cm / 오른손잡이 / 검은 눈 / 검은 머리 / 염소자리

A급 배우 애벌로니

이번 달에 사상 최고의 재능과 인기로 이름 높은 여성 배우.

168cm / 오른손잡이 / 녹갈색 눈 / 붉은 머리 / 천칭자리

미드나이트 3세

초인 히어로들의 자리를 다음에 이어받을 주인공은 탐정이고,
차기 유망 장르는 추리극이라고 주장한다.

173cm / 왼손잡이 / 어두운 녹색 눈 / 짙은 갈색 머리 / 천칭자리

A

방음 스튜디오 A
실내

내부는 로지코가 이라티노를
붙잡은 신비한 동굴이다.

B

방음 스튜디오 B
실내

내부는 로지코의 사무실이다.
실제 사무실보다 어수선하다.

C

방음 스튜디오 C
실내

내부는 이라티노가 어린 시절을 보낸
집의 세트다.
실제 당시의 집보다 깔끔하다.

D

방음 스튜디오 D
실내

전체가 녹색 스크린이다.

소품용 나이프
가벼움 / 금속 · 고무 소재

이상하게도
진짜 나이프처럼 날카롭다.

샌드백
무거움 / 캔버스 소재

흔들거나 떨어뜨릴 수 있다.
어느 쪽이건 충분한 무게가 중요하다.

조명 스탠드
무거움 / 금속 소재

조명을 고정하는 용도로 쓴다.
두개골을 향해 휘두를 수도 있다.

전선
보통 무게 / 금속 · 고무 소재

감전, 목 조르기, 구타에 쓸 수 있다!
다목적 도구.

영화사 장악

 영화상 수상

배역 빼앗기

 졸작 영화에서 탈출

단서

▶졸작 영화에서 탈출하고 싶었던 사람은 무거운 무기를 가지고 있었다.

▶어둠의 윤기 교단에는 어두운 녹색 눈을 가진 사람만 가입할 수 있다.

▶두 번째로 키가 작은 용의자는 조명 스탠드를 가져오지 않았다.

▶어둠의 윤기 교단 단원이 북동쪽 방음 스튜디오에 있었다(자료 D 참조).

▶A급 배우 애벌로니는 녹색 벽에 둘러싸여 있었다.

▶차콜 두목이 소품용 나이프를 가지고 있었다.

▶어둠의 윤기 교단 단원이 배역을 빼앗고 싶어 했다.

▶미드나이트 영화사 사장은 영화상 수상자가 되고 싶었다.

▶영화사를 장악하려던 사람은 북서쪽 방음 스튜디오에 있었다(자료 D 참조).

진술

※범인은 거짓말을, 나머지는 진실을 말합니다.

▶**차콜 두목 :**

여기를 보게. 샌드백이 방음 스튜디오 D에 있었어.

▶**미드나이트 2세 :**

나는 방음 스튜디오 B에 없었는데.

▶**A급 배우 애벌로니 :**

제 에이전트랑 이야기하세요. 이건 사적으로 하는 말인데,

차콜 두목이 방음 스튜디오 A에 있었어요.

▶**미드나이트 3세 :**

본론으로 바로 들어가자면, 조명 스탠드를 가진 사람은 영화상을 받고 싶어 했어요.

용의자   동기   장소

무기

장소 A B C D

사건 해결

동기

누가?

무엇으로?

어디에서?

왜?

261

86 | 방음 스튜디오 B에서의 살인

로지코는 자기 사무실 세트에 발을 들인 순간 재현 상태가 너무 완벽해서 놀랐습니다. 심지어는 메소드 배우들이 자기 캐릭터에 너무나 몰입한 나머지 건물주 역의 배우를 죽이는 일까지 있었습니다.

용의자

우주인 블루스키

진짜 우주인 블루스키는 아니고,
자기를 그렇게 불러 달라고 주장하는 메소드 배우.

188cm / 왼손잡이 / 어두운 녹색 눈 / 검은 머리 / 양자리

커피 장군

이 사람도 그냥 배역을 맡은 배우이지만,
자기를 장군님이라고 불러 주지 않으면 그만두겠다고 했다.

183cm / 오른손잡이 / 어두운 녹색 눈 / 대머리 / 궁수자리

마술사 믹스달

영화의 여러 장면에 로지코의
조수 비슷한 캐릭터로 추가되었다.

168cm / 왼손잡이 / 녹색 눈 / 금발 / 양자리

크림슨 원장

의사를 연기하는 배우이지만,
실제로 은퇴하고 연기를 시작한 의사이기도 하다.

175cm / 왼손잡이 / 녹색 눈 / 붉은 머리 / 물병자리

옷장
실내

로지코의 의상이
전부 알파벳이 아닌 색상 기준으로
분류되어 있다!

대기실
실내

로지코의 대기실에 있는 것과
거의 같은 종, 그리고
기다리라는 팻말이 보인다.

사무실
실내

책상, 책장 가득한 소품 책, 그리고…
하늘이 보이는 창문이라니?
원래는 벽돌이 보여야 한다!

발코니
가짜 실외

로지코의 화재 비상구이지만,
하늘을 그린 그림에 막혀 있어서
사실 비상구로 쓸 수 없다.

소화기
무거움 / 금속 소재

불이나 누군가의
온기를 끌 수 있다.

붉은 청어
보통 무게 / 생물 소재

꼬리를 잡으면
꽤 강하게 휘두를 수 있다.

부비 트랩 페도라
보통 무게 / 검열 삭제 소재

무엇을 하건,
머리에 쓰지 말 것.

독이 든 병
가벼움 / 유리 소재

독이 든 평범한 병이다.
고전적인 방법을 무시하지 말 것.

실제로 가능한지 보려고   질투 때문에

🏆 영화상 수상   대사 분량 늘리기

단서

▶영화상을 받고 싶었던 사람은 대기실에서 기다리는 중이었다.

▶대머리인 사람은 자기가 실제로 할 수 있는지 보려고 살인을 실행할 생각이었다.

▶실제로 살인할 수 있는지 시도하려던 용의자는 부정한 빛의 길이라는 단체 소속이 아니었다.

▶녹색 눈인 용의자는 전원이 부정한 빛의 길 소속이다.

▶로지코가 보안 요원에게서 받은 뒤죽박죽 메시지: 인주우 루키스블가 화기소 함지소.

▶옷장에 있던 의상은 오른손잡이 용의자가 건드렸다.

▶로지코의 조수를 연기한 배우는 대사 분량을 늘리고 싶었다.

▶부비 트랩 페도라를 가진 사람은 질투 때문에 살인할 생각이었다.

진술

※범인은 거짓말을, 나머지는 진실을 말합니다.

▶**우주인 블루스키 :**

두 번째로 키가 작은 용의자는 옷장에 없었어요.

▶**커피 장군 :**

으… 대사 분량을 늘리려던 사람은 사무실에 있었지.

▶**마술사 믹스달 :**

붉은 머리의 용의자가 발코니에 있었어요.

▶**크림슨 원장 :**

의사 말을 믿어요. 붉은 청어가 옷장에 있었죠.

264

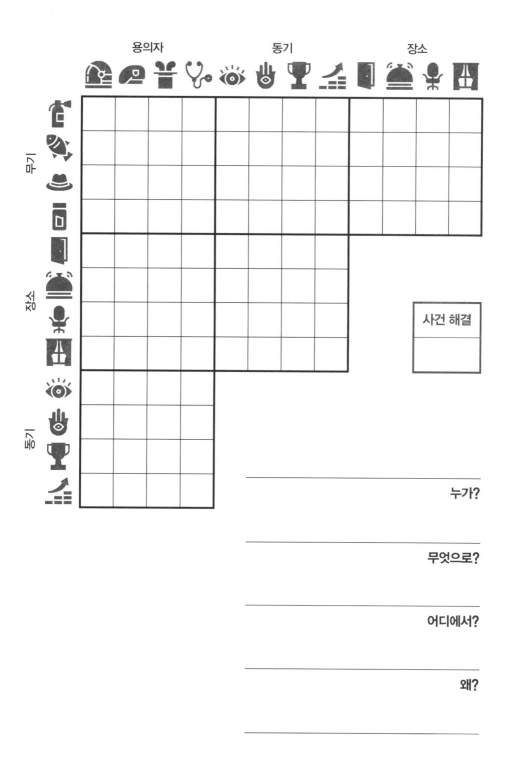

87 | 급수탑 바 앤 킬

논리탐정 로지코는 식욕이 돌아서 요기를 하러 급수탑 바 앤 그릴에 갔습니다. 음식은 맛이 없었습니다. 하지만 거기 있는 동안 살인 사건이 일어나서 그나마 할 일은 있었습니다. 죽은 사람은 바텐더였습니다.

용의자

배경의 마렝고

기억에 전혀 남지 않게 생겼다.
그래서 엑스트라로서도, 살인자로서도 아주 유리하다.

165cm / 왼손잡이 / 밝은 갈색 눈 / 짙은 갈색 머리 / 쌍둥이자리

미드나이트 3세

〈크라임 퍼즐: 더 무비〉의 촬영 장소를 알아보는 일에 열심이다.
그러면 미드나이트 영화사를 부흥시킬 수 있을 것이라고 생각한다.

173cm / 왼손잡이 / 어두운 녹색 눈 / 짙은 갈색 머리 / 천칭자리

더스티 감독

진정한 영화 장인. 오직 영화를 만드는 일만 중요하게 여긴다.
뭐가 어떻게 되더라도.

178cm / 왼손잡이 / 녹갈색 눈 / 대머리 / 물고기자리

에이전트 아가일

에이전트 잉크와 달리,
아가일은 따뜻한 마음이 없다. 아예 마음이랄 것이 없다.

193cm / 오른손잡이 / 밝은 갈색 눈 / 짙은 갈색 머리 / 처녀자리

바
실내

진짜 급수탑의 물로
음료를 희석한다.

뒤쪽 야외석
실외

급수탑의 멋진 모습과
지나가는 유명인들을
볼 수 있다.

그릴
실내

비용 절감을 위해
스테이크를
실온에서 굽는다.

화장실
실내

진짜 급수탑의
물을 사용한다

무기

포크
가벼움 / 금속 소재

잘 생각해 보면 나이프보다
훨씬 살벌하다.

와인병
보통 무게 / 유리 소재

얼룩 조심. 붉은색이
좀처럼 빠지지 않는다.

DVD 박스 세트
보통 무게 / 나무 소재

가보로 물려줄 수 있는 수준의
고급 박스 세트.

장미 조화
가벼움 / 플라스틱 소재

목을 조를 때 쓸 수 있을 만큼
플라스틱 줄기가 질기다.

267

졸작 영화에서 탈출 영화상 수상

 할리우드 장악 업계 잠입

단서

▶금속 무기에 밝은 갈색 눈이 비쳤다.

▶졸작 영화에서 탈출하고 싶었던 사람은 급수탑의 모습을 보며 초조해하고 있었다.

▶와인병을 가진 사람은 업계에 잠입할 생각이 없었다. 손에 와인이 있었으니까!

▶영화상을 받고 싶었던 사람은 오른손잡이였다.

▶더스티 감독은 화장실 근처를 돌아다니고 있었다.

▶장미 조화 꽃잎이 희석된 칵테일 옆에서 발견되었다. 영화 장면 같은 모습이었다.

▶미드나이트 3세는 DVD 박스 세트를 가져왔다(연구용이었을까, 살인용이었을까?).

진술

※범인은 거짓말을, 나머지는 진실을 말합니다.

▶배경의 마렝고 :

어우! 제가 포크를 가져왔어요.

▶미드나이트 3세 :

음, 와인병은 뒤쪽 야외석에 없었어요.

▶더스티 감독 :

에이전트 아가일도 뒤쪽 야외석에 없었는데.

▶에이전트 아가일 :

미드나이트 3세는 분명 바에 없었습니다.

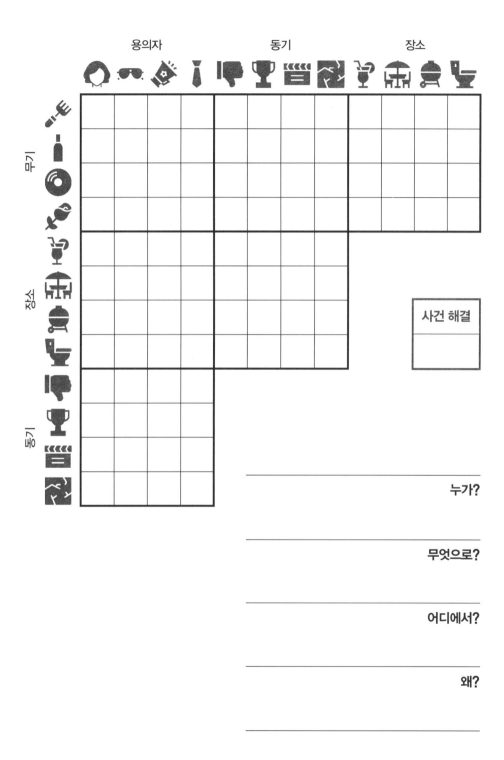

용의자　　　　　동기　　　　　장소

무기

장소

사건 해결

동기

누가?

무엇으로?

어디에서?

왜?

88 │ 가짜 저택에서의 진짜 살인

이라티노가 어린 시절을 보낸 집의 세트장에 발을 들이며, 로지코는 감당하기 어려운 슬픔에 짓눌렸습니다. 이라티노가 죽어서 없는 것도 힘들었지만, 배신으로 밀어진 것은 더 힘들었습니다. 게다가 이라티노 역을 맡은 배우가 죽은 것을 보니 마음이 더욱 복잡해졌습니다.

용의자

버밀리온 공작

솔직히 전설의 대스타 실버튼은
공작 역에 더 잘 어울렸을 것이다.

175cm / 왼손잡이 / 회색 눈 / 백발 / 물고기자리

옵시디언 부인

옵시디언 부인 역을 맡은 배우.
놀랍게도 옵시디언 부인과 똑같이 생겼다.

163cm / 왼손잡이 / 녹색 눈 / 검은 머리 / 사자자리

브라운스톤 수사

브라운스톤 수사의 이야기를 영화에서 대부분 잘라냈기 때문에,
지금은 평범하게 현명한 스승 같은 수도사로 나온다.

163cm / 왼손잡이 / 어두운 녹색 눈 / 짙은 갈색 머리 / 염소자리

점성학자 아주어

점성학자 아주어는 탐구 협회 사람들을
전부 섞어서 만든 듯한 캐릭터였다.

168cm / 오른손잡이 / 녹갈색 눈 / 밝은 갈색 머리 / 게자리

50칸 차고

실내

여기 있는 클래식 카는 전부 미드나이트
소품실에서 제작한 소품이다.

하인 구역

실내

매우 작고 좁다. 마치 스튜디오에서
일하는 사람들의 월급처럼.

발코니

가짜 실외

마당을 내려다볼 수 있다.
사실은 그냥 마당을
그려 놓은 그림이지만.

마당

가짜 실외

풀이 길고 튼튼하고 단정하고,
가짜다. 마치 이라티노 역을 맡은
배우의 머리카락처럼.

무기

몽롱해지는 회중시계

가벼움 / 금속 소재

이 시계를 잘 들여다보면
시간을 알 수 있다.

다우징 막대

보통 무게 / 나무 소재

이걸로 물, 기름, 호구를
찾을 수 있다.

수정 단검

보통 무게 / 금속 소재

제사 같은 곳에 쓰임새가
있을지도 모르지만,
여하튼 망토와 잘 어울린다.

독이 든 링크

가벼움 / 화학 물질 소재

동식물에서 얻은 약물 혼합액.
라벨을 보니 한 방울을 쓰면 모든 병이 낫고,
두 방울을 쓰면 죽는다고 한다.

도굴하기	오컬트 알리기
저택 털기	플롯 검증

단서

▶버밀리온 공작은 도굴을 하고 싶었다. 도굴은 아주 오래전부터 그가 꿈꾸던 일이었다.

▶대본에 누군가가 남긴 뒤죽박죽 관찰기:

학점자성 어주가아 해롱는지몽 계중회를시 가고지 있다었.

▶신성한 기름의 결사 회원이 차고에 있었다.

▶보통 무게의 무기를 가진 사람은 모두가 신성한 기름의 결사 회원이었다.

▶신성한 기름의 결사 회원 한 명은 플롯을 검증하고 싶어 했다.

▶다우징 막대가 아름답게 그린 가짜 땅 옆에서 발견되었다.

▶브라운스톤 수사는 수도원의 자기 방을 연상시키는 비좁은 곳에 몸을 구겨 넣고 있었다.

진술

※범인은 거짓말을, 나머지는 진실을 말합니다.

▶**버밀리온 공작 :**

사자자리인 사람이 다우징 막대를 가져왔어요.

▶**옵시디언 부인 :**

생각해 보니 나는 몽롱해지는 회중시계를 가져왔네요.

▶**브라운스톤 수사 :**

신의 이름을 걸고, 저택을 털려고 한 사람은 하인 구역에 있었습니다.

▶**점성학자 아주어 :**

옵시디언 부인은 독이 든 팅크를 가져오지 않았어요.

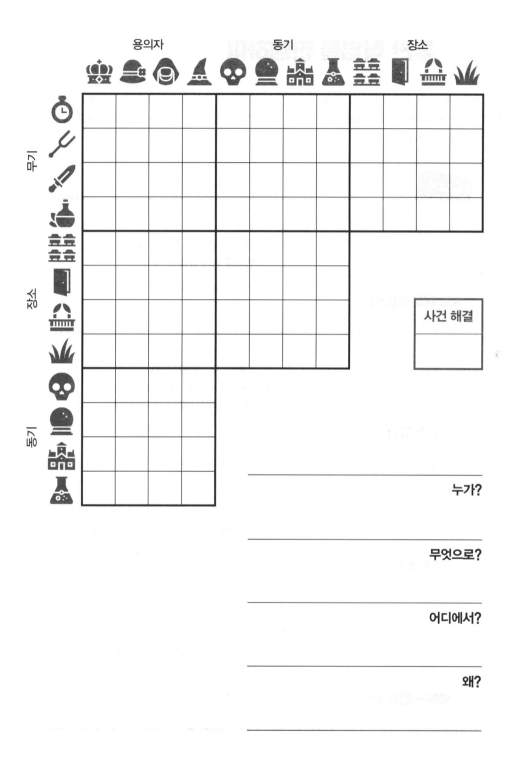

89 | 후반 작업을 진행하며

로지코는 영화 촬영을 마치는 것이 전체 작업의 초반부일 뿐이라는 점을 알고 경악했습니다. 영화 완성을 위해선 아직 편집, 음악, 사운드 믹스, 컬러 보정, 보조 편집자 살인 사건 해결이 더 남아 있었습니다.

용의자

A급 배우 애벌로니

A급 배우가 되면 종종 살인을 좀 해도
영화를 마저 끝낼 수 있다.

168cm / 오른손잡이 / 녹갈색 눈 / 붉은 머리 / 천칭자리

라벤더 경

보수적인 귀족원 의원.
뮤지컬 작곡가로서도 수많은 히트 작품을 남겼지만,
그중에서도 〈길고양이들〉이 독보적이다.

175cm / 오른손잡이 / 녹색 눈 / 반백 머리 / 처녀자리

더스티 감독

진정한 영화 장인. 명작을 만드는 것이 소원이다.
그 소원을 이루려면 살인을 해야 할지도 모른다.

178cm / 왼손잡이 / 녹갈색 눈 / 대머리 / 물고기자리

영화 편집자 펄

미국 편집자 길드 회원. 사상 최고라고 극찬을 받는 영화,
매출 기록이 높은 영화 몇 개를 편집했다.
그 둘이 겹치는 일은 없었지만.

165cm / 오른손잡이 / 파란 눈 / 금발 / 물병자리

274

급수탑
실외

유명하고 비어 있다.
마치 스타들의 머리처럼.

작곡 스튜디오
실내

영화의 음악을 만드는 곳이다.
보통은 여기에
오케스트라나 DJ가 있다.

후반 작업실
실내

무능한 감독들로부터
영화를 구해 내는 곳.

급수탑 바 앤 그릴
실내

탑 모양 유리잔에
음료를 담아 주는 테마 레스토랑.

무기

필름
가벼움 / 플라스틱 소재

공교롭게도, 이 필름에는
목 졸리는 남자의 모습이 찍혀 있다.

맹독성 복어
보통 무게 / 생물 소재

조심해서 준비하면
안전하게 먹을 수 있다.
더 조심해서 준비하면 살인에 쓸 수 있다.

골프 카트
무거움 / 금속 · 플라스틱 · 고무 소재

영화사 안을 돌아다니거나
사람을 치어 죽일 수 있다.

후시녹음용 마이크
보통 무게 / 금속 소재

더빙에 쓴다. 물론 누군가의
머리를 후려칠 수도 있다.

동기

 체면 유지

 정치적 목적

 아버지의 복수

 졸작 영화에서 탈출

단서

▶ 졸작 영화에서 탈출하고 싶었던 사람은 레스토랑에 없었다.

▶ 필름을 가진 사람은 아버지의 복수를 할 생각이었다.

▶ 가장 키가 큰 용의자는 후반 작업실에서 목격되었다.

▶ 맹독성 복어를 가진 사람은 체면을 지키고 싶어 했다.

▶ 라벤더 경이 골프 카트를 가져왔다.

진술

※범인은 거짓말을, 나머지는 진실을 말합니다.

▶A급 배우 애벌로니 :

제 에이전트랑 이야기하세요. 이건 사적으로 하는 말인데, 필름이 급수탑에 있었어요.

▶라벤더 경 :

체면 유지에 급급한 사람이 급수탑에 있었지요.

▶더스티 감독 :

진짜 너무 바빠요! 그런데 미국 편집자 길드 회원이라면 정치적인 목적으로

누군가를 죽이려고 했을걸요.

▶영화 편집자 펄 :

A급 배우 애벌로니가 필름을 가져온 걸 봤어요.

276

	용의자				동기				장소			

무기

장소

동기

사건 해결

_____

누가?

_____

무엇으로?

_____

어디에서?

_____

왜?

_____

90 | 에이전시에서의 죽음

논리탐정 로지코는 영화사에서 일어난 수많은 살인 때문에 마음이 좀 흔들렸습니다. 그래서 계약을 벗어날 방법을 알아보려고 블랙 타워 빌딩의 연예 에이전시로 갔습니다. 도착하고 보니 고객 한 명이 이미 살해된 후였습니다. 하지만 여러 해 전부터 수익성 좋은 영화를 만든 적이 없는 고객이었기 때문에 아무도 신경을 쓰지 않는 것 같았습니다.

용의자

에이전트 아가일

에이전트 잉크와 달리, 아가일은 따뜻한 마음이 없다.
아예 마음이랄 것이 없다.

193cm / 오른손잡이 / 밝은 갈색 눈 / 짙은 갈색 머리 / 처녀자리

셀러돈 장관

국방 장관. 이 사람 때문에 사회가 붕괴한 나라도 꽤 있다.
셀러돈 위기의 바로 그 셀러돈.

168cm / 왼손잡이 / 녹색 눈 / 밝은 갈색 머리 / 사자자리

미드나이트 2세

미드나이트 영화사 CEO. 예술과 사업을 소중하게 여긴다.
굳이 비교하자면 사업 쪽을 조금 더.

188cm / 오른손잡이 / 검은 눈 / 검은 머리 / 염소자리

핵 블랙스턴

할리우드 작가 중에서 최고 수준의 돈을 받지만
실력은 최저 수준이다.

183cm / 오른손잡이 / 밝은 갈색 눈 / 대머리 / 궁수자리

우편실
실내

신입들이 처음 배치되는 곳.
머리를 잘 굴리는 사람은 곧 경쟁자의
우편물을 열기 시작한다.

발코니
실내

여기에 서면
발 아래의 도시를
내려다볼 수 있다.

로비
실내

로비가 작가 에이전시
크기의 두 배다.
동굴 안처럼 목소리가 울린다.

최고의 사무실
실내

이달 최고의 실적을 올린 에이전트가
사용하는 사무실.
최저 성과자는 죽는다.

강철 나이프
보통 무게 / 금속 소재

남을 뒤에서 찌르고
고객을 빼앗을 때 쓴다.

트로피
보통 무게 / 금속 소재

그렇게까지 귀하지는 않은 게 분명한
할리우드 영화상 트로피.

가죽 장갑
가벼움 / 가죽 소재

가죽 장갑 낀 사람을 조심할 것.
그 아래에 무엇을 숨기고 있을까?!

1000페이지 계약서
무거움 / 종이 소재

서명 한 번에 권리와 목숨,
미래를 넘길 수 있다.

주장을 입증

목격자 제거

영화사 장악

종교적인 이유

단서

▶강철 나이프를 가진 사람은 주장을 입증하고 싶은 마음이 전혀 없었다.

▶셀러돈 장관은 검은 죽음의 교단 단원이었다.

▶동굴 같은 공간에서 소가죽 장갑이 발견되었다.

▶목격자를 제거하려고 한 사람은 발코니에 있었다.

▶검은 죽음의 교단 단원은 모두 종교적인 이유로 살인할 동기가 있다.

▶머리카락이 없는 사람은 서명 한 번으로 목숨을 넘길 수 있는 문서를 가지고 왔다.

▶용의자 한 명에 관한 종합 보고서가 정리된 후,

로지코에게 뒤죽박죽 끄적인 글씨로 급히 전달된 쪽지:

트에전이 이가아일 화영사를 고장하악려 서편함에우 피를로트 들고 다가있 격됨목.

진술

※범인은 거짓말을, 나머지는 진실을 말합니다.

▶에이전트 아가일 :

두꺼운 계약서는 로비에 없었습니다.

▶셀러돈 장관 :

핵 블랙스턴은 가죽 장갑을 가져오지 않았던데?

▶미드나이트 2세 :

사장으로서 말하는데, 셀러돈 장관은 사무실에 있었어요.

▶핵 블랙스턴 :

미드나이트 사장은 우편실에 없었어요.

사건 해결

누가?

무엇으로?

어디에서?

왜?

91 | 두 배의 사망 요금 청구서

로지코는 추천 받은 연예 전문 법무 회사로 차를 몰았습니다. 하지만 도착해서 로비의 크기를 보니 그곳은 감당하기 어려운 수준의 비싼 돈을 받을 것 같았습니다. 하지만 마침 변호사 한 명이 살해되어서, 로지코는 값을 할인해 주면 사건을 해결하겠다고 나섰습니다.

용의자

에이전트 아가일

에이전트 잉크와 달리, 아가일은 따뜻한 마음이 없다.
아예 마음이랄 것이 없다.

193cm / 오른손잡이 / 밝은 갈색 눈 / 짙은 갈색 머리 / 처녀자리

핵 블랙스턴

여기에서 자기 형제를 만나서 부끄러운 마음이다.
멋대로 성을 바꿨기 때문이다.

183cm / 오른손잡이 / 밝은 갈색 눈 / 대머리 / 궁수자리

파인 판사

법정의 주재자이며,
정의에 관한 신념을 스스로 정해 굳게 지킨다.

168cm / 오른손잡이 / 어두운 녹색 눈 / 검은 머리 / 황소자리

블랙스톤 변호사

변호사에게 가장 중요한 능력,
즉 원래 회사에서 살인을 저질러 해고되었을 때
다른 회사에 일자리를 잡는 능력이 출중하다.

183cm / 오른손잡이 / 검은 눈 / 검은 머리 / 전갈자리

파트너 사무실
실내

모든 세계 지도자와 파트너 변호사가
함께 찍은 사진들이 걸려 있다.
나쁜 지도자가 특히 많이 보인다.

기록 보관실
실내

함무라비 법전까지 거슬러 올라가는
고대의 법전들이 있다.
이것들은 박물관으로 보내야 한다.

휴게실
실내

풀타임 커피 바리스타,
냉장 보관실, 값을 따질 수 없는
고가의 와인이 가득 찬 분수대가 있다.

로비
실내

이 로비를 보고 나면
다른 법무 회사들의 로비가
중고차 매장 화장실처럼 보인다.

거대한 서류 더미
무거움 / 종이 소재

대부분은 〈크라임 퍼즐: 더 무비〉 촬영지를
사 들이는 것과 관련된 난해한 계약서다.

현금 자루
무거움 / 천·종이 소재

뇌물로 쓰거나 일반적인 부패를
저지르기에 딱 좋다.

황금 펜
가벼움 / 금속 소재

영국 헌법의 근거가 된 최초의 문서,
마그나 카르타의 서명에 사용된 펜이다.

골동품 시계
무거움 / 나무·금속 소재

똑딱똑딱.
시간은 우리를 천천히 죽인다.

⚔ 복수하려고	🏠 부동산 사기를 위해
😠 화풀이	% 지분 높이기

▶부동산 사기를 위해 살인을 저지를 만한 사람은 머리가 검은색이었다.

▶자기 지분을 높이고 싶었던 사람은 눈이 밝은 갈색이었다.

▶어느 비서가 재빨리 뒤죽박죽으로 끄적여서 로지코에게 준 쪽지:

로이풀화 을인살 지를저 은사람 록기 관실에보.

▶황금 펜을 가진 사람은 복수심에 불탔다.

▶궁수자리인 사람이 커피 바리스타와 수다를 떨고 있었다.

▶독재자의 사진 옆에서 희미하게 똑딱거리는 소리가 들렸다.

※범인은 거짓말을, 나머지는 진실을 말합니다.

▶에이전트 아가일 :

　조건은 이겁니다. 핵 블랙스턴이 현금 자루를 가져왔습니다.

▶핵 블랙스턴 :

　상상해 보세요. 거대한 서류 더미가 로비에 있었어요.

▶파인 판사 :

　법관으로서 보기에, 골동품 시계를 가진 사람이 자기 지분을 높이고 싶어 했어요.

▶블랙스톤 변호사 :

　진술은 지금 하고 청구서는 나중에 드리겠습니다.

　파인 판사가 거대한 서류 더미를 가지고 왔습니다.

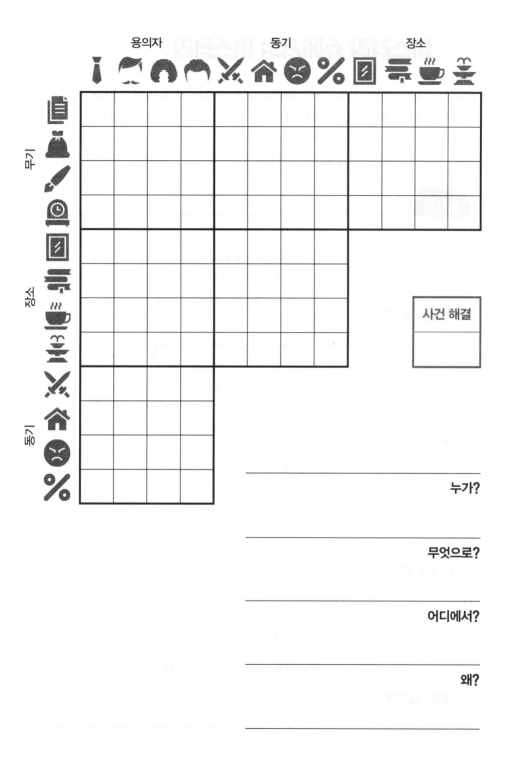

사건 해결

누가?

무엇으로?

어디에서?

왜?

논리탐정 로지코는 자기를 도울 수 있는 유일한 사람인 신비탐정 이라티노에게 전화를 걸어 할리우드에서 어떻게 빠져나왔는지 물어보았습니다. 이라티노는 말했습니다. "진정하고 이 주소로 가 봐요." 도착해 보니, 그곳은 할리우드 미스터리 쇼를 공연하는 작은 극장이었습니다. 로지코는 역시 전문가답게 마지막 장이 오기 훨씬 전에 범인을 알아낼 수 있었습니다.

용의자

조수 애플그린

종교 공동체를 떠나서 다시 아버지의 자랑이 되었지만,
곧 다시 할리우드로 떠났다….

160cm / 왼손잡이 / 파란 눈 / 금발 / 처녀자리

배경의 마렝고

기억에 전혀 남지 않게 생겼다.
그래서 엑스트라로서도, 살인자로서도 아주 유리하다.

165cm / 왼손잡이 / 밝은 갈색 눈 / 짙은 갈색 머리 / 쌍둥이자리

영화광 스모키

미드나이트 영화사 추리극의 촬영 장소는 전부 알지만,
친구를 사귀는 법은 모른다.

178cm / 왼손잡이 / 검은 눈 / 짙은 갈색 머리 / 처녀자리

미스 사프론

매력이 넘치지만 머리는 비어 보인다.
아니면 그렇게 보이려는 것일지도 모른다.
아니면 그렇게 보이려고 하는 것처럼 보이는 것일지도 모른다.

157cm / 왼손잡이 / 녹갈색 눈 / 금발 / 천칭자리

객석
실내

관객들이 시끄럽다.
계속 소리를 지르고 야유를 퍼붓는데,
아무래도 그게 주목적인 것 같다.

조명실
실내

다이얼과 스위치가 가득 찬
조그맣고 빽빽한 부스에서 사람 한 명이
모든 조명을 다 조절하고 있다.

무대
실내

한쪽에서는 음악가가 키보드를 연주한다.
다른 쪽에서는 접객원이 술을 나르며
스태프와 잡담을 한다.

대기실
실내

그린 룸이라고도 한다. 배우들이 분장과
마약을 하는 곳. 파란색 전구 하나만 켜져 있어서
블루 룸이라고 하는 편이 나을 듯.

휴대용 위스키 술병
보통 무게 / 금속 소재

장기적인 영향을 감안한다면 아마도
이 책에서 가장 위험한 무기일 것이다.

장미 조화
가벼움 / 플라스틱 소재

목을 조를 때 쓸 수 있을 만큼
플라스틱 줄기가 질기다.

소품용 나이프
가벼움 / 금속 · 고무 소재

이상하게도 진짜 나이프처럼 날카롭다.
어, 잠깐….

유령 전구
무거움 / 금속 · 유리 소재

극장에는 항상 전구를 하나는 켜 놓아야
한다는 미신이 있다. 이게 바로 그 전구다.

동기

업계를 위하여	쇼를 위하여
👉 주의를 돌리려고	오컬트 알리기

단서

▶유령 전구가 파란 불빛 아래에서 발견되었다.

▶소품용 나이프는 무대에 있던 적이 없다. 소품이라는 점을 생각하면 참 애통한 일이다.

▶사프론은 가벼운 무기를 가지고 있었다.

▶두 번째로 키가 큰 용의자는 유일하게 할리우드 미스터리 모임 회원이 아닌 사람이었다.

▶위스키를 가진 사람은 주의를 분산시키려고 했다.

▶오컬트를 알리고 싶었던 사람은 머리가 짙은 갈색이었다.

▶할리우드 미스터리 모임 회원은 절대 다이얼 근처에 가서는 안 된다.

▶업계를 위해 살인을 하려던 사람은 객석에 있었다.

진술

※범인은 거짓말을, 나머지는 진실을 말합니다.

▶조수 애플그린 :

　　저는 이 점을 말하고 싶습니다. 가장 키가 큰 용의자는 무대에 있었어요.

▶배경의 마렝고 :

　　어우! 제가 위스키를 가져왔어요.

▶영화광 스모키 :

　　저는 유령 전구를 가져오지 않았어요.

▶미스 사프론 :

　　제가 아는 거요? 음, 조수 애플그린이 객석에 있었는데.

288

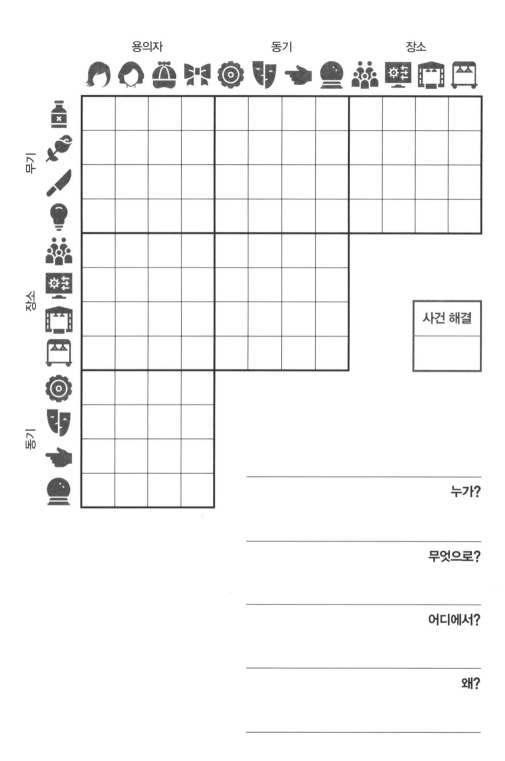

용의자   동기   장소

무기

장소

동기

사건 해결

_____ 누가?

_____ 무엇으로?

_____ 어디에서?

_____ 왜?

_____

93 | 마술 가게에서의 죽음

구석에 몰린 로지코는 영화 마술을 다루는 대형 상점인 할리우드 미스터리 상점에 갔습니다. 그곳에는 영화계에서 성공하는 데 필요한 모든 것이 있었습니다. 마법서, 마법 가루, 조명 장치, 죽은 점원… 가만, 이라티노는 도대체 왜 로지코를 이 사람들한테 보냈을까요?

용의자

아주어 주교

근처 교회의 주교. 친구와 적 모두를 위해 기도한다.
당연히도 비는 내용은 다르지만….

163cm / 오른손잡이 / 밝은 갈색 눈 / 짙은 갈색 머리 / 쌍둥이자리

더스티 감독

진정한 영화 장인. 명작을 만드는 것이 소원이다.
그 소원을 이루려면 살인을 해야 할지도 모른다.

178cm / 왼손잡이 / 녹갈색 눈 / 대머리 / 물고기자리

샴페인 동무

부유한 공산주의자.
세계 곳곳에서 최고의 발포 와인을 마시며
공산주의 메시지를 전하는 것이 최고의 기쁨이다.

180cm / 왼손잡이 / 녹갈색 눈 / 금발 / 염소자리

미드나이트 삼촌

아버지가 사망하자 사막에 수영장 딸린 저택을 사서 은퇴했다.
당시 나이가 17세였다.

173cm / 왼손잡이 / 파란 눈 / 짙은 갈색 머리 / 궁수자리

비밀 방
실내

마법 의식과 사진 촬영에
사용되는 비밀 방.

후문 사무실
실내

상점 주인인
할리우드 미스터리 작가가
대부분의 집필 작업을 하는 곳.

정문 현관
실외

"마법 미스터리에 필요한 모든 것"을
판다는 내용의
매력적인 팻말이 있다.

매장
실내

온갖 마술용품,
미스터리 소설 등을
살 수 있다.

수정구
무거움 / 수정 소재

들여다보면 미래가 보인다.
미래에 그 수정구가 될 사람에게는.

트로피
보통 무게 / 금속 소재

할리우드 전체에서 가장 흔한 물건들 중
하나일 것 같다.

지팡이칼
보통 무게 / 금속 소재

평범한 지팡이처럼 보이지만,
날카로운 날이 잘 숨어 있다.

저주 받은 단검
보통 무게 / 금속 소재

어느 공작부인이 이 단검으로
자살하면서 저주를 걸었다.

	수정 훔치기		오컬트 알리기
	업계를 위하여		각본 판매

단서

▶두 번째로 키가 작은 용의자는 검은 소 교단 소속이었다.

▶매장에 있던 사람은 오른손잡이였다.

▶수정을 훔치고 싶었던 사람은 후문 사무실에 있었다.

▶고귀한 검은 비 교단 신도가 저주 받은 단검을 가져왔다.

▶피해자가 죽기 직전 떨리는 손으로 뒤죽박죽 적은 글: 를로피트 쥔 은람사 른잡이오손.

▶더스티 감독은 전에 사진 촬영에 썼던 방에 들어가 있었다.

▶지팡이칼을 가진 사람은 업계를 위해 사람을 죽일 마음이었다.

▶검은 소 교단 사람은 경쟁 조직인 고귀한 검은 비 교단에 결코 들어가지 않는다.

▶탐구 협회에서 로지코에게 보낸 암호 메시지(자료 B 참조) :

♑♎♅♒♌☉ △♈♂ △☉ △♋

진술

※범인은 거짓말을, 나머지는 진실을 말합니다.

▶아주어 주교 :

　저주 받은 단검을 가진 사람이 각본을 팔고 싶어 했어요.

▶더스티 감독 :

　나는 사무실에 없었는데.

▶샴페인 동무 :

　나는 매장에 없었지.

▶미드나이트 삼촌 :

　그래, 더스티 감독이 비밀 방에 있었지.

292

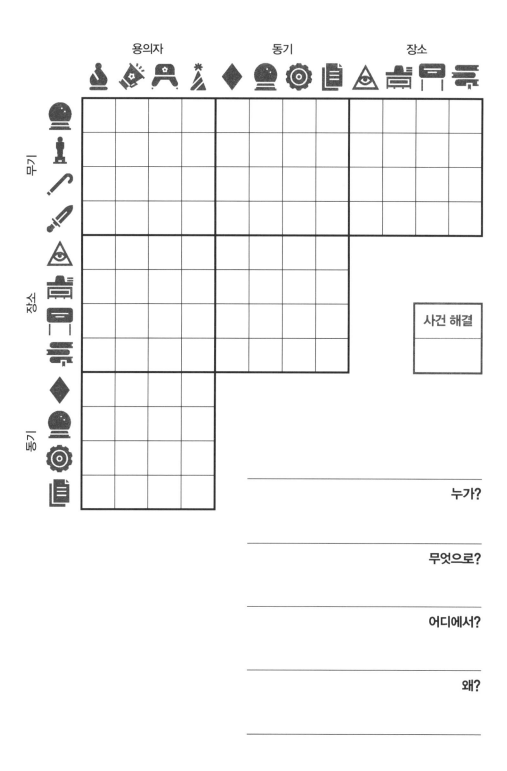

94 | 마법 의식에서 벌어진 일

바로 다음 순간, 할리우드 미스터리 모임 회원 다섯 명이 로지코를 뒤쪽의 비밀 방으로 데려갔습니다. 그리고 불을 전부 끄더니 노래하고 춤추며 마법 의식 같은 것을 하는데… 갑자기 비명 소리가 들렸습니다! 다시 불을 켜자, 한 사람이 죽어 있었습니다.

용의자

배경의 마렝고

기억에 전혀 남지 않게 생겼다.
그래서 엑스트라로서도, 살인자로서도 아주 유리하다.

165cm / 왼손잡이 / 밝은 갈색 눈 / 짙은 갈색 머리 / 쌍둥이자리

영화광 스모키

미드나이트 영화사 추리극의 촬영 장소는 전부 알지만,
친구를 사귀는 법은 모른다.

178cm / 왼손잡이 / 검은 눈 / 짙은 갈색 머리 / 처녀자리

조수 애플그린

언젠가는 다시 아버지의 자랑이 될 수도 있다.
아니면 누군가를 죽이거나.

160cm / 왼손잡이 / 파란 눈 / 금발 / 처녀자리

Mx. 랜저린

성별 이분법에 들어가지 않는 사람도
얼마든지 살인자가 될 수 있다는 것을 몸소 입증하고 있다.
미술가이자 시인이자 용의자.

165cm / 왼손잡이 / 녹갈색 눈 / 금발 / 물고기자리

장소

화장실
실내

의식용 비밀 방에도
화장실은 필요하다.
건축 규정에 그렇게 되어 있다.

비밀 문
실내

할리우드 미스터리 상점의
책장 뒤편이다.
책을 잘 찾아서 당기면 된다.

의식 장소
실내

바닥에 오컬트적인 의미에 맞게
복잡한 구조의 선과 원들이
배열되어 있다.

제단
실내

제사장이 서서
의식을 주관하는 곳.

무기

와인병
보통 무게 / 유리 소재

얼룩 조심. 붉은색이
좀처럼 빠지지 않는다.

장미 깃발
가벼움 / 캔버스 소재

검은 배경에 빨간색 장미가
그려진 깃발이다.

트로피
보통 무게 / 금속 소재

이 사람들이 의식에 사용한다.
뭔가 힘이 있는 모양이다.

무거운 양초
무거움 / 왁스 소재

무겁지만, 방의 분위기를
가볍게 만들어 준다.

동기

 이상한 기운 때문에   업계를 위하여

 걸작 만들기   할리우드 장악

단서

▶업계를 위해서 살인을 하려던 사람 비밀 문에 있었거나.

  그게 아니면 트로피가 비밀 문에 있었다.

▶장미 깃발을 가진 용의자는 할리우드를 장악할 생각이었다.

▶화장실에서 빨간 얼룩이 발견되었다.

▶장미와 열쇠 교단 신도만이 걸작을 만들고 싶어 한다.

▶한 회원이 급히 뒤죽박죽 갈겨쓴 메시지: 한이상 운기 문에때 려이죽던 람사은 리녀처자.

▶배경의 마렝고는 바닥의 기호에 발을 들이지 않았다.

▶제단에서 왁스 자국이 발견되었다.

▶조수 애플그린은 장미와 열쇠 교단 소속이 아니었다.

진술

※범인은 거짓말을, 나머지는 진실을 말합니다.

▶배경의 마렝고 :

  어우! 영화광 스모키가 와인병을 가져왔죠.

▶영화광 스모키 :

  왜! 와인병이 화장실에 있었어요.

▶조수 애플그린 :

  간단하게 말해서, 제가 깃발을 가져왔어요.

▶Mx. 탠저린 :

  와인병을 가진 사람은 기운이 이상하다는 이유로 살인도 충분히 할 것 같았어요.

296

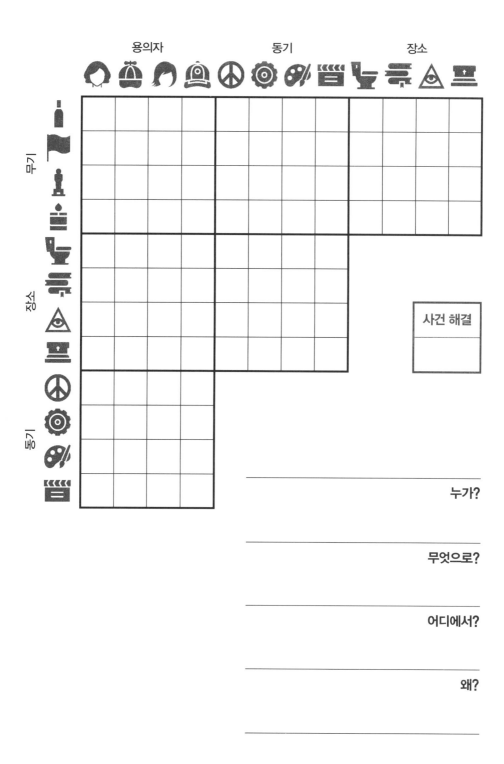

용의자　　　동기　　　장소

무기

장소

동기

사건 해결

누가?

무엇으로?

어디에서?

왜?

95 | 자유 언론의 대가는 죽음

진실을 알기 위해 논리탐정 로지코는 가택 연금 중인 신비탐정 이라티노를 몰래 빼내서 할리우드로 데려갔습니다. 그리고 로지코의 아파트에서 함께 축하를 한 후, 업계 소식을 전하는 할리우드 지역의 신문사로 가 외쳤습니다. "미드나이트 영화사가 세계적인 음모에 연루되었어요!" 국장이 처음으로 한 말은 증거가 필요하다는 것이었습니다. 그다음으로 한 말은 수습기자가 방금 피살되었다는 것이었습니다.

용의자

편집자 아이보리

알고 보니, 살인자가 되면 로맨스 장르의 고용 기회가 줄어든다. 하지만 할리우드 산업의 고용 기회는 전혀 줄지 않는다.

168cm / 왼손잡이 / 밝은 갈색 눈 / 반백 머리 / 전갈자리

부키상 수상자 게인스

흙에 관한 6000페이지짜리 책만으로는 생활이 되지 않아 기자 겸업을 시작했다. 그 직업으로도 생활은 되지 않는다.

183cm / 왼손잡이 / 녹갈색 눈 / 밝은 갈색 머리 / 쌍둥이자리

핵 블랙스턴

신문사 안의 어떤 사람보다도 호화롭게 차려입었다. 여기에는 특집 인터뷰 때문에 왔다.

183cm / 오른손잡이 / 밝은 갈색 눈 / 대머리 / 궁수자리

샴페인 동무

샴페인 동무는 직원들을 단합시켜 언론을 장악할 수 있을지 보려고 여기에 왔다.

180cm / 왼손잡이 / 녹갈색 눈 / 금발 / 염소자리

개방형 사무실
실내

모든 작가들이
글과 새 은어들을
짜내는 곳.

인쇄실
실내

톱니바퀴와
벨트와 롤러로 된
거대한 기계가 있다.

발코니
실외

내려다보지 말 것!
무서울 뿐만 아니라.
누군가가 밀칠 위험도 있다.

지붕
실외

1970년대에는
여기에 헬리콥터 착륙장이 있었다.
지금은 관절염 약 광고판이 있다.

무기

봉투칼
가벼움 / 금속 소재

편지 봉투를 거칠게 찢어서 열고 싶지 않은
사람들이 쓰는 날카로운 칼.

노트북 컴퓨터
보통 무게 / 금속 · 전기 소재

업무용 기계. 일을 방해하는
세상의 모든 것과도 연결되어 있다.

대리석 흉상
무거움 / 대리석 소재

유명한 기자의 흉상.
올려다보면 실망스러운 모습이 보인다.

프린터
무거움 / 플라스틱 소재

50세가 넘었다면
이런 기계를 사용할 것이다.

동기

🖐	권력 장악	😠	화풀이
🚫	혁명 저지	✉	협박에서 벗어나기

단서

▶ 권력을 장악하고 싶었던 사람은 왼손잡이였다.

▶ 흙에 관한 책을 쓴 작가는 기름을 바른 사람들이라는 단체의 회원이 아니다.

▶ 봉투칼이 벨트와 톱니바퀴 사이에 끼여서 갈리는 듯한 소리를 내고 있었다.

▶ 부키상 수상자 게인스와 키가 같은 사람은 노트북 컴퓨터를 가지고 있었다.

▶ 기름을 바른 사람들의 회원 한 명이 지붕에 있었다.

▶ 한 인턴 사원이 로지코에게 전한 뒤죽박죽 메시지:

　터를린프 가진 의가용자 을혁명 지하저려 함.

▶ 화풀이로 살인을 저지를 만한 사람은 발코니에서 그 생각을 하고 있었다.

▶ 협박에서 벗어나고 싶었던 용의자는 실내에서 목격되었다.

진술

※범인은 거짓말을, 나머지는 진실을 말합니다.

▶ **편집자 아이보리 :**

　흠, 나는 인쇄기 옆에 있었어요.

▶ **부키상 수상자 게인스 :**

　나는 부키상이 있으니까 내 말을 들어요. 대리석 흉상이 발코니에 있었어요.

▶ **핵 블랙스턴 :**

　부키상 수상자 게인스가 봉투칼을 가져왔어요.

▶ **샴페인 동무 :**

　내 말을 들어요, 노동자 동지. 내가 대리석 흉상을 가져왔어요.

300

	용의자				동기				장소			
무기												
장소												
동기												

사건 해결

누가?

무엇으로?

어디에서?

왜?

96 | 잠입 수사? 침입 수사!

논리탐정 로지코와 신비탐정 이라티노는 거짓말이라는 고전적인 방법으로 영화사에 침투했습니다. 기술자 옷으로 위장하고 가짜 콧수염을 붙인 후 그냥 걸어 들어가기만 하면 끝이었습니다. 그러다 결국 몰래 들어오기가 그렇게나 쉬웠던 이유를 알아냈습니다. 경비원이 죽었기 때문이었습니다.

용의자

미드나이트 3세

아버지가 영화 제작과 돈벌이 사이에서
신경을 분산하기 때문에 영화사가 잘 안 된다고 생각한다.

173cm / 왼손잡이 / 어두운 녹색 눈 / 짙은 갈색 머리 / 천칭자리

셀러돈 장관

국방 장관. 전쟁 범죄도 꽤 저질렀다.
셀러돈 학살의 바로 그 셀러돈.

168cm / 왼손잡이 / 녹색 눈 / 밝은 갈색 머리 / 사자자리

미드나이트 2세

미드나이트 영화사 CEO.
예술과 사업을 소중하게 여긴다.
굳이 비교하자면 사업 쪽을 조금 더.

188cm / 오른손잡이 / 검은 눈 / 검은 머리 / 염소자리

책임 프로듀서 스틸

할리우드에서 제일 부유하고,
영리하고, 성격 나쁜 프로듀서. 일단 지금은.

168cm / 오른손잡이 / 회색 눈 / 백발 / 양자리

럭셔리 시네마
실내

감독할 능력은 없지만 여하튼 의견은
낼 수 있는 임원들을 앞에 두고
영화를 상영하는 곳.

방갈로
실내

영화사에서 호텔 비용을
지출할 필요가 없도록, 영화 작업을
진행하는 동안 출연진이 생활하는 곳.

소품실
실내

Prop Shop.
가짜 나이프, 가짜 자동차, 가짜 눈물을
전부 여기에서 만든다.

폐쇄된 스튜디오
실내

아무도 안에 무엇이 있는지 모른다.
오래전부터 계속 잠겨 있었다.

무기

살인 타로 덱
가벼움 / 종이 소재

살인 테마의 타로 카드로
미래를 점칠 수 있다.

트로피
보통 무게 / 금속 소재

여기까지 오자 로지코는 이걸 문진으로
쓸 수 있겠다고 생각했다.

조명 스탠드
무거움 / 금속 소재

조명을 고정하는 용도로 쓴다.
두개골을 향해 휘두를 수도 있다.

돋보기
보통 무게 / 금속 · 유리 소재

단서를 찾거나
누군가의 머리를 때릴 수 있다.

동기

정당하게 인정 받기	영화 홍보
복수하려고	할리우드 장악

단서

▶ 영화를 홍보하고 싶었던 사람은 방갈로에 있었다.

▶ 럭셔리 시네마 바로 북쪽의 건물에서 점술용 카드가 발견되었다(자료 D 참조).

▶ 묻힌 예술인의 결사에 속한 사람은 모두가 정당한 인정을 받고 싶어 한다.

▶ 분석가들이 미드나이트 3세의 옷에서 금속 소재 무기의 흔적을 찾아냈다.

▶ 경비원의 서류에서 발견된 뒤죽박죽 메시지: 기돈보 이인주 우를리할드 고악하장려 함.

▶ 염소자리인 사람이 조명 스탠드를 가지고 있었다. 조명 스탠드는 염소자리와 잘 어울린다.

▶ 트로피를 가진 사람은 모두 묻힌 예술인의 결사에 가입했다.

▶ 영화사 투어 접수대 바로 동쪽의 건물에 있었던 사람은 오른손잡이였다(자료 D 참조).

진술

※범인은 거짓말을, 나머지는 진실을 말합니다.

▶ **미드나이트 3세 :**

나는 럭셔리 시네마에 가지 않았어요.

▶ **셀러돈 장관 :**

돋보기는 잠긴 스튜디오에 있었지.

▶ **미드나이트 2세 :**

미드나이트 3세는 돋보기를 가져오지 않았어요.

▶ **책임 프로듀서 스틸 :**

사실 나는 할리우드를 장악하고 싶었어요.

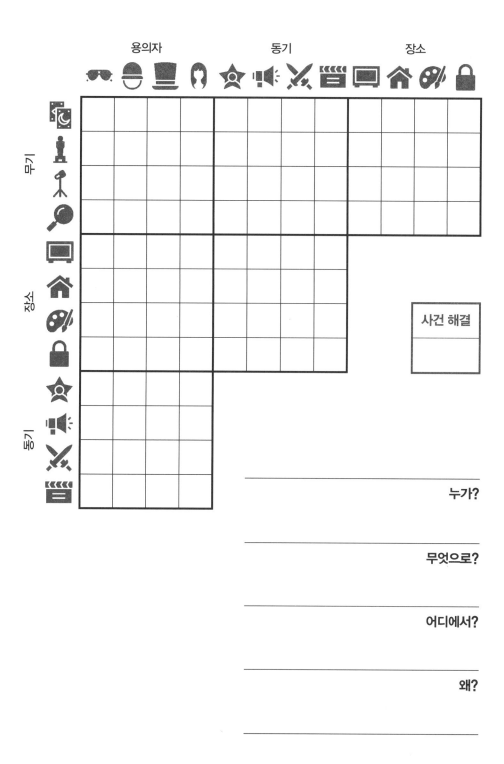

97 | 방갈로의 도덕성

영화사 안에서 살인 사건 하나를 해결해 낸 논리탐정 로지코와 신비탐정 이라티노는 조사를 계속하기로 했습니다. 그들은 방갈로 구역에 가서 임시로 지내는 사람들에게 유적에 대해 물어보기로 했습니다. 다만 여기에 들어온 핑계는 생각해 내지 못했는데, 마침 두 사람이 도착할 무렵 엑스트라 한 명이 살해되었습니다.

용의자

핵 블랙스턴

할리우드 작가 중에서 최고 수준의 돈을 받지만
실력은 최저 수준이다.

183cm / 오른손잡이 / 밝은 갈색 눈 / 대머리 / 궁수자리

전설의 대스타 실버튼

할리우드 영화의 황금기를 살았고,
지금은 황혼기를 살아가는 대배우.

193cm / 오른손잡이 / 파란 눈 / 은발 / 사자자리

A급 배우 애벌로니

이번 달에 사상 최고의 재능과 인기로
이름 높은 여성 배우.

168cm / 오른손잡이 / 녹갈색 눈 / 붉은 머리 / 천칭자리

미드나이트 삼촌

아버지가 사망하자
사막에 수영장 딸린 저택을 사서 은퇴했다.
당시 나이가 17세였다.

173cm / 왼손잡이 / 파란 눈 / 짙은 갈색 머리 / 궁수자리

1

방갈로 1
실내

신인 작가가 쓰는 곳.
침실, 주방, 욕실이 있지만
그 세 개가 전부 같은 방이다.

2

방갈로 2
실내

방갈로 2로 업그레이드를
받는 것은 성공의 지표다.
대형 냉장고라니, 우왜!

3

방갈로 3
실내

스타를 위한 방갈로.
단독 발코니가 있고
샤워기 헤드가 두 개다.

4

방갈로 4
실내

아무도 쓴 적이 없는 호화 방갈로.
스타들도 분수를 알 필요가 있음을
강조하는 역할을 한다.

무기

골동품 타자기
무거움 / 금속 소재

할리우드의 신석기 시대에 해당하는
1920년대의 물건.

트로피
보통 무게 / 금속 소재

퍼즐북 원작 최우수 영화상 트로피다.
너무나 소중하고 귀하다.

육중한 각본
무거움 / 종이 소재

프랜차이즈 영화 시작편이라서
지루한 설명이 50페이지 더 붙어 있다.

만년필
가벼움 / 금속 소재

서명을 하거나 목을 찌를 수 있다.
아쉽게도 잉크가 샌다.

돈 때문에

 복수하려고

 소중한 책 훔치기

 영화상 수상

단서

▶육중한 각본을 가진 사람은 돈 때문에 살인할 생각이 없었다.

▶원룸 방갈로에서 잉크 얼룩이 발견되었다.

▶한 기자가 다음 글자 암호로 써서 로지코에게 전한 힌트:

빗슐 민혀 븥슉 비딜슉 셔둑벽임스히 시그니.

▶미드나이트 삼촌은 대형 냉장고 옆에 있었다.

▶A급 배우 애벌로니가 헤드 두 개짜리 샤워기를 쓰고 있었거나,

그게 아니면 A급 배우 애벌로니가 골동품 타자기를 가져왔다.

▶복수를 하고 싶었던 사람은 방갈로 4에 있었다.

진술

※범인은 거짓말을, 나머지는 진실을 말합니다.

▶핵 블랙스턴 :

상상해 봐요. 나는 방갈로 4에 있었어요.

▶전설의 대스타 실버튼 :

어떤 일인지 말하자면, 골동품 타자기가 방갈로 2에 있었어요.

▶A급 배우 애벌로니 :

제 에이전트랑 이야기하세요. 이건 사적으로 하는 말인데,

전설의 대스타 실버튼이 골동품 타자기를 가져왔어요.

▶미드나이트 삼촌 :

흠, 육중한 각본이 방갈로 3에 있던데.

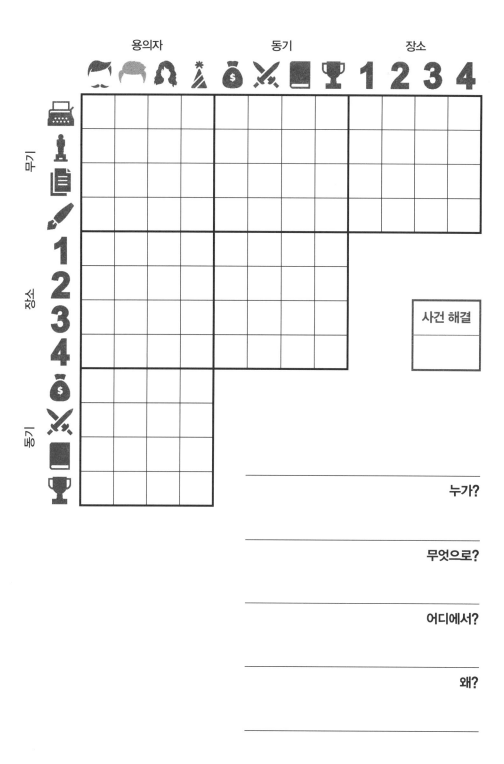

누가?

무엇으로?

어디에서?

왜?

98 | 공포의 스튜디오

옵시디언 부인은 두 사람을 영화사 서쪽 가장자리에 있는 수수께끼의 방음 스튜디오로 데려갔습니다. 잠긴 문 밖에서는 미국 편집자 길드 회원인 펄이 미드나이트 3세와 영화의 엔딩을 두고 말다툼을 벌이고 있었습니다. 하지만 옵시디언 부인이 열쇠를 들어 보이자, 두 사람 다 충격을 받은 것 같았습니다. 펄이 말했습니다. "몇 년 동안 아무도 잠긴 방음 스튜디오 안은 본 적이 없어요." 미드나이트 3세가 대답했습니다. "이제는 볼 때도 된 것 같은데요. 아버지가 무슨 일을 꾸미고 있는지 보러 갑시다." 옵시디언 부인이 문을 열자 다들 살금살금 안으로 들어갔습니다. 하지만 그들이 어둠에 완전히 둘러싸이자 기다렸다는 듯이 비명이 들렸습니다. 누군가가 또! 이라티노를 죽였습니다!

용의자

영화 편집자 펄

미국 편집자 길드 회원.
사상 최고라고 극찬을 받는 영화, 매출 기록이 높은 영화
몇 개를 편집했다. 그 둘이 겹치는 일은 없었지만.

165cm / 오른손잡이 / 파란 눈 / 금발 / 물병자리

카퍼 경비원

미드나이트 영화사 안에서 살해되지 않고
살아남은 유일한 경비원.

165cm / 오른손잡이 / 파란 눈 / 금발 / 양자리

옵시디언 부인

수많은 사람을 죽인 살인범. 하지만 살인으로
처벌 받은 사람이 아무도 없는 것 같은데
이 사람만 벌을 받아야 할 이유도 없지 않을까?

163cm / 왼손잡이 / 녹색 눈 / 검은 머리 / 사자자리

미드나이트 3세

〈크라임 퍼즐: 더 무비〉가 영화사에
과거의 영광을 되찾아 줄 것이라고 믿는다.

173cm / 왼손잡이 / 어두운 녹색 눈 / 짙은 갈색 머리 / 천칭자리

방수포
실내

창고 공간 한가운데의
거대한 물건을 덮고 있다.

대형 탱크
실내

정제하지 않은
석유를 보관하는 곳.

거대한 기계
실내

정유 장치나 분류 탱크일까,
아니면 뭔가 다른 기계일까?

펌프잭
실내

밤낮 없이 영화사 지하에서
석유를 뽑아내고 있다.

무기

석유 드럼통
무거움 / 금속 소재

이름은 드럼이지만 그냥 거대한 캔 같다.
석유 드럼통 솔로 연주를
선보이는 밴드는 본 적이 없다.

나이프
보통 무게 / 금속 소재

다양한 용도로 쓸 수 있다.
채소를 자르거나,
살인을 하거나….

철근
보통 무게 / 금속 소재

긴 모양의 금속.
이보다 더 무기 같을 수는 없다.
시멘트와 함께 발견되는 일이 많다.

삽
보통 무게 / 금속 · 나무 소재

살인 무기로 삽을 쓰면
시체를 숨길 구멍도
팔 수 있어서 참 좋다.

승진하려고

 영화사 장악

 비밀 지키기

 영화상 수상

단서

▶카퍼가 거대한 캔을 가져왔다.

▶고대 짐승의 피 단원은 나이프를 가지고 있었다.

▶이라티노가 손에 쥐고 있던, 뒤죽박죽 휘갈겨 쓴 쪽지:
  의근철 인주은 화상영 이수상 필요 없었다.

▶미드나이트 3세는 이상한 방수포를 살펴보고 있었다.

▶고대 짐승의 피 단원은 승진이 하고 싶었다.

▶삽을 가진 사람은 석유를 뽑아내는 곳 옆에 있었다.

▶고대 짐승의 피 조직에는 눈이 파란 사람만 가입할 수 있다.

▶미국 편집자 길드 회원은 비밀을 지키려고 했다.

진술

※범인은 거짓말을, 나머지는 진실을 말합니다.

▶**영화 편집자 펄 :**

  카퍼 경비원이 거대한 기계 옆에 있는 걸 봤어요.

▶**카퍼 경비원 :**

  나는 방수포 근처에 없었는데.

▶**옵시디언 부인 :**

  미드나이트 3세는 거대한 기계 옆에 가지 않았어요.

▶**미드나이트 3세 :**

  철근은 거대한 기계 옆에 없었어!

용의자   동기   장소

무기

장소

동기

사건 해결

누가?

무엇으로?

어디에서?

왜?

99 | 미드나이트 영화사의 비밀

논리탐정 로지코는 그 순간 모든 것을 깨달았습니다. 그리고 신비탐정 이라티노의 구상화 기법을 이용해서 마음속의 시간을 과거로 돌렸습니다. 그러자 영화사 설립 당시의 모습이 세피아색으로 선명하게 보였습니다. 영화사를 탄생시킨 것은 영화에 대한 사랑이 아니라 물욕이었습니다. 이곳의 원래 땅 주인은 살해되었습니다.

용의자

미드나이트 1세

미드나이트 영화사의 설립자. 사람들이 더 적은 돈을 받으면서 더 열심히 일하게 만드는 기술이 천재적이다. 지금까지 살았던 모든 사람 중에서 가장 비열한 축에 든다.

180cm / 오른손잡이 / 파란 눈 / 짙은 갈색 머리 / 쌍둥이자리

미드나이트 2세

10대 청소년이던 당시에 아버지가 그에게 이 웃기게 생긴 신사 모자를 주었다.

188cm / 오른손잡이 / 검은 눈 / 검은 머리 / 염소자리

아마란스 대통령

프랑스의 대통령. 유권자들, 특히 1퍼센트의 특정한 유권자들과 함께 있는 것을 좋아한다.

178cm / 오른손잡이 / 회색 눈 / 붉은 머리 / 쌍둥이자리

초크 회장

여러 해 전에 출판업을 속속들이 파악했고, 앞만 보고 나아가는 중이다. 전자책은 반짝 유행으로 치부하며, 아직도 다이얼식 전화를 쓴다. 억만장자.

175cm / 오른손잡이 / 파란 눈 / 백발 / 궁수자리

유정탑
실외

거대한 유정탑으로
지금도 유정을 더 파고 있다.

펌프잭
실외

쉴 틈도 없이 위아래로 흔들거리며
땅에서 석유를 퍼올린다.

고대 유적
실외

유전 가장자리에서 보면
지는 해를 배경으로 그림자 같은
윤곽이 드러난다.

사무실
실내

에어컨 설정 온도가 하도 낮아서
유전에서 나온
에너지 대부분을 소비한다.

무기

쇠지레
보통 무게 / 금속 소재

솔직히 말해 다른 일보다
범죄에 훨씬 많이 쓰이는 물건.

철근
보통 무게 / 금속 소재

긴 모양의 금속. 이보다 더 무기 같을 수는 없다.
시멘트와 함께 발견되는 일이 많다.

석유 드럼통
무거움 / 금속 소재

이름은 드럼이지만 그냥 거대한 캔 같다.
석유 드럼통 솔로 연주를 선보이는
밴드는 본 적이 없다.

삽
보통 무게 / 금속 · 나무 소재

살인 무기로 삽을 쓰면
시체를 숨길 구멍도
팔 수 있어서 참 좋다.

영화사 설립   노조 파괴

재산 상속   전쟁 승리를 위해

단서

▶청소년 미드나이트가 펌프잭 옆에 있었거나.

  그게 아니면 미드나이트 1세가 삽을 가지고 있었다.

▶키가 가장 작은 용의자는 거대한 캔을 가져온 사람과 경쟁하는 관계였다.

▶펌프잭 옆에서 누군가 전쟁에서 어떻게 공을 세울지 고민하고 있었다.

▶아마란스 대통령은 에어컨이 잘 나오는 곳에서 쉬고 있었다.

▶고대 유적에 있었던 용의자는 머리가 짙은 갈색이었다.

▶영화사를 설립하고 싶었던 사람은 고대 유적 옆에 서 있었다.

▶석유 드럼통을 가지고 있던 사람은 재산을 상속 받고 싶어 했다.

진술

※범인은 거짓말을, 나머지는 진실을 말합니다.

▶**미드나이트 1세 :**

  대낮의 해처럼 명백한 사실은, 초크 회장이 철근을 가져왔다는 것이지.

▶**미드나이트 2세 :**

  저는 철근을 가져오지 않았어요.

▶**아마란스 대통령 :**

  삽이 유적에 있더군요.

▶**초크 회장 :**

  흠… 미드나이트 1세가 삽을 가져왔지요.

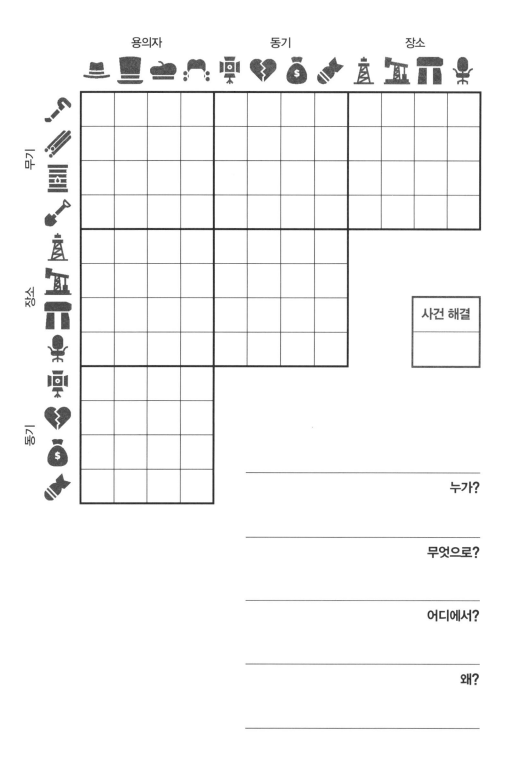

누가?

무엇으로?

어디에서?

왜?

100 | 크라임 퍼즐 시사회의 엔딩 ⌕⌕⌕⌕

미드나이트 영화사의 럭셔리 시네마에서 〈크라임 퍼즐: 더 무비〉 시사회가 열리기 전날 밤, 논리탐정 로지코는 전화를 받았습니다. 수수께끼의 목소리가 말했습니다. "나는 이라티노에게 누가 누명을 씌웠는지 알아요!" 하지만 로지코가 상대방의 정체를 묻자 전화는 바로 끊겼습니다. 다음 날 밤에 로지코와 이라티노가 한껏 차려입고 시사회장에 갔더니, 미드나이트 영화사 부사장이 살해된 후였습니다. 로지코는 부사장의 옷 주머니에서 자기 전화 번호가 적힌 쪽지를 찾았습니다. 이번 살인 사건을 해결하면 그 모든 수수께끼가 풀리게 됩니다.

용의자

미드나이트 3세

미드나이트 영화사 창립자의 손자. 미드나이트 영화사를 다시 전성기로 돌려 놓으려는 계획은 성공할 수 있을까?

173cm / 왼손잡이 / 어두운 녹색 눈 / 짙은 갈색 머리 / 천칭자리

미드나이트 2세

미드나이트 영화사 CEO. 과연 이 사람은 권력 유지를 위해 수십 명을 죽일 만한 인물일까?

188cm / 오른손잡이 / 검은 눈 / 검은 머리 / 염소자리

옵시디언 부인

세계 최고의 미스터리 작가가 자기 포트폴리오에 살인을 조금 더했을 뿐일까?

163cm / 왼손잡이 / 녹색 눈 / 검은 머리 / 사자자리

신비탐정 이라티노

신비를 좇는 탐정. 하지만 지금까지 한 말이 전부 거짓이었다면?

188cm / 왼손잡이 / 녹색 눈 / 짙은 갈색 머리 / 물병자리

무대
실내

이곳으로 초대를 받아 영화를 보게 되면,
그 후에 좋건 싫건 무대에서 이루어지는 질문과
답변을 듣는 보답을 해야 한다.

폭신한 좌석
실내

옛날식의 붉은 벨벳 좌석이다.
옛날에 그랬던 것처럼
검도 붙어 있다.

비상구
실내

상영관을 완전히 어둡게 만들려고
비상등 위에 테이프를 덮어 놓아서
찾기가 어렵다.

매점
실내

모든 상품이 무료이기 때문에,
이상할 정도로 작다. 팝콘 한 주먹에
탄산음료 한 뚜껑을 받으면 끝.

트로피
보통 무게 / 금속 소재

할리우드에서 가장 중요한 물건인 동시에,
아무 의미 없는 물건이기도 하다.

붉은 청어
보통 무게 / 생물 소재

꼬리를 잡으면
꽤 강하게 휘두를 수 있다.

셀레나이트 마법봉
보통 무게 / 수정 소재

주문을 걸거나
해골을 깰 때 쓴다.

와인병
보통 무게 / 유리 소재

얼룩 조심. 붉은색이 좀처럼
빠지지 않는다.

권력 유지	영화사 장악
복수하려고	석유 채굴

단서

▶ 고대 유적 옆면에 새겨진 미궁에서 2번 방과 연결된 문자는

영화사를 장악하려고 했던 용의자의 두 번째 글자가 아니다(자료 C 참조).

▶ 매점에 있었던 용의자는 활동 영상 아카데미 회원이었다.

▶ 탐구 협회에서 발행한 보고서: 이 별자리가 복수심에 불타고 있음.

♌

▶ 셀레나이트 마법봉이 오래된 검 옆에 있었다.

▶ 무대에 살아있는 물고기를 올리는 행동은 그 누구도 용납하지 않는다.

▶ 트로피를 가진 사람이 석유를 채굴하고 싶어 했거나,

그게 아니면 옵시디언 부인이 와인병을 가져왔다.

▶ 활동 영상 아카데미에는 검은 머리인 사람만 들어갈 수 있다.

▶ 관람객 한 명이 자기 생각을 뒤죽박죽 적어서 로지코에게 전달한 쪽지:

나미이드트 장은사 력을권 고유하지 요싶었어.

▶ 탐정 클럽에서 전통적인 암호를 이용해 보낸 메시지:

맞밋버키 숫싀버허 드쿠니클 교테.

진술

※ 범인은 거짓말을, 나머지는 진실을 말합니다.

▶ **미드나이트 3세** : 결론부터 말하자면, 아버지가 셀레나이트 마법봉을 가져왔어요.

▶ **미드나이트 2세** : 내 아들은 영화사를 장악하고 싶어 하지요.

▶ **옵시디언 부인** : 복수하고 싶었던 사람은 매점에 있었어요.

▶ **신비탐정 이라티노** : 미드나이트 사장은 매점에 없었어요.

	용의자	동기	장소

무기

장소

동기

사건 해결

_____ **누가?**

_____ **무엇으로?**

_____ **어디에서?**

_____ **왜?**

321

101 | 하나만 더

재판이 끝나고, 검열 삭제의 범죄가 알려지고, 〈크라임 퍼즐: 더 무비〉가 사상 최대의 성공을 거둔 후에 논리탐정 로지코는 사무실을 약간 더 넓은 곳으로 옮겼습니다. 파트너가 쓸 공간이 있는 곳으로요. 하지만 어느 날, 사무실을 닫고 퇴근하는 길에 문에 붙은 메시지를 발견했습니다. 그 위에는 머리 아픈 암호 메시지가 적혀 있었습니다. 머리가 아팠던 이유는, 로지코가 풀 수 없는 암호였기 때문입니다. 당신도 도전해 보세요!

14 55 19 60 21 55 02 16 51 18 60 18 55 84 14 53 60 87 19 53 60
13 55 18 59 60 19 53 24 59 60 11 51 15 57 82 19 53 22 51 60 81
18 53 60 17 53 18 54 84 14 60 12 59 82 18 54 60 87 13 59 14 51
21 55 12 60 18 53 82 20 57 81 18 60 84 23 51 22 60 18 53 60 20
55 13 51 60 24 51 86 12 60 13 51 01 18 60 11 55 87 18 59 82 16
51 85 18 59 84 15 53 81 12 59 82 19 51 12 51 16 57 84 81 18 59
82 19 53 88 16 57 14 55 16 57 22 53 18 51 82 19 53 82 24 51 19
60 15 51 82 02 11 59 14 51 60 13 55 15 57 82 19 53 60 12 59
82 18 60 87 87 13 51 86 12 60 13 51 01 22 51 85 19 53 88 12
60 85 18 59 60 13 55 18 57 85 18 60 23 60 84 18 56 24 51 86
12 60 13 51 01 17 53 13 57 84 14 53 19 57 17 53 60 18 56 03

로지코가 그랬던 것처럼 혼자서 풀기가 너무 어렵다는 생각이 들면, 언제든지 친구들의 도움을 청해도 좋습니다. 여러 명이 함께 머리를 모으면 이 수수께끼도, 그리고 다른 여러 수수께끼도 다 풀어낼 수 있으니까요.

힌트

HINTS

*****

1. 논리탐정 로지코가 사건을 수사하고 있는데 저택의 전화가 울렸습니다. 받아 보니 차분한 목소리가 들립니다. "로지코, 방금 룬 점을 쳤더니 옵시디언 부인이 포크로 음식을 먹었다고 나왔어요." 로지코가 상대의 이름을 묻기도 전에 전화가 끊겼습니다.

2. 로지코는 병 속에 든 편지를 찾았습니다. 열어 보니 자기에게 온 편지였습니다!
    "로지코, 별이 밝군요. 고대 유적에 곰털 한 뭉치가 있었어요."

3. 한 작품은 벽에 붙인 컴퓨터 용지였는데, 이런 글이 있었습니다. "로지코! 영매들이 조각상은 비둘기 옆에 있었다고 했어요." 드디어 이해할 수 있는 게 나왔습니다.

4. 로지코는 모스 부호로 이상한 메시지를 받았습니다. 해독한 내용은 다음과 같았습니다. "레이라인 드러남. 모브 부사장. 증기 엔진 옆."

5. 논리탐정 로지코가 재미삼아 자기 차트를 보는데, 이상한 메시지가 적혀 있었습니다. "로지코! 크림슨 원장이 지붕에 서 있다는 계시를 봤어요!" 누가 쓴 메시지일까요?

6. 이번에는 로지코도 음침한 오컬트 메시지에 의존할 필요가 없었습니다. 우주인 블루스키가 멋진 용 벽화 옆에 서 있는 것을 두 눈으로 보았기 때문입니다.

7. 심부름꾼 소년이 와서 로지코에게 건넨 쪽지를 보니 이렇게 적혀 있습니다. "불꽃을 보면서 진실을 점쳐 봤어요. 부제가 가위를 가지고 있었어요!"

8. 예비 집사가 로지코에게 이런 내용의 쪽지를 전했습니다. "살인 타로 카드를 뽑아 보니 룰리언 경이 골동품 시계를 가지고 있었어요."

9. 로지코가 미로에서 길을 잃고 위를 쳐다보자, 구름에 쓴 메시지가 보였습니다. "라벤더 경이 분수대에서 수영을 했어요!" 아무래도 이 메시지를 남긴 사람은 재력이 대단한가 봅니다.

10. 화장실의 뿌연 거울에 메시지가 있었습니다. "다우징 막대로 정치 성향을 탐지했더니 구석에 공산주의자가 있었어요."

11. 전화벨이 울리자 곧 신입 바리스타가 로지코를 불렀습니다. 저편에서 음산한 목소리가 속삭였습니다. "노스트라다무스의 예언에 따르면, 부키상 수상자가 벽돌을 가지고 있었군요."

12. 로지코는 머리를 식히려고 산책을 나갔다가 그래피티의 글귀를 보았습니다. "뚜렷한 징조군요. 슬레이트 대위가 희귀본 근처에 있었어요."

13. 결말 부근의 여백에 누가 낙서를 해 놓았습니다. "주의. 커피 상병이 찌르는 나이프를 가지고 있었음." 로지코는 책에 낙서가 있어서 기분이 상했지만, 그래도 힌트는 유용했습니다.

14. 판권 페이지에 끄적인 낙서가 남아 있었습니다. "마룬 남작은 탐구 협회의 첫 번째 회원이었다."

15. 로지코가 책장을 뒤로 넘기니 누군가가 써 놓은 힌트가 보였습니다. "5장을 보면 해적들의 만에 방어용 대포가 있다고 나와 있음."

16. 로지코는 다른 방의 에이전트가 전화기에 대고 소리 지르는 걸 들었습니다. "전화 좀 그만하세요! 논리탐정 로지코 같은 사람 몰라요! 편집자 아이보리가 발코니에 있었던 게 뭐 어쩌라고요!"

17. 근처에서 순항하는 다른 배의 깃발 위에 글씨가 보였습니다. "카드처럼 뒤죽박죽 섞인 글의 첫 글자는 '갑' 이다."

18. 대변인이 발표했습니다. "방금 받은 메시지를 알려드립니다. 쪽지에 있는 뒤죽박죽 글을 재배열해야 하고, 전설의 대스타 실버튼은 만년필을 가지고 왔다고 합니다. 이 상한 내용이지만 그대로 전해드렸습니다."

19. 논리탐정 로지코가 발신자 불명의 전화를 받자, 속삭이는 소리가 들렸습니다. "완전 자동화 도시에 육분의가 있어서 다행이네요." 이상한 장난 전화였습니다.

20. 로지코는 추리대학 학위증을 대기실에 잘 보이게 걸어 놓았습니다. 그런 것은 신비한 쪽지가 없어도 알 수 있습니다.

21. 사무실에서 법률 서류들을 뒤적이는데, 괴이하게도 논리탐정 로지코에게 남긴 낙서가 있었습니다. "초능력으로 봤는데, 친구가 준 '다음 글자' 메시지는 표시된 자음을 다음 순서의 자음으로, 모음을 다음 순서의 모음으로 바꾸면 읽을 수 있어요."

22. 로지코는 모르는 번호에게 온 문자를 받았습니다. "수정구가 대리석 흉상은 파트너 사무실에 있었다는데, 천만 달러 내기 할까요?" 흉상은 거기에 있었고, 로지코는 내기에 응하지 않아서 다행이었습니다.

23. 정체불명의 사람이 정체불명의 꾸러미를 놓고 갔습니다. 보안 직원이 검사를 마친 후 전해 준 꾸러미를 로지코가 열자, 서류 한 장과 함께 쪽지 하나가 들어 있었습니다. "이 종이는 주차장에서 찾았어요."

24. 카퍼 경관이 말했습니다. "별자리를 보니 제가 법봉을 가지고 있었다는 글을 제 등에 붙인 현자가 도대체 누구지요?!"

25. 논리탐정 로지코가 받은 문자는 단순했습니다. "이번에는 혼자 해결하세요."

26. 로지코는 우편물을 확인하고 수수께끼의 빨간 봉투를 찾았습니다. 겉에 누군가가 끄적여 놓은 글씨가 있었습니다. "암호는 기호의 첫 글자를 모아보세요. 그리고 허니 시장은 믿어도 좋아요."

27. 죽은 참나무에 새겨져 있던 글귀: 그랜드마스터가 길에 있었음.

28. 협회에는 초능력으로 사건을 해결하는 탐정이 있었습니다. 그 사람은 약초학자 오닉스가 천문대에 있었다고 단호하게 말했습니다.

29. 욕실의 뿌연 거울에 유용한 힌트가 적혀 있었습니다. "사회학자를 믿어요!"

30. 논리탐정 로지코가 주머니에서 쪽지를 찾아냈습니다. "연금술사를 믿으세요!"

31. 논리탐정 로지코는 신비탐정 이라티노에게 무선으로 도움을 요청했습니다. "아, 방금 딱 그 꿈을 꿨는데, 모브 부사장이 나무토막을 가지고 있었어요!"

32. 논리탐정 로지코는 신비탐정 이라티노를 불렀습니다. 이라티노는 48시간 금식 후에 공복의 계시로 본 내용을 조바심 치는 로지코에게 전했습니다. "가죽 끈에 역겨운 게 흘러내리고 있었어요."

33. 이라티노는 논리탐정 로지코에게 자기가 가져온 수정 해골을 슬쩍 보여주었습니다. "도움이 되나요?"

34. 신비탐정 이라티노가 별에서 본 징조를 살펴보더니 선언했습니다. "브라운스톤 수사가 진실을 말하고 있군요."

35. 신비탐정 이라티노는 수수께끼를 풀다가 바람에 실려 들리는 속삭임에 귀를 기울이고 단언했습니다. "언어학자 플린트가 셀레나이트 마법봉을 가져왔어요."

36. 신비탐정 이라티노가 꿈 일기장을 뒤적이더니 아무 글자나 가리켰습니다. 그 글자들을 조합해 보니 이런 말이 나왔습니다. "범죄 현장은 선창이다."

37. 신비탐정 이라티노가 룬을 던지고 책에서 의미를 찾아보더니, 자기 해석이 더 마음에 든다며 단호하게 말했습니다. "허니 시장이 낡은 검을 가져왔어요."

38. 신비탐정 이라티노는 자기가 본 환영을 되새긴 후 말했습니다. "수정 단검이 거대한 침대 밑에서 발견되었어요."

39. 신비탐정 이라티노가 강령술을 하러 자기 방에 갔습니다. 그리고 한참 후에 나와서는 이렇게 말했습니다. "살인이 일어난 곳은 연회실이라는군요."

40. 신비탐정 이라티노가 최면 상태에 들어가더니 건조하게 말했습니다. "데미넌스 자작은 창백하고 깡마른 손을 숨기려고 가죽 장갑을 꼈어."

41. 이라티노는 정신을 집중해서 새로운 사실을 알아냈습니다. "마술사 믹스달이 준영 구기관을 가지고 있었어요!" 하지만 숟가락은 굽히지 못했습니다….

42. 신비탐정 이라티노가 머그잔에 남은 커피 가루를 살펴보더니 두 가지를 추리해 냈습니다. 첫 번째는 커피 장군이 끓는 냄비를 가지고 있었고, 두 번째는 더 좋은 커피 필터를 써야 한다는 겁니다.

43. 신비탐정 이라티노가 외쳤습니다. "신이여, 어째서요?" 아무 소리도 들리지 않자 다시 외쳤습니다. "신이여, 어떻게요?" 그러자 어디선가 소리가 들렸습니다. "펭귄은 독살되었다!"

44. 신비탐정 이라티노가 자기 안내서를 모든 사람에게 보여주더니 필체 분석을 하고는 파인 판사가 무대 뒤 숲에 있었다고 주장했습니다.

45. 신비탐정 이라티노는 타로 카드를 뽑아서 보더니 말했습니다. "편집자 아이보리가 하나도 안 역겨운 날계란 옆을 서성이고 있었군요."

46. 신비탐정 이라티노가 암호를 자세히 살펴보고 말했습니다. "별자리를 확인하면 되는 평범한 메시지로군요."

47. 신비탐정 이라티노는 별에서 본 징조를 찾은 후 단정했습니다. "점성학자가 무너진 지붕 옆에 있었네요."

48. 신비탐정 이라티노는 자기가 꾼 꿈을 해몽하더니 말했습니다. "라피스 수녀가 성유물을 가져왔어요."

49. 신비탐정 이라티노가 이상해 보여서 로지코가 의아해하자, 이라티노는 비틀린 나무 위의 촛농 한 방울을 천리안으로 보고 있었다고 대답했습니다.

50. 논리탐정 로지코는 탐구 협회의 메시지가 마흔여섯 번째 사건과 같은 방식이라는 것을 알아챘습니다.

51. 로지코는 신비탐정 이라티노라면 무엇을 할지 생각했습니다. 그리고 이라티노가 무슨 말을 할지 생각했습니다. 그러자 바로 어떤 생각이 떠올랐습니다! "시체를 훔치려고 한 사람이 빗자루를 가지고 있었구나."

52. 이상하게도, 뿌연 거울에 힌트가 적혀 있었습니다. "두 번째로 키가 작은 용의자가 몽롱해지는 회중시계를 가지고 있었어요."

53. 로지코는 이라티노의 낡은 살인 타로 덱에서 카드 한 장을 뽑고는, 마룬 남작이 작고 쾌적한 둔덕에 있었을 것이라고 추측했습니다.

54. 로지코는 별들을 올려다보며 의미를 상상해 보려고 애썼습니다. 모브 부사장이 곰덫을 가지고 있었을까요? 이라티노라면 알았을 것입니다.

55. 로지코는 꿈의 한 부분을 더 기억해 냈습니다. "도끼가 문 아래에 있었어." 그런 꿈 말고 이라티노가 나오는 꿈이었으면 더 좋았겠습니다.

56. 로지코는 이라티노와 함께 지내면서 얻은 직감으로 경찰이 실뭉치를 가진 것을 알았습니다.

57. 로지코는 이라티노가 가르쳐 준 방법대로 유체이탈을 해 보려고 했지만, 중요한 단계를 잊었습니다. 그래서 원하던 대로 영계로 날아가지 못하고 교회 대기실에 갇혔습니다. 그곳에 화약으로 그을린 자리가 보였습니다!

58. 로지코는 이라티노가 있었다면 숨긴 메시지가 무엇일지 상상해 보았습니다. 어쩌면 이런 내용이었을까요. "버밀리온 공작부인이 분수대에 있었어요."

59. 논리탐정 로지코도 이번에는 타로 카드를 뽑아서 해석할 수 있었습니다. "편집자 아이보리가 핵 반응로 옆에서 돌아다니고 있었구나!"

60. 로지코는 이라티노가 자기 손금을 읽고 샴페인 동무가 알루미늄 파이프를 가지고 있었다고 말하는 상상을 했습니다.

61. 로지코는 이라티노에게 배운 대로 다우징 막대를 들고 섬을 다니다가, 무너진 지붕 아래에서 빗자루 털을 발견했습니다.

62. 일간 신문은 주간 신문이 되고, 월간 신문이 되었다가, 웹사이트가 되고, 다시 블로그가 되었습니다. 블로그에는 출처 없는 글이 게시되어 있었습니다. "한 이웃은 평범한 블루스카이 씨가 알루미늄 파이프를 든 모습을 보았다."

63. 하루는 후드를 쓴 수도사 하나가 노래를 불렀습니다. "금서에 신성한 붉은 얼룩이 있었다네." 로지코는 그게 누구의 목소리인지 알 수 있었을까요?

64. 로지코는 학생 몇 명이 구본관에서 그림자 같은 형체를 보았다고 크게 외치는 소리를 들었습니다.

65. 로지코는 참고 서적을 본 곳이 기억났습니다. 바로 계단이었습니다. 그리고 이라티노가 얼마나 그리운지도 기억났습니다.

66. 로지코는 글을 꼼꼼하게 읽다가, 데미넌스 자작의 가느다란 손가락이 투표함을 쥐고 있었다는 특이한 언급을 찾았습니다.

67. 로지코는 이라티노가 '책 점'이라고 부르던 방법을 따라 책을 닫았다가 아무 곳이나 펼쳤습니다. 그리고 룰리언 경이 고대 유적에 있었던 것을 알았습니다.

68. 논리탐정 로지코는 이라티노에게서 배운 기본적인 수비학을 이용했고, 슬레이트 대위가 제트 추진기 근처에 있었다는 계산 결과를 얻었습니다.

69. 논리탐정 로지코는 살인 타로 덱을 이용해서 누군가의 차 밑에 있는 톱밥을 발견했습니다. 그리고 마술사들은 살인 타로 덱을 싫어한다는 것을 알았습니다. 마술과 마법은 완전히 다르니까요.

70. 논리탐정 로지코는 오컬트의 신비에 기대지 않아도, 한 명이 다른 한 명 위에 올라선 두 어린이가 철제 울타리에 기댄 것을 알 수 있었습니다.

71. 신비탐정 이라티노는 로지코에게 유적 룬이 유적 룬을 망친다는 말을 한 적이 있습니다. 또한, 뉴 에이지라는 곳에서 사건이 생기면 마른 우물에서 금속을 찾으라고도 했습니다.

72. 논리탐정 로지코는 어느 수정에서 잠깐 스쳐가는 계시를 보았습니다. 총교주 코발트가 칵테일 잔 뒤로 비치는 모습이었습니다.

73. 논리탐정 로지코는 신비로운 방법 중에서도 가장 유서가 깊은 방법을 동원했습니다. 그리고 직감이 이끄는 대로 두 번째로 키가 작은 용의자가 알레르기 오일을 가지고 있었다고 판단했습니다.

74. 논리탐정 로지코는 머리 위의 구름을 자세히 살펴봤습니다. 구름 모양을 파악해 보니 아마추어 물리학자이자 현직 치과의사가 셀레나이트 마법봉을 가져왔다는 사실을 알아냈습니다.

75. 로지코는 현장 조사 결과, 블랙스톤과 키가 같은 사람이 거대한 뼈를 가지고 있었다는 것을 알았습니다.

76. 논리탐정 로지코는 어색하게 전화를 걸었습니다. "제가 가택 연금 중인데 전화를 해도 괜찮나요? 상관 없다면, 찻잎을 보니 성격 나쁜 프로듀서가 그레이트 파크에 있었네요."

77. 로지코가 이라티노의 집에 전화를 걸자, 이라티노는 신호 한 번에 바로 받았습니다. "스틸이 피아노 줄을 가지고 있었어요!"

78. 로지코는 전화를 그만해야겠다고 생각했지만, 안 걸기가 너무 어려웠습니다. "로지코, 나는 별들을 보고 있었어요. 체스 선수가 클래식 카 근처에 있었다는군요."

79. "로지코, 목소리 들으니까 좋네요. 잘 보면 로비에서 진짜 뼈를 한 조각 찾을 수 있어요. 적어도 내가 가택 연금 중에 천리안으로 보니까 그랬어요."

80. 이라티노는 몇 초도 지나지 않아 로지코의 음성 메시지에 응답했습니다. "숫자 계산을 좀 해 보니까 교단에 가입하고 싶었던 사람이 보일러실에 있었네요."

81. 로지코는 가택 연금 중인 이라티노에게서 문자를 받았습니다. "촛불을 보면서 점을 쳤는데, 미드나이트 2세는 재미있는 이름이 붙은 음식을 먹고 있었어요. 생각해 보니까 그렇게 재미있는 이름은 아닌데, 일단 재미있으라고 붙인 것 같기는 했어요."

82. 어색한 영상 통화에서, 신비탐정 이라티노는 타로 카드를 해석하더니 말했습니다. "루스카니 총장이 참나무를 가지고 있는 게 보였어요."

83. 신비탐정 이라티노가 또 문자를 보냈습니다. "로지코, 이번 이야기는 신비한 지식과 관련이 없어요. 방금 영화사 웹캠을 보니 라벤더 경이 분수대 근처를 돌아다니고 있었어요. 지금 그곳에서 잘 지내는 중이었으면 좋겠네요."

84. 이라티노는 날씨 이야기를 한 후 사건에 대해 말했습니다. "라피스 수녀와 라즈베리 코치는 둘 다 진실을 말했겠네요. 그게 아니면 영화광 스모키까지 두 명이 거짓말을 한 게 되니까. 이제 나한테 논리를 쓰게 만드는 건가요!"

85. 논리탐정 로지코는 우편으로 살인 타로 카드 덱을 받았습니다. 이제는 로지코도 살인 타로를 잘 알아서, 차콜 두목이 배역을 빼앗고 싶어 했다는 것을 알 수 있었습니다. 이라티노가 로지코를 생각한다는 것도요.

86. 로지코는 다시 이라티노에게 전화를 걸었고, 이라티노는 로지코가 전화하는 꿈을 꾸었다고 했습니다. 그 꿈에서 자기가 "커피 장군은 자기가 할 수 있는지 보려고 했어요"라는 말을 했답니다. 로지코는 그 말의 의미를 이해했을까요? 이해했습니다.

87. 신비탐정 이라티노는 별에서 본 징조를 읽고 논리탐정 로지코에게 문자를 보냈습니다. 잘 기억나지 않는 사람이 희석된 칵테일 옆에 있었다는 내용이었습니다.

88. 신비탐정 이라티노는 현장의 최신 소식을 듣는 것을 좋아했습니다. "저를 연기한 사람이 죽었다고요? 잘생긴 사람이었나요? 옵시디언 부인이 발코니에 있었던 것도 알고 있었나요?"

89. 로지코는 떨리는 손으로 이라티노에게 전화를 걸었지만, 음성 메시지가 받았습니다. "죄송하지만 지금은 전화를 받을 수 없습니다. 전화하신 분이 로지코라면, 살인 타로를 보니 필름이 급수탑에 있었습니다."

90. 신비탐정 이라티노는 로지코에게 수수께끼 같은 음성 메시지를 남겼습니다. "키가 가장 큰 용의자가 엄청 많은 편지들 옆에 있었어요. 그 사람이 편지들을 내려다보는 모습을 계시로 봐서 알아요. 로지코, 난 계시에서 당신 모습도 봤어요…."

91. 신비탐정 이라티노는 자기가 꾼 꿈을 해석하고는 로지코에게 이메일을 보냈습니다. '파인 판사가 난해한 계약서를 가지고 있었네요. ―이라티노'

92. 논리탐정 로지코는 나중에 이런 음성 메시지를 들었습니다. "로지코, 괜찮아요? 다이얼에 위스키가 묻었는지 확인해 봤나요? 우리 점술가 중에서 한 명이 그런 계시를 봤다고 해서요. 나는 로지코를 믿어요."

93. 이번에 이라티노는 전화 신호음이 세 번 울렸을 때 받았습니다. "기다리게 해서 미안해요. 다른 방에 있을 때 신호가 울렸어요. 중요한 사실을 말하자면, 더스티 감독이 저주 받은 단검을 가지고 있었어요. 더 중요한 사실을 말하자면, 로지코 당신이 모든 것을 이해할 날이 곧 다가와요."

94. 이라티노에게서 문자가 왔습니다. '로지코! 전화 받았어요! 항상 안전에 주의해요! 그리고 무거운 양초를 가진 사람은 업계를 위해서 사람을 죽일 수 있다는 점을 기억해요!'

95. 로지코는 이라티노가 텔레파시로 정보를 보냈었다는 것을 알았습니다. 텔레파시가 잘 갔는지 확인하려고 문자도 보냈기 때문입니다. "내가 보낸 텔레파시를 받았나요? 샴페인 동무가 대리석 흉상을 가지고 있었어요!"

96. 신비탐정 이라티노는 다우징 막대를 쓰더니 트로피가 폐쇄된 스튜디오에 있었던 사실을 알아냈습니다. "흠, 로지코. 거긴 정말 조사해 봐야겠어요."

97. 신비탐정 이라티노는 관련자 전원의 오늘 자 별점을 보더니 말했습니다. "미드나이트 삼촌이 대형 냉장고 옆에 있었네요."

98. 이라티노는 로지코에게 윙크를 하고 쪽지를 하나 더 주었습니다. 그리고 다시 죽은 척을 했습니다. 쪽지에는 이렇게 적혀 있었습니다. "범인은 나를 찔렀어요!"

99. 로지코는 지난 일을 읽어내고 초크 회장이 전쟁 승리에 기여하고 싶어 했던 것을 알았습니다.

100. 신비탐정 이라티노는 탐구 협회에서 점성술 기호(자료 B 참조)를 종종 사용하는 것을 알고, 논리탐정 로지코는 탐정 클럽이 언제나의 탐정 암호(자료 A 참조)를 쓴다는 것을 압니다. 그리고 두 사람 다 이 사건에 자기들의 목숨이 걸린 것을 압니다.

사건 해결

SOLUTIONS

$$* * * * *$$

1. "마술사 믹스달이 드넓은 욕실에서 무거운 양초로 죽였어요!"

   믹스달은 무죄라고 주장했지만, 논리탐정 로지코에게 제대로 반론할 수 없었습니다. 너무나 명백한 추리였기 때문입니다.

   믹스달은 자백 후에 단호하게 말했습니다. "날 가둘 수 있는 감옥은 없어요!"

   마술사 믹스달 | 무거운 양초 | 드넓은 욕실
   미드나이트 3세 | 알루미늄 파이프 | 침실
   옵시디언 부인 | 포크 | 상영실

2. "망고 신부가 부두에서 작살로 죽였어요!"

   망고 신부는 처음에 반대 논리를 펴다가, 나중에는 욕하고 저주했습니다. 결국은 패배를 인정하고 말했습니다. "신성한 사제한테 어떻게 이럴 수 있습니까?"

   미스 사프론 | 곰덫 | 고대 유적
   시뇨르 에메랄드 | 벽돌 | 절벽
   망고 신부 | 작살 | 부두

3. "슬레이트 대위가 입구 홀에서 독이 든 와인 한 잔으로 죽였어요!"

   로지코는 살인의 정황을 자세히 설명하는 내내 정말 즐거웠습니다. 내용이 아주 명확했기 때문입니다. 슬레이트 대위는 패배가 다가오는 것을 알고 중얼거렸습니다. "그냥 우주에 계속 있을 걸 그랬네…."

   슬레이트 대위 | 독이 든 와인 한 잔 | 입구 홀
   아주어 주교 | 추상 조각상 | 옥상정원
   블랙스톤 변호사 | 희귀한 꽃병 | 화실

4. **"오버진 주방장이 승무원실에서 이탈리아제 수입 나이프로 죽였어요!"**

오버진 주방장이 화를 내며 일어나 "논리탐정 로지코! 널 삶았어야 했는데!"라고 말하려는 순간, 기관사 없이 달리던 열차는 탈선해서 협곡에 떨어졌습니다.

> 모브 부사장 | 돌돌 만 신문(안에 쇠지레 있음) | 기관차
> **오버진 주방장 | 이탈리아제 수입 나이프 | 승무원실**
> 철학자 본 | 가죽 짐가방 | 지붕

5. **"카퍼 경관이 주차장에서 산이 든 약병으로 죽였어요!"**

카퍼 경관은 살인 좀 했다고 혐의를 받는 게 기분 나빴기 때문에 펄쩍 뛰며 일어나 소리쳤습니다. "난 경찰이야! 법보다 위라니까!"

> **카퍼 경관 | 산이 든 약병 | 주차장**
> 크림슨 원장 | 무거운 현미경 | 지붕
> 라피스 수녀 | 수술용 메스 | 선물 가게

6. **"커피 장군이 쓰레기 수거함에서 피아노 줄로 죽였어요!"**

커피 장군은 군이 무죄를 주장하지도 않고, 그냥 서류 양식을 꺼내서 자기를 사면했습니다. 장군은 명령을 따랐을 뿐입니다. "이제 끝났군." 하지만 로지코는 죽은 사람의 주머니에서 이런 내용의 쪽지를 찾았습니다. "부인이 할리우드 저택에서 시체를 옮겼다." 이게 사실이라면, 실제 살인 장소는 상영실이고, 옵시디언 부인이 마술사 믹스달에게 누명을 씌운 것입니다. 로지코는 더 조사할 필요를 느꼈습니다.

> **커피 장군 | 피아노 줄 | 쓰레기 수거함**
> 우주인 블루스키 | 독 다트 | 정신 사나운 그래피티
> 미드나이트 3세 | 쇠지레 | 철제 울타리

7. **"그레이 백작이 저택에서 실뭉치로 죽였어요!"**

그레이 백작은 경찰에게 잡혀가며 외쳤습니다. "주전자 천 개만큼 뜨거운 저주를 받아라!" 하지만 로지코는 옵시디언 부인을 조사하려고 이 멀리까지 왔는데 저택에서 사람이 죽었고, 부인이 또 무죄라는 점 때문에 어이가 없었습니다.

옵시디언 부인 | 시안화물 한 병 | 성당

버디그리 부제 | 원예 가위 | 고대 유적

그레이 백작 | 실뭉치 | 저택

8. **"룰리언 경이 으스스한 다락에서 골동품 시계로 죽였어요!"**

남의 집사를 죽이는 사람은 룰리언 경이었습니다. "집사일 뿐인데!" 하고 저항했지만, 피해자는 옵시디언 부인의 집사였습니다. 부인은 집사를 아꼈고, 지위도 룰리언 경의 가짜 지위보다 높았습니다. 룰리언 경은 경찰에게 체포되어 끌려갔습니다.

옵시디언 부인 | 도끼 | 주 침실

룰리언 경 | 골동품 시계 | 으스스한 다락

미스 사프론 | 돋보기 | 마당

9. **"미스 사프론이 경비탑에서 독을 탄 차로 죽였어요!"**

논리탐정 로지코가 모든 사람 앞에서 모순의 미로를 풀어내자, 사프론은 담담하게 인정했습니다. "그래요, 난 아마 감옥에 가겠지요." 로지코는 다시 정원 미로를 통과해서 들어갔다가 옵시디언 부인의 시체에 관해 수상한 점을 발견했습니다. 시체가 사라진 것입니다!

라벤더 경 | 화분 | 분수대

미스 사프론 | 독을 탄 차 | 경비탑

카퍼 순경 | 원예 가위 | 고대 유적

10. **"그랜드마스터 로즈가 중앙의 바에서 수정구로 죽였어요!"**

로지코가 그 말을 하자 바 전체에 환호성이 울렸습니다. 로즈는 바 사람들에게 실려 행진하며 외쳤습니다. "나는 체스판과 바의 왕이다!"

브라운스톤 수사 | 와인병 | 비좁은 화장실

샴페인 동무 | 코르크 따개 | 구석의 부스 자리

그랜드마스터 로즈 | 수정구 | 중앙의 바

11. **"라즈베리 코치가 안뜰에서 금속 빨대로 죽였어요!"**

라즈베리 코치는 다른 손님들에게 끌려 나가며 마구 웃고 소리를 질렀습니다. 로지코는 이 일로 좋아하는 카페가 나빠졌는지 더 좋아졌는지 알기가 어려웠습니다. 살인이 일어난 곳이기도 하지만, 탐정으로서 멋지게 활약한 곳이기도 하기 때문입니다. 마치 커피처럼 달콤쌉쌀했습니다.

커피 장군 | 독을 탄 커피 | 카운터
라즈베리 코치 | 금속 빨대 | 안뜰
부키상 수상자 게인스 | 벽돌 | 원두 창고

12. **"샴페인 동무가 할인 코너에서 접이식 뼈칼로 죽였어요!"**

샴페인 동무는 "혁명을 결코 막지 못할 부르주아지 반동들" 때문에 체포된다며 저항했지만, 로지코는 눈길도 주지 않고 옵시디언 부인의 소설을 죄다 쓸어 담았습니다.

슬레이트 대위 | 에코백 | 희귀본 코너
샴페인 동무 | 접이식 뼈칼 | 할인 코너
더스티 감독 | 얇은 종이책 | 카운터

13. **"파인 판사가 호텔에서 오염된 밀주로 죽였구나!"**

로지코는 다섯 페이지만에 그렇게 말했고, 답을 알아낸 자신을 대견하게 여겼습니다. 옵시디언 부인은 사람들이 결말을 알아맞힐 수 있을 때 더 좋아한다는 것을 알았습니다. 리뷰는 안 좋지만 매출은 더 좋습니다.

카우보이 라즈베리 | 선인장 | 우물
파인 판사 | 오염된 밀주 | 호텔
커피 상병 | 찌르는 나이프 | 술집

14. **"데미넌스 자작이 커피하우스에서 보석 박힌 홀로 죽였어!"**

로지코는 자신있게 단정했지만, 그때는 이미 책에서 사실이 밝혀지고 두 문장을 더 읽은 후였습니다. 옵시디언 부인이 로지코보다 더 빨랐습니다! 처음에는 좀 짜증이 났지만, 소설 속의 탐정이 단서를 모두 설명하자 로지코는 경이를 느꼈습니다.

> 마룬 남작 | 나이프 | 탐구 협회
> **데미넌스 자작 | 보석 박힌 홀 | 커피하우스**
> 그레이 백작 | 역병 | 유령 저택 후보지

15. **"검은 수염이 해적들의 만에서 대포로 죽였구나!"**

    마지막 장면은 처절했습니다. 검은 수염은 기억이 끊겼었고, 자기가 한 짓을 알고 나자 무너지며 외쳤습니다. "사랑하는 내 앵무새야! 도대체! 어쩌다가?!"

    사실 로지코는 그 결말이 너무 감정적이라고 생각했습니다. 책의 배경 조사는 탄탄했습니다. 해적들의 만 지도가 실제 해적들의 만 위치와 일치할 정도였습니다. 그런데 로지코가 마지막 페이지에 있는 감사의 글로 갔을 때, 이상한 부분이 보였습니다. "제 시체가 사라지면 에이전트에게 연락하세요!"

    > **검은 수염 | 대포 | 해적들의 만**
    > 푸른 수염 | 시미터 | 해적선
    > 민둥 수염 | 가짜 보물지도 | 거대 소용돌이

16. **"조수 애플그린이 최고의 사무실에서 거대한 책더미로 죽였어요!"**

    조수 애플그린은 처음에 범행을 부인했지만, 로지코가 이곳의 모든 실무를 관장하는 사람만 할 수 있는 일이라고 말하자 결국 시인했습니다. "그래요! 일은 다 하면서 실적은 다 빼앗기는 게 정말 지긋지긋해!"

    다행히 에이전시에서는 이번 일로 열정을 입증했다며 애플그린을 조수장으로 승진시켜 주었습니다. 한편, 에이전트 잉크가 로지코에게 다가와 말했습니다. "옵시디언 부인이 저에게 일을 맡겼어요. 사건 파일을 출판할 생각은 해 보셨나요?"

    > 편집자 아이보리 | 골동품 타자기 | 발코니
    > **조수 애플그린 | 거대한 책더미 | 최고의 사무실**
    > 에이전트 잉크 | 종이 한 연 | 쓰레기 접수실

17. **"부키상 수상자 게인스가 갑판에서 아기 상어로 죽였어요!"**

    부키상 수상자 게인스는 수갑을 차고 끌려가며 소리쳤습니다. "망할 로지코! 내가 하나는 장담하는데, 당신 절대 부키상은 못 탈 거야. 잊지 마, 로지코! 부키상은 넌 절대 못 타!"

부키상 수상자 게인스 | 아기 상어 | 갑판
초크 회장 | 황금 펜 | 식당
에이전트 잉크 | 오래된 닻 | 기관실

18. "철학자 본이 무대 뒤편에서 무거운 책으로 죽였어요!"

하지만 중요한 사실은 그게 아닙니다. 논리탐정 로지코가 부키상을 탄 것이 중요합니다! 로지코는 벅찬 나머지, 철학자 본이 "자기가 누구를 죽였건 안 죽였건 간에" 풀려나야 한다는 사실을(철학적으로) 증명할 수 있다며 시끄럽게 주장하는 소리도 잘 안 들렸습니다.

철학자 본 | 무거운 책 | 무대 뒤편
논리탐정 로지코 | 부키상 트로피 | 후보자석
전설의 대스타 실버튼 | 만년필 | 무대

19. "셀러돈 장관이 드라코니아 공화국에서 독을 넣은 양초로 죽였어요!"

셀러돈 장관은 지정학적 필요성과 우선순위에 관해 뭐라고 주워섬기다가 외교관 특권이 있으니 자기가 혹 살인자라도(사실이지만) 책을 출판해야 한다고 말했습니다.

북투어에 온 사람들은 로지코의 책에서 옵시디언 부인의 시체가 사라진 것, 그리고 부인의 소설과 달리 결말이 열려 있는 것이 가장 마음에 든다고 입을 모았습니다. 로지코는 그 감상이 마음에 안 들었습니다.

루스카니 총장 | 노트북 컴퓨터 | 할리우드
셀러돈 장관 | 독을 넣은 양초 | 드라코니아 공화국
모브 부사장 | 육분의 | 텍토피아

20. "우주인 블루스키가 대기실에서 추리대학 학위증으로 죽였어요!"

우주인 블루스키는 후회했습니다. 원래는 논리탐정 로지코를 죽이려고 했었는데 착각해서 다른 사람을 죽였기 때문입니다. "그래도 공산주의는 이긴다!" 로지코는 블루스키의 낙관적인 태도에 탄복했습니다. 로지코가 정겨운 컴퓨터에 로그인하자 메시지 창이 보였습니다. "이곳에서 만나요. 보여줄 게 있으니까." 그리고 목적지에 ✕ 표시가 된 낡은 해적 지도가 있었습니다. 서명은 옵시디언 부인의 것이었습니다.

> **우주인 블루스키 | 추리대학 학위증 | 대기실**
> 크림슨 원장 | 가죽 장갑 | 옷장
> 커피 장군 | 돋보기 | 사무실

21. **"옵시디언 부인이 유정탑에서 철근으로 죽였어요!"**

옵시디언 부인이 킥킥 웃었습니다. 초크 회장이 전화로 신고해서 온 경찰에게 끌려가며, 부인이 외쳤습니다. "재판에서 봐요!" 로지코는 무슨 일이 있었는지 사람들에게 물어보았습니다. 미드나이트 3세는 다른 사람들도 다 로지코처럼 초대를 받고 왔다고 말했습니다. 초크 회장이 도착한 후 옵시디언 부인은 보여줄 것이 있다면서 시체를 보여주었습니다. "왜 그랬을까요?" 로지코가 물었습니다. 초크 회장이 대답했습니다. "저작권료 협상 전략입니다. 그런데 그게 통했어요. 저는 부인의 인세율을 더 올릴 생각입니다." "이제 안전하시잖아요." 로지코가 말했지만, 초크 회장은 말없이 웃었습니다. 한편, 미드나이트 3세는 미간을 찡그리고 고대 유적을 하염없이 바라보았습니다.

> 초크 회장 | 석유 드럼통 | 사무실
> 미드나이트 3세 | 쇠지레 | 고대 유적
> **옵시디언 부인 | 철근 | 유정탑**

22. **"블랙스톤 변호사가 파트너 사무실에서 대리석 흉상으로 죽였어요!"**

블랙스톤이 로지코의 주장에 반박하며 은근하고 까다로운 말을 늘어놓자, 로지코는 이해하기가 어려웠습니다. 요약하자면, 고객 서비스의 일환으로 한 일이기 때문에 감옥에 가지는 않을 것이라는 내용이었습니다.

> 옵시디언 부인 | 난해한 계약서 | 어소시에이트 사무실
> 모브 부사장 | 독 탄 잉크병 | 로비
> **블랙스톤 변호사 | 대리석 흉상 | 파트너 사무실**

23. "라즈베리 코치가 판사실에서 저울로 죽였어요!"

"쳇, 잡혔군!" 라즈베리 코치가 말했습니다.

로지코는 이번 살인이 옵시디언 부인과 관계가 없다는 것을 확인했지만, 그 결론이 논리적으로 맞는지 궁금했습니다. 살인 두 건이 살인 한 건보다 나쁜 게 아닐까요?

> **라즈베리 코치 | 정의의 여신 저울 | 판사실**
> 카퍼 경관 | 공무용 고무인 | 법정
> 망고 신부 | 거대한 서류 더미 | 주차장

24. "파인 판사가 판사석에서 깃발로 죽였습니다!"

로지코는 추론의 내용을 설명했습니다. 판사는 옵시디언 부인이 유죄라고 생각하는데 배심원들이 무죄 평결을 할 것 같으니 살인을 저질렀을 것이라고요.

"정의는 내가 정해!" 파인 판사가 포효하듯 외쳤습니다. 옵시디언 부인은 재판을 하나 더 받고, 더 많은 책을 팔고, 안타깝게도 여러 건의 살인이 유죄로 인정되어 종신형을 받았습니다.

> **파인 판사 | 깃발 | 판사석**
> 카퍼 경관 | 법봉 | 배심원석
> 옵시디언 부인 | 경찰봉 | 방청석

25. "마술사 믹스달이 주차장에서 명품 의류로 만든 밧줄을 써서 죽였어요!"

"하하, 그래요! 내가 했어요! 드디어! 날 감옥에 보낸 복수를!"

로지코가 그날 밤 집으로 걸어오며 옵시디언 부인을 생각하니 마음이 안 좋았습니다. 연쇄살인마이긴 했지만, 그래도 나름 매력 있는 사람이었습니다.

하지만 다시 사무실로 가 보니 메시지가 기다리고 있었습니다. 분명 전에 본 종류의 암호인데, 어떤 것이었을까요?

*교릿숀 뇨 막스기! 휴 리본비국 히덕피흐녀 피으소. 으휼숙 **수읭** 릿 턱슉 냐죤틱핀 릭츌 이도듄 려슉 캬디 픽녓식 빈슉슉 휴릭뇬 햐디뱌소. 휴달 니브 릭기소!*

343

> 셀러돈 장관 | 황금 수갑 | 스위트룸
> **마술사 믹스달 | 명품 의류로 만든 밧줄 | 주차장**
> 미스 사프론 | 25만 달러짜리 변호사 | 스파

26. "커피 장군이 우편차에서 무거운 소포로 죽였어요!"

"좋은 군인은 패배를 인정하지." 커피 장군이 범행을 시인했지만, 로지코는 자기가 받은 편지를 읽느라 그 말이 안 들렸습니다.

그것도 저작권료는 아니었습니다. 탐구 협회라는 정체 모를 곳까지 먼 길을 가서 회장을 만나라는 내용의 초대장이었습니다. 그 초대에는 돈이라는 강력한 보상이 있었습니다.

> 크림슨 원장 | 우표 스탬프 | 분류실
> 허니 시장 | 봉투칼 | 긴 대기줄
> **커피 장군 | 무거운 소포 | 우편차**

27. "라즈베리 코치가 고대 유적에서 의식용 단검으로 죽였어요!"

탐정 클럽 회원들이 와서 코치를 잡아갔습니다. 로지코의 차도 견인해 갔습니다. 그래도 로지코를 탐구 협회까지 태워다 주었습니다.

라즈베리 코치의 최종 진술은 이렇게 기록되었습니다. "쳇, 젠장, 잡혔네!"

> **라즈베리 코치 | 의식용 단검 | 고대 유적**
> 카퍼 경관 | 독거미 | 해골바위
> 그랜드마스터 로즈 | 삽 | 외길

28. "오버진 주방장이 미니 골프 코스에서 슈퍼 알레르기 오일로 죽였어요!"

"이상한 놈, 널 구웠어야 했는데!" 그 말은 자백이나 마찬가지였습니다.

로지코는 사건 해결을 마치자 저택으로 가서 문을 두드렸습니다.

안에서는 아무 대답도 없었습니다.

그런데 문이 끼익 하며 저절로 열렸습니다….

29. **"언어학자 플린트가 연회실에서 셀레나이트 마법봉으로 죽였어요!"**

언어학자 플린트는 무죄를 주장했지만, 로지코에게 기세가 눌리자 이렇게 말했습니다. "후회라는 말의 어원은 알고 있었는데, 이제야 그 의미를 알겠군요."

마침내 로지코는 안내를 받아 저택 최상층의 사무실로 가서 문을 두드렸습니다. 이번에도 문은 저절로 열렸습니다.

사회학자 엄버 | 저주 받은 단검 | 정면 진입로

언어학자 플린트 | 셀레나이트 마법봉 | 연회실

수비학자 나이트 | 회원용 핀 | 비밀의 다락

30. **"약초학자 오닉스가 책장 사다리에서 유사과학 장치로 죽였어요!"**

그러자 죽은 회장이 일어나 앉으며 말했습니다. "어때, 탐정 친구들?! 이 사람이 딱 적격이라니까!" 그러더니 논리탐정 로지코에게 몸을 돌리고 설명했습니다. "저는 탐구 협회 회장을 맡고 있는 신비탐정 이라티노입니다. 저희는 필요한 수단은 무엇이든 동원해서 세계의 미스터리를 조사하고 있습니다. 가짜로 확인된 것이 아니면 무엇이든 믿어요. 의뢰하고 싶은 일이 있습니다. 가짜를 확인하는 일을 맡아 주세요. 기이한 사건들을 조사하러 갔다가 발견한 내용을 보고하시면 됩니다. 보수는 넉넉하게 드리겠습니다."

로지코가 대답했습니다. "보수는 넉넉하게요, 좋습니다!"

수비학자 나이트 | 살인 타로 덱 | 소파

약초학자 오닉스 | 유사과학 장치 | 책장 사다리

대연금술사 레이븐 | 몽롱해지는 회중시계 | 책상

31. **"레이디 바이올렛이 빽빽한 숲에서 빗자루로 죽였어요!"**

레이디 바이올렛은 처음에 자기가 결백하다고 말했지만, 나중에는 로지코에게 저주

345

를 걸겠다고 했습니다. 나중의 말 때문에 처음 한 말의 설득력이 약해져서, 로지코에게 그 점을 지적받자 이번에는 계략에 당했다며 소리를 질렀습니다.

"이 모임에서 내 지위를 흔들려는 음모야!" 하지만 마녀들은 듣지 않았습니다.

> **레이디 바이올렛 | 빗자루 | 빽빽한 숲**
> 모브 부사장 | 나무토막 | 큰 모닥불
> 버밀리온 공작부인 | 솥 | 고대 유적

32. **"모브 부사장이 지붕 위에서 거대 자석으로 죽였어요!"**

로지코는 모브 부사장이 메타버스 계획에 쓰려고 이상한 과학자에게 자금을 대고 있었는데, 조수가 방해물이었다고 밝혔습니다.

로지코가 그 점을 증명하자 사립탐정들이 체포하러 들이닥쳤습니다. 부사장은 끌려가며 외쳤습니다. "이래서 메타버스가 필요한 거야! 메타버스에선 아무도 날 체포할 수 없는데!"

> **모브 부사장 | 거대 자석 | 지붕 위**
> 애플그린 교장 | 병 속의 뇌 | 수술대
> 슬레이트 대위 | 국자 | 거대한 레버

33. **"아주어 주교가 웅장한 입구에서 팔 뼈로 죽였어요!"**

처음에 아주어 주교는 자기에게 살인 혐의를 씌우는 것이 이단 행위라고 주장했습니다. 나중에는 이단 행위를 막으려고 살인을 했다고 주장했습니다. 어느 쪽이건 좋아 보이지는 않았습니다.

로지코는 보고했습니다. "고대 마법이 아닙니다. 평범한 살인이었어요!"

> 신비탐정 이라티노 | 수정 해골 | 신성한 방
> **아주어 주교 | 팔 뼈 | 웅장한 입구**
> 루스카니 총장 | 의식용 단검 | 높은 제단

34. **"데미넌스 자작이 거대한 묘당에서 극독이 든 병으로 죽였어요!"**

데미넌스 자작의 독 때문에 사람들이 묘지에서 유령의 환각을 보고 있었습니다.

하지만 자작은 체포 직전에 사라졌습니다.

그 자리에는 쪽지 한 장만 남아 있었습니다. "나를 가둘 수 있는 감옥은 없다네."

> 룰리언 경 | 묵주 | 선물 가게
> **데미넌스 자작 | 극독이 든 병 | 거대한 묘당**
> 브라운스톤 수사 | 팔 뼈 | 봉안당

35. **"수비학자 나이트가 고대 유적에서 국자로 죽였어요!"**

수비학자 나이트는 날짜를 수비학적으로 풀었을 때 자기는 유죄가 아니라며 열심히 설명했지만, 신비탐정 이라티노는 계산에서 2 하나가 빠졌다고 지적했습니다.

"어! 그렇다면 어쩔 수 없네요."

> 조수 애플그린 | 유사과학 장치 | 도서관
> 언어학자 플린트 | 셀레나이트 마법봉 | 숙소
> **수비학자 나이트 | 국자 | 고대 유적**

36. **"슬레이트 대위가 선창에서 조명탄으로 죽였어요!"**

슬레이트 대위가 우렁차게 외쳤습니다. "버뮤다 삼각지가 죽인 게 아니야. 내 계획이 이뤄진 거야!"

로지코가 강하게 말했습니다. "보세요! 합리성을 지지하는 증거가 더 나왔어요!"

이라티노가 말했습니다. "아, 하지만 합리성은 모든 사건에서 이겨야 입증되지요. 전 한 번만 이기면 되거든요!"

> Mx. 탠저린 | 선원용 밧줄 | 선장실
> 네이비 제독 | 독을 탄 럼 | 선외
> **슬레이트 대위 | 조명탄 | 선창**

37. **"허니 시장이 중고품 상점에서 낡은 검으로 죽였어요!"**

"온 세상에 알릴 거야! 알릴 거라고!" 시장이 외쳤습니다. 하지만 보좌관이 귀에 뭐라고 속삭이자 다시 말했습니다. "다시 생각해 보니 사람들에게 굳이 알리지 않는 게 낫겠군요."

로지코와 이라티노는 그날 밤에 그 이야기를 하며 웃었습니다. 그러다가 로지코가 이라티노에게 어린 시절에 자란 곳이 어디인지 물었습니다. 이라티노가 말했습니다. "그 이야기를 꺼내다니 흥미롭군요…."

망고 신부 | 돋보기 | 프랜차이즈 식당
허니 시장 | 낡은 검 | 중고품 상점
카퍼 경관 | 도끼 | 중고차 매장

38. **"점성학자 아주어가 드넓은 침실에서 수정 단검으로 죽였어요!"**
아주어가 외쳤습니다. "별들을 봐요. 로지코, 당신은 대가를 치르고 말걸요!"
탐정들이 범인을 끌고 가자, 로지코는 이라티노에게 말했습니다. "역시 저보다는 더 좋은 환경에서 자랐군요."
이라티노는 고개를 저었습니다. "로지코, 돈이 전부가 아니랍니다."

브라운스톤 수사 | 위자 보드 | 마당
버밀리온 공작 | 무거운 암호책 | 50칸 차고
점성학자 아주어 | 수정 단검 | 드넓은 침실

39. **"레이디 바이올렛이 연회실에서 독이 든 머핀으로 죽였어요!"**
"그래! 내가 죽였어요! 좋아했는데! 평민인데도! 그런데 날 거절하다니! 감히, 평민 주제에! 그래서 죽였어요. 같은 상황이 오면 또 죽일 거야. 무슨 짓을 해서라도 되살리고 싶지만!"
로지코와 이라티노가 협회로 돌아가 확인해 보니, 그 호텔은 30년 전에 폐업한 곳이었습니다. 호텔로 다시 찾아갔을 땐 공터만 있었습니다.
이라티노는 그게 초자연 현상의 증거라고 주장했지만, 로지코는 주소를 혼동한 게 틀림없다고 말했습니다. 아니면 가스 누출이라도 있었거나요.
"무슨 그런 어이없는 소리를!" 신비탐정 이라티노의 외침이 울렸습니다.

라벤더 경 | 황금 펜 | 보일러실
미스 사프론 | 나이프가 가득 든 세탁물 가방 | 웅장한 입구
레이디 바이올렛 | 독이 든 머핀 | 연회실

40. **"시뇨르 에메랄드가 시계장치실에서 지구본으로 죽였어요!"**

로지코는 시뇨르 에메랄드가 자기 입으로 말하는 것만큼 부자는 아니며 돈이 필요해서 은행을 털었다고 말했습니다. 그래서 가혹한 대우를 받지 않기를 바랐습니다.

시뇨르 에메랄드가 단호하게 말했습니다. "내가 살인을 한 건 사실이지만, 결코 가난하지는 않아요! 엄벌을 받겠어요!" 한편, 로지코는 이라티노가 백만 달러를 인출해서 더플백에 넣은 것을 알고 호기심이 동했습니다.

> 버밀리온 공작 | 노트북 컴퓨터 | 뒷방
> **시뇨르 에메랄드 | 지구본 | 시계장치실**
> 데미넌스 자작 | 가죽 장갑 | 금고실

41. **"크림슨 원장이 지붕에서 다우징 막대로 죽였어요!"**

크림슨 원장이 소리쳤습니다. "그래요! 그 초능력자는 내가 죽였어요. 알고 보니 초능력자가 아니었으니까! 나를 속이려고 들면 대가를 치르게 만들어야 하지 않겠어요?" 당연히도 초능력 연구실은 백만 달러를 받지 못했습니다.

> 마술사 믹스달 | 준영구기관 | 마당
> **크림슨 원장 | 다우징 막대 | 지붕**
> 버밀리온 공작부인 | 수정구 | 감각차단실

42. **"커피 장군이 안뜰에서 끓는 냄비로 죽였어요!"**

결국 장군은 카페 이용이 금지되었습니다. 지금까지 살인으로 받은 처벌 중에서는 제일 가혹한 조치입니다. 장군이 쫓겨날 때, 이라티노가 로지코에게 이 가게의 오컬트적인 면이 무엇인지 물어보았습니다. 로지코가 대답했습니다. "커피 드립 솜씨가 환상적이고 라테가 천상의 맛이지요." 이라티노는 라테를 마시더니 그 말에 동의했습니다. "하지만 백만 달러를 받을 자격이 있는지는 모르겠는데요."

"이제 그 대가를 치러야 할걸요, 회의론자 같으니!"

> 라피스 수녀 | 버터 나이프 | 주차장
> 그랜드마스터 로즈 | 금속 빨대 | 화장실
> **커피 장군 | 끓는 냄비 | 안뜰**

43. **"버밀리온 공작부인이 얼어붙은 황무지에서 독이 든 핫초코로 죽였어요!"**

이라티노가 절규했습니다. "아니 도대체 왜?!" 공작부인이 대답했습니다. "나보다 더 대단하고 위엄이 넘쳤으니까. 그런 존재를 참아줄 수는 없지." 잘못이 발각된 순간에도 부인은 전혀 뉘우치는 기색이 없었습니다. 로지코는 이라티노의 괴로움을 덜어주고 싶었습니다. "안아주면 좀 괜찮을까요?" 아니었습니다. "영화를 보면 나아질까요?" 그것도 아니었습니다. "제가 독을 좀 공부해 둔 덕분에 해독제를 알아냈고, 그래서 펭귄이 죽다 살아났다는 걸 알려주면 좀 편해지겠어요?" 이번에는 효과가 아주 좋았습니다. 두 사람은 밤새 축하했습니다.

루스카니 총장 | 고드름 단검 | 탁구장
버밀리온 공작부인 | 독이 든 핫초코 | 얼어붙은 황무지
Mx. 탠저린 | 얼음 도끼 | 숙소

44. **"파인 판사가 무대 뒤 숲에서 공연용 검으로 죽였어요!"**

파인 판사가 외쳤습니다. "이건 정의가 아니야! 정의는 내가 정해!"

판사는 신비탐정 이라티노에게 법봉을 휘둘렀지만, 이라티노는 로지코에게 줄 꽃을 따려고 허리를 굽히다가 우연히 피했습니다.

그레이 백작 | 독한 안내서 | 무대
라피스 수녀 | 독이 든 팝콘 | 접수 나무
파인 판사 | 공연용 검 | 무대 뒤 숲

45. **"편집자 아이보리가 매점에서 삽으로 죽였어요!"**

아이보리는 끌려가며 외쳤습니다. "날 하차시킬 순 없어요! 꼭 돌아올 거야! 돌아오고 말 거야!" 그 소리가 멀어진 후 로지코는 말했습니다. "그래요, 여기 유령은 없었네요." 이라티노가 말했습니다. "맞아요. 같이 영화 보러 가려고 거짓말했어요." 로지코는 그래도 괜찮았습니다.

편집자 아이보리 | 삽 | 매점
영화광 스모키 | 예비 타이어 | 매표소
전설의 대스타 실버튼 | 독이 든 팝콘 | 스크린

46. **"애플그린 교장이 갑판에서 맹독성 복어로 죽였어요!"**

로지코는 범죄를 처음부터 설명하기 시작했습니다. 그러다가 애플그린 교장이 범인이었다는 사실을 막 증명하려는데 시끄러운 충돌음이 들렸습니다!

크루즈 여객선이 좌초된 것입니다.

애플그린 교장이 한스럽게 말했습니다. "이 여행은 F+를 주겠어!".

네이비 제독 | 타륜 | 식당

모브 부사장 | 낚시용 작살 | 선장실

애플그린 교장 | 맹독성 복어 | 갑판

47. **"마룬 남작이 죽음의 숲에서 낡은 검으로 죽였어요!"**

하지만 로지코가 배를 좌초시킨 선장 때문에 남작이 많이 분했을 것이라고 하자 남작이 말을 끊었습니다. "그래서 죽였다고 생각했다고?! 자네는 신통치 못한 탐정이로군. 이유는 그게 아니야! 그놈이 내 아내의 불륜 상대였다고!"

법적으로 봤을 때 좋은 변호라고는 할 수 없는 말이었습니다. 사람들은 남작을 묶어서 절벽 옆의 등대에 던져 놓았습니다. 걱정할 일은 그것 말고도 있었습니다. 휴대폰이 터지는 사람도 아무도 없었고, 배의 무선도 누군가가 부숴 놓았기 때문입니다.

Mx. 탠저린 | 상한 맹독성 복어 | 절벽 옆의 등대

마룬 남작 | 낡은 검 | 죽음의 숲

점성학자 아주어 | 삽 | 무너진 교회

48. **"라피스 수녀가 물에 잠긴 장의자에서 성유물로 죽였어요!"**

라피스 수녀는 그 말을 듣고 이상하게 웃었습니다. "모르겠어요? 이해가 안 가요? 우릴 이 섬에 데려온 건 선장이 아니었어요. 배도 아니었어요! 악마였다고요!"

이라티노는 그럴 수도 있겠다고 수긍했지만, 로지코는 피살된 것이 악마가 아니라는 점을 다시금 강조했습니다. 수녀가 죽인 것은 일등항해사였습니다.

"악마의 일등항해사였어요!" 사람들은 울부짖는 라피스 수녀를 묶어서 절벽 옆의 등대에 던져 놓았습니다. 로지코와 신비탐정 이라티노는 서로의 온기를 지키려고 애쓰며 그날 밤을 보냈습니다.

> 철학자 본 | 묵주 | 풀에 뒤덮인 오르간
> 브라운스톤 수사 | 돌 | 금이 간 제단
> **라피스 수녀 | 성유물 | 물에 잠긴 장의자**

49. **"룰리언 경이 비틀린 나무에서 기도용 양초로 죽였어요!"**

"내가 잘못했어! 내가 어떻게 된 건지 모르겠네! 이 섬은 어딘가 이상해! 나한테 살인을 시켰다고. 보면 모르겠나?!" 낡은 변명이었습니다. 로지코는 전에도 이 말을 들은 적이 있었지만, 독백을 마칠 무렵에 룰리언 경은 이미 묶여서 절벽 옆의 등대에 던져지고 있었습니다. 로지코는 이라티노에게 물었습니다. "정말 특별하지 않아요? 이상한 섬에서 같이 사건을 해결하고 있다니." 하지만 신비탐정 이라티노는 다른 생각에 빠진 것 같았습니다. 무슨 생각이었을까요?

> 루스카니 총장 | 돌 | 고대 유적
> **룰리언 경 | 기도용 양초 | 비틀린 나무**
> 그레이 백작 | 훈련된 원숭이 | 움직이는 동굴

50. **"룰리언 경이 등대에서 돌로 때렸어요!"**

로지코는 그 자리에 남아 룰리언 경의 항변을 들을 틈이 없었습니다. 이라티노를 돌보던 추방자 한 명이 와서 이라티노가 죽어간다고 말했기 때문입니다. 로지코는 만으로 달려가 이라티노를 붙들었습니다. "조금만 더 버텨요!" 로지코는 절규했습니다. 하지만 이라티노는 힘겹게 "고대 유적…"이라고만 말했습니다. 그리고 죽었습니다. 아직 풀지 못한 수수께끼가 너무나 많았습니다. 두 사람은 서로 어떤 사이가 될 수 있었을까요? 왜 이렇게 되었을까요? 무엇보다도, 마지막 말은 무슨 의미였을까요?

> 마룬 남작 | 선원용 밧줄 | 발전기
> **룰리언 경 | 돌 | 등대**
> 라피스 수녀 | 기름병 | 외진 만

51. **"그레이 백작이 무언가를 빼앗기 위해 거대한 묘당에서 솥으로 죽였어요!"**

그레이 백작이 노성을 질렀습니다. "내 티백을 가지고 있었으니까! 골동품 티백을 빌

려줬는데, 작품으로 감상을 하는 게 아니라 우러서 마시잖아! 그래서 내가 빼앗아 간 건 사실이지만, 원래 내 물건이었다니까! 그런데 저항을 하잖아! 그래서 죽였어! 그 래!" 로지코는 그 말에 전혀 신경을 쓰지 않았습니다. 마음속에는 복수만이 가득한 채로…

점성학자 아주어 | 유령탐지기 | 입구 | 실제로 가능한지 보려고

그레이 백작 | 솥 | 거대한 묘당 | 무언가를 빼앗기

Mx. 탠저린 | 빗자루 | 선물 가게 | 시체 훔치기

신비동물학자 클라우드 | 팔 뼈 | 이상한 오두막 | 불륜 숨기기

52. **"언어학자 플린트가 재산을 상속 받으려고 출구 없는 정원 미로에서 몽롱해지는 회중시계로 죽였어요!"**

"당신만 아니었으면 상속을 받았을 텐데! 신비탐정 이라티노의 유언장에는 여기 전 체를 그 경비원한테 주라고 되어 있었어요. 그 사람은 믿을 수 있다고! 경비원이 날 믿은 게 문제였지만요! 나는 몽롱해지는 회중시계가 있으니까, 그걸로 나한테 유산 을 전부 넘기는 유언장을 쓰게 만들었어요. 그 뒤는 이미 다 알아냈지요? 당신만 없 었으면 계획대로 되었을 텐데!" 로지코는 언어학자 플린트를 체포하는 것에도 전혀 신경을 쓰지 않았습니다. 마음속에는 복수만이 가득한 채로…

수비학자 나이트 | 수정구 | 미니 골프 코스 | 강인함을 입증

대연금술사 레이븐 | 준영구기관 | 거대한 탑 | 사랑을 쟁취하기

약초학자 오닉스 | 다우징 막대 | 웅장한 저택 | 그냥 그럴 수 있으니까

언어학자 플린트 | 몽롱해지는 회중시계 | 출구 없는 정원 미로 | 재산 상속

53. **"사회학자 엄버가 혁명을 완수하려고 움직이는 동굴에서 낡은 검으로 죽였어요!"**

엄버는 그 사교도가 현상 유지를 위해 싸우는 반동이라고 주장했습니다. 세상을 뒤 집고 싶은 마음은 로지코도 이해할 수 있었습니다. 세상에는 좋은 것이 있고, 진실이 있습니다. 그 두 개가 같았으면 정말 좋았겠지만, 그렇지 않을 때가 많았습니다.

"고대 유적에 대해서 아는 게 있습니까?" 로지코의 질문에 엄버가 길게 늘어놓은 대 답은 전혀 힌트가 되지 않았습니다. 로지코는 더 이상 그런 이론에 신경을 쓰지 않았 습니다. 마음속에는 복수만이 가득한 채로…

54. "네이비 제독이 숙녀의 호감을 사려고 절벽에서 도끼로 죽였어요!"

"세상에 어떤 숙녀가 살인 때문에 호감을 느끼겠어요?"

"그거야 내가 찾는 숙녀지." 논리탐정 로지코는 그 숙녀가 누군지 전혀 신경을 쓰지 않았습니다. 마음속에는 복수만이 가득한 채로….

모브 부사장 | 곰덫 | 고대 유적 | 아버지의 복수
네이비 제독 | 도끼 | 절벽 | 숙녀의 호감 얻기
에이전트 잉크 | 노 | 부두 | 보물지도 훔치기
그랜드마스터 로즈 | 벽돌 | 유령의 숲 | 광기에 밀려서

55. "허니 전 시장이 부동산 사기의 일부로 고대 유적에서 독거미로 죽였어요!"

"망할 로지코! 이 공원 전체를 호화 아파트로 바꿀 수 있었는데! 그렇게 마을을 세우고 키워서 시장 선거에 나갈 수 있었는데!" 로지코는 무시하고 질문했습니다.

"고대 유적에 관해서는 아는 게 없습니까?" 시장은 아는 게 없었고, 로지코는 관심을 잃었습니다. 탐정 클럽 식으로 말하면 '처슷 옹새픂 줗오쳥시 허퉁겇 메쿠….'

허니 전 시장 | 독거미 | 고대 유적 | 부동산 사기를 위해
애플그린 교장 | 원예 가위 | 온천 스파 | 무언가를 빼앗기
라즈베리 코치 | 활과 화살 | 파티 호수 | 실제로 가능한지 보려고
루스카니 총장 | 등반용 도끼 | 입구 | 협박에서 벗어나기

56. "망고 신부가 곰을 겁주어 쫓아내려고 성당에서 뜨개바늘로 죽였어요!"

"저는 가게 주인과 함께 성당에서 곰에게 몰렸습니다! 난폭하고 굶주린 곰이 우리를 잡아먹으려고 했어요. 곰을 겁줘서 쫓아내지 못하면 큰일이 날 위기였습니다. 제가 비명을 지르면서 곰의 눈앞에서 가게 주인을 찌르니까 곰이 겁을 먹고 도망쳤어요."

"고대 유적에 대해서는 아는 게 없습니까?"

망고 신부는 계속 곰 이야기만 했습니다. 하지만 로지코는 곰에 전혀 신경을 쓰지 않았습니다. 거꾸로 말하자면 '로채 한득가 이만수복 는에속음마'

> 섀도우 | 시안화물 한 병 | 정겨운 정원 | 부동산 사기를 위해
> **망고 신부 | 뜨개바늘 | 성당 | 곰을 겁주어 쫓아내기**
> 라벤더 경 | 골동품 화승총 | 개발 지구 | 아이디어 훔치기
> 카퍼 경관 | 실뭉치 | 고대 유적 | 시체 훔치기

57. **"브라운스톤 수사가 종교적인 이유 때문에 성가대석에서 실뭉치로 죽였어요!"**

브라운스톤 수사의 설명에 따르면, 그 교구 신도가 끔찍한 범죄를 저질렀기 때문에 수도회의 명령에 따라 직접 처리해야 했다고 합니다.

하지만 로지코는 종교 조직에 전혀 신경을 쓰지 않았습니다. 마음속에는 복수만이 가득한 채로….

> 망고 신부 | 와인병 | 묘지 | 유령이 시켜서
> 아주어 주교 | 성유물 | 전면 계단 | 연습 삼아
> 버디그리 부제 | 골동품 화승총 | 대기실 | 부모의 뒤를 이으려고
> **브라운스톤 수사 | 실뭉치 | 성가대석 | 종교적인 이유**

58. **"마룬 남작이 비밀을 지키려고 비밀 정원에서 화분으로 죽였어요!"**

"누구나 비밀 정원을 알고 있다면 그건 그냥 정원이겠지! 정원사는 그곳을 발견했으니 죽어야만 했어."

"하지만 이제 우리 모두가 알지요."

분노한 남작은 난동을 부리지 못하게 단단히 묶어야 했습니다. 하지만 로지코는 남작의 위협에도 전혀 신경을 쓰지 않았습니다. 마음속에는 무엇이 가득했을까요?

> 데미넌스 자작 | 독을 탄 차 | 경비탑 | 살인을 경험하기
> 라벤더 경 | 원예 가위 | 고대 유적 | 과학 실험
> 버밀리온 공작부인 | 벽돌 | 분수대 | 소중한 책 훔치기
> **마룬 남작 | 화분 | 비밀 정원 | 비밀 지키기**

59. "초크 회장이 책 판매고를 향상시키려고 식당에서 기념용 펜으로 죽였어요!"

하지만 로지코는 분명히 밝힌 것처럼 책 판매고에는 전혀 신경을 쓰지 않았습니다. 마음속에는 복수만이 가득한 채로….

"아, 그것도 판매고 향상에 좋겠군요. 친구를 죽인 범인에게 처절한 복수를 할 수 있다면요." 로지코가 대답했습니다. "그냥 친구가 아니었어요." "매출에는 그냥 친구인 편이 더 좋겠군요."

> 부키상 수상자 게인스 | 난해한 계약서 | 갑판 | 교단의 명령
> **초크 회장 | 기념용 펜 | 식당 | 책 판매고 향상**
> 편집자 아이보리 | 오래된 닻 | 기관실 | 소중한 책 훔치기
> 에이전트 잉크 | 에코백 | 선외 | 로지코 위로

60. "Mx. 탠저린이 교단의 명령에 따라 고대 유적에서 낡은 검으로 죽였어요!"

로지코는 처음으로 찾은 단서를 따라갔습니다. "교단이 유적과 무슨 관계입니까?" Mx. 탠저린이 대답했습니다. "네? 저는 그 신도가 탈퇴를 못 하게 죽이라는 명령만 받았는데요. 고대 유적은 아무 관계도 없어요. 그냥 살인할 때 쓰는 돌덩이일 뿐입니다." 알고 보니 단서가 아니었습니다. 막다른 길이었습니다.

하지만 로지코는 막다른 길에도 전혀 신경을 쓰지 않았습니다(마음속에는 복수만이 가득한 채로…).

> 샴페인 동무 | 알루미늄 파이프 | 낡은 방앗간 | 로지코 자극
> **Mx. 탠저린 | 낡은 검 | 고대 유적 | 교단의 명령**
> 조수 애플그린 | 돋보기 | 주민 회관 | 뼈아픈 교훈
> 애플그린 교장 | 골동품 시계 | 도서관 | 유언장 변경 막기

61. "아마란스 대통령이 도굴을 하려고 무너진 교회에서 빗자루로 죽였어요!"

대통령이 대답했습니다. "그래요! 고대의 신성한 보석 박힌 홀이 나와 이름이 같은, 프랑스의 위대한 아마란스 대통령과 함께 묻혀 있어요! 나는 보석 박힌 홀을 찾아서 권위를 굳힐 생각이었는데! 지금 무슨 짓을 했는지 잘 생각해 봐요! 유럽에 재앙을 가져왔잖아요!" 하지만 로지코는 유럽의 안정에 전혀 신경을 쓰지 않았습니다. 마음속에는 복수만이 가득한 채로….

섀도우 | 외계 유물 | 절벽 옆의 등대 | 전쟁 승리를 위해
아마란스 대통령 | 빗자루 | 무너진 교회 | 도굴하기
슬레이트 대위 | 수정 해골 | 죽음의 숲 | 체면 유지
미드나이트 3세 | 도끼 | 난파된 크루즈선 | 사업 계약

62. **"평범한 블루스카이 씨가 비밀을 지키려고 중고품 상점에서 알루미늄 파이프로 죽였어요!"**

평범한 블루스카이 씨는 대답했습니다. "말도 안 되는 소리 말아요! 제가 비밀이 어디 있다고." 로지코가 말했습니다. "아무리 봐도 우주인 블루스키가 본명인 것 같으니까요." 로지코가 평범한 블루스카이 씨의 가짜 콧수염을 잡아 뜯자 모두가 놀란 숨을 들이켰습니다.

"그냥 보통 미국인으로 살고 싶었는데." 블루스키(?)의 말을 듣자 사람들이 감동했습니다. "그러면 미국을 내부에서부터 붕괴시킬 수 있었을 텐데!" 이번에는 사람들이 야유했습니다. 하지만 로지코는 감탄에도 야유에도 전혀 신경을 쓰지 않았고, 새로운 일자리에도 관심이 가지 않았습니다. 마음속에는 복수만이 가득한 채로….

허니 전 시장 | 포크 | 쇠락한 상점가 | 돈 때문에
카퍼 전 경관 | 평범한 벽돌 | 낡은 공장 | 정신이 나간 상태로
평범한 블루스카이 씨 | 알루미늄 파이프 | 중고품 상점 | 비밀 지키기
크림슨 전 원장 | 오래된 닻 | 중고차 매장 | 모욕 되돌려주기

63. **"버디그리 부제가 아버지의 복수를 위해 안뜰에서 성유병으로 죽였어요!"**

부제는 절규했습니다. "브라운스톤 수사가 죽인 교구 신도가 바로 우리 아버지였으니까! 나는 혈육으로서 아버지를 보호할 의무가 있으니까요!"

브라운스톤 수사의 가족인 브라운스톤 형제도 그 말을 들었고, 로지코는 버디그리 부제가 앞으로 얼마나 더 살 수 있을지 모르겠다고 생각했습니다.

하지만 로지코는 버디그리 부제에게 전혀 신경을 쓰지 않았습니다. 마음속에는 복수만이 가득한 채로…. 그런데 그때, 브라운스톤 수사의 혈육인 브라운스톤 형제가 브라운스톤 수사에게서 받은 쪽지를 주었습니다. 그 안에는 이런 말이 있었습니다. "질문의 답은 미래에 있지 않아요. 과거에 있습니다."

64. **"루스카니 총장이 대의를 위해 서점에서 무거운 백팩으로 죽였어요!"**

루스카니 총장은 말했습니다. "그 사서는 엉망이었네. 몇 년 전에 해고를 했어야 했는데. 내가 한 일은 분명 좋은 일이지만, 우리 졸업생 중에 제일 똑똑한 친구가 와 있을 땐 역시 죽이지 말았어야 했을 것을."

로지코가 대답했습니다. "칭찬해 봤자 소용 없습니다." "그럼 뇌물은 어떤가?" 로지코는 마음이 약간 동했지만, 그래도 로지코의 신경은 복수에 쏠려 있었습니다. "제가 구본관 기록 보관실을 쓸 수 있게 해 주시면 대화를 시작할 수 있겠네요."

65. **"글라우 학장이 과학 실험을 하려고 총장실에서 낡은 컴퓨터로 죽였어요!"**

"가설은 간단했어! 주 사서가 없어도 도서관은 운영이 가능하지만, 보조 사서마저 없으면 운영이 안 된다는 것이었지! 그런데 자네가 이중맹검법을 망치는 바람에 실험도 망했네."

로지코가 물었습니다. "그 실험은 목적이 뭐지요?" 학장이 노성을 질렀습니다. "과학에 필요한 건 목적이 아니라 지식이야!" 하지만 로지코는 과학에 전혀 신경을 쓰지 않았습니다….

66. **"아마란스 대통령이 왕위에 오르려고 센 강에서 신성한 홀로 죽였구나!"**

역사는 명확했습니다. 아마란스 대통령은 그 신성한 홀로 권좌에 올랐고, 그 홀이 센 강에서 경쟁자를 살해한 무기라고는 아무도 의심하지 않았습니다.

로지코는 세상이 그렇게 돌아간다는 것을 알았습니다. 악당들은 대가를 치르지 않았습니다. 하지만 로지코는 지난 역사에 전혀 신경을 쓰지 않았습니다. 중요한 것은 미래의 복수였습니다.

> **아마란스 대통령 | 신성한 홀 | 센 강 | 왕위에 오르기**
> 마린 제독 | 정치에 관한 논문 | 고대 유적 | 혁명 저지
> 데미넌스 자작 | 투표함 | 바리케이드 | 혁명 완수
> 샴페인 동무 | 횃불 | 바스티유 요새 | 대의를 위해

67. **"버밀리온 공작이 용기를 증명하려고 카멜롯에서 엑스칼리버로 죽였어!"**

그랬습니다. 논리탐정 로지코가 조사한 바에 따르면, 애초에 전쟁은 버밀리온 공작이 용기를 증명하기 위해 엑스칼리버를 훔쳤을 때 시작되었습니다. 공작은 마침 궁정 광대가 재주를 넘던 곳 근처에서 방금 얻은 엑스칼리버를 아무렇게나 휘두르기 시작했고…. 긴 이야기를 줄여 보자면, 그 뒤로 수십 년간 대량의 피가 흘렀습니다.

로지코는 자료 C의 글자들을 재배치해서 '다스림' 즉 곧 누군가가 지배할 것이라는 의미의 말을 찾아냈습니다. 아마란스 대통령을 말한 것일까요? 아니면 아서 왕? 아니면 고대 유적을 이용해서 지배자가 되려는 누군가일까요?

하지만 로지코는 누가 지배하는지에는 전혀 신경을 쓰지 않았습니다. 마음속에는 복수만이 가득한 채로….

> 라벤더 경 | 술잔 | 마법의 호수 | 종교적인 이유
> 레이디 바이올렛 | 골동품 투구 | 아발론 | 그게 논리적이니까
> **버밀리온 공작 | 엑스칼리버 | 카멜롯 | 용기를 증명**
> 룰리언 경 | 와인병 | 고대 유적 | 시체 훔치기

68. **"슬레이트 대위가 우주의 광기에 빠진 끝에 달 착륙선에서 공기 탱크로 죽였어요!"**

물론 정부는 이 모든 일을 묻어 버렸습니다. 달에 갔던 사람이 우주의 광기에 빠진 채로 돌아올 수 있다는 생각을 사람들 사이에 풀어 놓을 수는 없었기 때문입니다.

로지코에게는 의문이 생겼습니다. 정부에서 또 어떤 일을 묻었을까요?

그럼에도 로지코는 우주의 광기에 전혀 신경을 쓰지 않았습니다. 마음속에는… 잠깐! 로지코는 고대 유적의 글자들을 재빨리 한 번 더 재배열해 보고 고대 유적의 비밀과 깊게 연관된 인물의 이름을 찾았습니다. 어쩌면 그 사람이 이 모든 일의 배후에 있었을지도 모릅니다!

> 라즈베리 코치 | 월석 | 달 기지 | 복수하려고
> **슬레이트 대위 | 공기 탱크 | 달 착륙선 | 우주의 광기에 빠져서**
> 우주인 블루스키 | 인간 두개골 | 월면차 | 과학 실험
> 커피 장군 | 대형 배터리 | 고대 유적 | 정치적인 목적

69. **"대연금술사 레이븐이 유령이 시킨 대로 주차장에서 톱으로 죽였어요!"**

   마술사들은 아무도 그런 <u>으스스한</u> 초자연 현상을 믿지 않았기 때문에, 그런 이유는 살인을 하기에 적합하지 않다고 생각했습니다. 물론 카드 트릭을 보호하는 것은 완전히 다른 문제입니다. 여하튼 대연금술사 레이븐은 자백을 하고 ("살인은 내 연금술의 최대 비밀인데, 그걸 밝혀 내다니!") 끌려갔습니다.

   그 후, 로지코는 마술사 믹스달을 향해 몸을 돌리고 자료 C를 증거로 내밀며 그 이름을 지적했습니다. "그렇죠, 믹스달!" 마술사 믹스달이 대답했습니다. "미궁에 새겨진 룬은 내 이름과 상관이 없어요. 'ㄹ'이 하나 더 남잖아요! 철자 확인이라도 다시 해 보는 게 좋았을 텐데요!"

   로지코는 철자에는 전혀 관심이 없었습니다. 하지만 그 일은 심히 부끄러웠습니다.

> 섀도우 | 값싼 술 한 병 | 피아노실 | 아이디어 훔치기
> **대연금술사 레이븐 | 톱 | 주차장 | 유령이 시켜서**
> 마술사 믹스달 | 스페이드 에이스 | 주 무대 | 마술의 비밀 보호
> 영화광 스모키 | 훈련 받은 포악한 토끼 | 공연 테이블 | 규칙을 어겼기 때문

70. **"섀도우가 목격자를 제거하려고 쓰레기 수거함에서 삽으로 죽였어요!"**

   로지코의 말에 섀도우가 웃었습니다. 변조기로 바꾼 소리가 흘러 나왔지만, 로지코에게는 그 웃음소리가 익숙하게 들렸습니다. "누구시죠?" 로지코가 물었습니다. "고대 유적의 비밀을 어디에서 찾을 수 있는지 알려줄 사람이지요. 사막에 있는 뉴 에이

지 공동체를 찾아가 봐요."

그리고 로지코가 더 말을 잇기도 전에, 섀도우는 사라졌습니다. 마법처럼 사라진 것은 아니었습니다. 그냥 아주아주 빠르게 뛰어서 도망쳤습니다. 로지코는 섀도우를 뒤쫓는 대신 단서를 뒤쫓기로 했습니다.

> 앳된 블루 씨 | 시미터 | 철제 울타리 | 아이디어 훔치기
> 블랙스톤 변호사 | 붉은 청어 | 정신 사나운 그래피티 | 뼈아픈 교훈
> **섀도우 | 삽 | 쓰레기 수거함 | 목격자 제거**
> 전설의 대스타 실버튼 | 독이 든 병 | 불타고 형체만 남은 자동차 | 피에 굶주려서

71. **"허니 시장이 비밀을 지키려고 UFO 추락 지점에서 다우징 막대로 죽였어요!"**

    허니 시장이 맞았습니다. "무슨 소리지?! 나한테 무슨 비밀이 있다고?"

    로지코가 대답했습니다. "제 고향에 있던 허니 시장과 동일인이잖아요. 게다가 우주인 블루스키도 본인이 아니라고 주장할 생각이시죠." "무슨 소리야?! 두 사람 다 나는 전혀 모르네!"

    하지만 로지코는 말다툼할 시간이 없었습니다. 그래서 마을의 다른 주민에게 크라임 퍼즐과 메모를 주면서 뒤를 맡기고 갈 길을 갔습니다. 로지코는 허니 시장에게 전혀 신경을 쓰지 않았습니다. 당연하게도….

    > 미드나이트 삼촌 | 기도용 양초 | 키치 레스토랑 | 마약에 취해서
    > 부키상 수상자 게인스 | 셀레나이트 마법봉 | 수정 상점 | 질투 때문에
    > **허니 시장 | 다우징 막대 | UFO 추락 지점 | 비밀 지키기**
    > 수정의 여신 | 굽은 숟가락 | 마을 광장 | 과학 실험

72. **"블랙스톤 변호사가 돈 때문에 야외 명상 공간에서 수정구로 죽였어요!"**

    블랙스톤 변호사는 글로벌 프랜차이즈로 키워 준다는 말을 믿고 기업 헤지펀드에 수정 상점을 판매할 계획을 몰래 꾸미고 있었습니다. 블랙스톤은 수정의 효능을 믿지 않았지만, 돈은 믿었습니다. 그리고 미처 로지코가 막기도 전에 돈을 들고 도망쳤습니다.

    하지만 로지코는 블랙스톤을 막는 일에 전혀 신경을 쓰지 않았습니다.

총교주 코발트 | 살인 타로 덱 | 옥상 바 | 기운이 이상해서

수비학자 나이트 | 수정 단검 | 커다란 금고 | 애정을 증명

블랙스톤 변호사 | 수정구 | 야외 명상 공간 | 돈 때문에

치과의사 시셸 | 죽은 자의 전언 | 허브 코너 | 수정 훔치기

73. "오버진 주방장이 주장을 입증하려고 주방에서 숟가락으로 죽였어요!"

샌드위치 주방장은 오버진 주방장과 맹독성 복어를 준비하는 방법을 두고 다투는 사이였습니다. 피해자는 자기가 더 잘 안다고 생각했지만, 오버진 주방장은 숟가락으로 상대를 죽여서 자기 주장을 입증했습니다. 그리고 외쳤습니다. "같은 일이 생기면 또 죽일 거야! 감히 내 전문성을 의심하다니!"

오버진 주방장이 도망쳤지만, 로지코는 막지 않았습니다. 이 마을에는 분명 이상한 점이 있었습니다. 신경 쓰이는 일에 점점 다가간다는 느낌이 들었습니다.

라즈베리 코치 | 벽에 걸린 소품 | 부스 좌석 | 파티의 흥 돋우기

커피 장군 | 독이 든 병 | 테라스 좌석 | 질투 때문에

오버진 주방장 | 숟가락 | 주방 | 주장을 입증

그레이 백작 | 슈퍼 알레르기 오일 | 화장실 | 더 좋은 자리를 위해

74. "치과의사 시셸 선생이 과학 실험을 하려고 공무용 밴에서 셀레나이트 마법봉으로 죽였어요!"

치과의사 시셸이 설명했습니다. "제 가설은 이 셀레나이트 마법봉으로 외계인과 접촉할 수 있다는 것입니다. 하지만 그러려면 마법봉을 잘 충전해야 하지요. 충전하는 방법은? 살인입니다! 뭐, 일단 그럴 가능성은 있어요. 이제 기다려 보면 됩니다. 실험은 그런 것이니까요." 치과의사 시셸은 실험의 두 번째 부분에서 동굴 입구로 도망쳐 들어갔습니다. 로지코도 따라갔습니다. 이번에는 꼭 복수를 해야 하니까….

셀러돈 장관 | 몽롱해지는 회중시계 | 크레이터 | UFO 훔치기

사회학자 엄버 | 솥 | 동굴 입구 | 기운이 이상해서

약초학자 오닉스 | 유사과학 장치 | 선물 가게 | 교단의 명령

치과의사 시셸 | 셀레나이트 마법봉 | 공무용 밴 | 과학 실험

75. **"섀도우가 오컬트를 알리려고 막다른 곳에서 거대 자석을 썼어요!"**

정체불명의 섀도우는 거대 자석을 휘둘렀지만, 로지코는 그 자석을 쳐서 떨어트리고 섀도우의 얼굴에 손전등 불빛을 비췄습니다. 그리고 눈에 들어온 모습에 할 말을 잃었습니다. 섀도우는 신비탐정 이라티노였습니다. 평소에는 차분했던 로지코의 마음에 찢어질 듯한 아픔과 배신감, 혼란이 휘몰아쳤습니다. 신비탐정은 로지코를 바라보며 말했습니다.

"지금 생각하는 거랑은 다른 상황이라고 하면 믿겠어요?" "자기가 죽은 걸로 꾸미고 가짜 유적들을 만들어서 온갖 곳에 뿌리면서 뭔가 홍보하려고 한 것처럼 보이는데. 그런 것 때문에 백만 달러를 썼어요?" "그런 게 아니에요, 로지코. 이건 여기서 발견한 겁니다. 나는 결코 가짜 오컬트를 만들지 않아요!"

로지코의 태도가 냉정해졌습니다. "섬에서 가짜로 죽은 척했던 것은 맞나요?" 이라티노가 긴장하더니 고개를 숙였습니다. "그게 유일한 길이었어요." 로지코는 이라티노를 때려서 기절시켰습니다. 복수는 생각했던 것만큼 달콤하지 않았습니다.

섀도우 | 거대 자석 | 막다른 곳 | 오컬트 알리기
허니 시장 | 거대한 뼈 | 새 유적 | 마을 홍보
블랙스톤 변호사 | 지구본 | 거대한 기계 | 돈 때문에
치과의사 시셸 선생 | 돌 | 탁자 | 전쟁 승리를 위해

76. **"핵 블랙스턴이 각본 판매에 도움이 되라고 매직 팰리스에서 트로피로 죽였어요!"**

논리탐정 로지코는 핵이 각본을 팔겠다고 살인을 저지른 이유를 알 수가 없었습니다. 이미 대단한 커리어를 쌓았는데 왜 그랬을까요?

핵이 웃으며 말했습니다. "어제까지는 내 커리어가 대단했지요. 내일도 커리어가 대단할 사람은 아무도 없어요." 살인을 저질렀다면 더욱 그렇겠지요.

책임 프로듀서 스틸 | 골프채 | 그레이트 파크 | 강인함을 입증
핵 블랙스턴 | 트로피 | 매직 팰리스 | 각본 판매 돕기
영화광 스모키 | 보톡스 주사 | 아가일 연예 기획사 | 업계 잠입
배경의 마렝고 | 필름 | 미드나이트 영화사 | 영화 만들기

77. **"책임 프로듀서 스틸이 사업 계약을 확정하려고**
    대형 홀에서 피아노 줄로 죽였어요!"

    "나를 잡아내다니! 하지만 당신이 이 거래를 방해해서 얼마나 많은 사람이 일자리를 잃게 되었는지 알아요? 수천 명이라고요! 자, 그럼 누가 악당이죠?!"

    로지코는 누군가를 살해한 사람이 그 사실을 알아낸 사람보다 당연히 더 나쁘다고 생각했지만, 어쩌면 그게 편견일 수도 있겠지요.

    > 미드나이트 3세 | 희귀한 꽃병 | 안뜰의 수영장 | 영화 완성
    > 에이전트 아가일 | 골동품 타자기 | 옥상 발코니 | 돈 때문에
    > **책임 프로듀서 스틸 | 피아노 줄 | 대형 홀 | 사업 계약**
    > 미드나이트 삼촌 | 육중한 각본 | 지하실 바 | 파티의 흥 돋우기

78. **"차콜 두목이 강인함을 입증하려고 구석의 부스 자리에서 붉은 청어로 죽였어요!"**

    갱 보스라면 종종 강인함을 입증해 주어야 다른 사람이 치고 올라오지 않는 법입니다. 하지만, 로지코는 그 방법이 불쌍한 주방장을 죽이는 것이 아니라 팔굽혀펴기나 권투 연습 같은 것이었으면 좋았겠다는 생각이 들었습니다.

    (사실 그 주방장은 죽기 전까지는 불쌍함과 거리가 먼 부자이기는 했습니다)

    > **차콜 두목 | 붉은 청어 | 구석의 부스 자리 | 강인함을 입증**
    > 셀러돈 장관 | 트로피 | 쓰레기 수거함 옆 자리 | 주의를 돌리려고
    > 그랜드마스터 로즈 | 고급 접시 | 대리 주차장 | 재산 상속
    > 전설의 대스타 실버튼 | 젓가락 | 바 | 화풀이

79. **"더스티 감독이 아이디어를 훔치려고 영사실에서 트로피로 죽였어요!"**

    더스티 감독이 말했습니다. "우리는 같이 영화를 보고 있었는데, 그 사람이 말한 추리 영화 아이디어가 너무 좋아서, 그래서 꼭 내 것으로 하고 싶었어요! 그래서 죽였어요! 이제 그 아이디어는 내 거니까, 그걸로 영화를 만들게 해 주지 않으면 아무에게도 알려주지 않겠어요. 혼자만 즐길 거라고요!" 더스티 감독을 능수능란하게 시류에 영합하는 예술가라고 평할 수는 없을 것 같습니다.

80. **"미드나이트 삼촌이 질투 때문에 펜트하우스에서 목 조르는 스카프로 죽였어요!"**

미드나이트 삼촌이 말했습니다. "그 친구 방이 너무 좋았어. 조카는 항상 원하는 것이 있으면 손을 뻗쳐서 잡아야 한다고 했어요. 들은 대로 한 건데, 내가 그렇게 나빴나요?" 로지코는 그게 그렇게 나쁜 짓이라고 생각했고, 막 그 말을 하려던 참이었습니다. 그런데 영화사에서 전화가 왔습니다. 〈크라임 퍼즐: 더 무비〉를 미스터리콘 행사장에서 선보일 예정이라는 것이었습니다.

81. **"전설의 대스타 실버튼이 배역을 빼앗으려고 주차장에서 쇠지레로 죽였어요!"**

실버튼이 말했습니다. "자, 로지코. 생각해 봐요. 당신이라는 인물은 배우로서 평생 잡기 힘든 배역이지요. 내가 그 역에 무게를 실어줄 수 있어요. 유명하게 만들어 줄게요. 나도 전설에서 돌아와 다시 A급 스타가 될 수 있어요. 쇠지레로 한 명만 후려치면 다 되는 일이었어요. 이해가 안 가나요?" 로지코는 이해할 수 있었습니다. 하지만 실버튼이 그 배역에 적합하다면, 로지코가 자기의 유죄를 추리해야 한다는 것도 이해해야 했습니다. 그러나 사람들은 다들 실버튼의 영화가 좋기만 하면 상관이 없다고 생각하는 것 같았습니다. 영화사는 실버튼과 계약하고 촬영 장소를 구하기 시작했습니다.

82. **"루스카니 총장이 협박에서 벗어나려고 오래된 동물원에서 나무토막으로 죽였어요!"**

"로지코, 어떻게 이런 짓을! 학생 시절에 내가 그렇게나 아꼈는데 내가 한 살인을 두 건이나 밝히다니? 너무 심하잖나! 자네가 아직 대학에 있었으면 퇴학시켰을 텐데." 로지코도 마음이 불편했습니다. 모교 총장이 살인을 두 번이나 하는 바람에 학위의 가치도 전보다 떨어졌으니까요.

Mx. 탠저린 | 소화기 | 유명한 동굴 | 루비 훔치기
영화 편집자 펄 | 골동품 투구 | 그리스식 극장 | 경쟁자의 커리어 파괴
라벤더 경 | 돌 | 할리우드 사인 | 그럴 수 있으니까
루스카니 총장 | 나무토막 | 오래된 동물원 | 협박에서 벗어나기

83. **"시뇨르 에메랄드가 급한 마음에 주차장 A에서 골프 카트로 죽였어요!"**

시뇨르 에메랄드가 설명했습니다. "그래요! 골프 카트로 누군가를 치긴 했어요! 하지만 변명해 보자면, 정말 급했다니까요! 미팅에 늦을 참이었으니까! 그런 정황도 고려해야죠!" 로지코는 그 둘을 비교할 수는 없다고 생각했지만, 세상의 어느 두 가지도 비교할 수는 없다는 이라티노의 말이 기억났습니다. 그래도 도저히 이라티노가 한 짓을 용서할 수는 없었습니다.

라벤더 경 | 육중한 각본 | 분수대 | 비밀 지키기
시뇨르 에메랄드 | 골프 카트 | 주차장 A | 급해서
카퍼 경비원 | 경찰봉 | 보안실 | 도굴하기
영화 편집자 펄 | 트로피 | 주차장 B | 더 좋은 자리

84. **"영화광 스모키가 업계에 잠입하려고 도시 장면 야외 촬영지에서 소화기로 죽였어요!"**

영화광 스모키는 다른 무엇보다도 잡힌 게 기뻐 보였습니다. 그리고 계속 말했습니다. "미드나이트 추리극이랑 똑같아요!" 그리고 〈크라임 퍼즐〉 영화에 자기도 나올 수 있는지 계속 물었습니다.

85. "A급 배우 애벌로니가 졸작 영화에서 탈출하려고 방음 스튜디오 D에서
샌드백으로 죽였어요!"

"제 에이전트는 어쩌자고 퍼즐북 기반 영화 같은 것에 계약을 시켰을까요?! 심지어 범인 역도 아니야! 제 장면은 전부 녹색 스크린에서만 찍어서, 특수 효과 감독을 죽이면 나갈 수 있을 것 같았다니까요!"

로지코는 누군가가 살인으로 계약을 벗어날 수 있다는 점이 충격이었습니다. 로지코가 서명한 계약서에는 살인을 해도 계약 이행이 면제되지 않는다고 명시되어 있었기 때문입니다.

차콜 두목 | 소품용 나이프 | 방음 스튜디오 B | 배역 빼앗기
미드나이트 2세 | 조명 스탠드 | 방음 스튜디오 C | 영화상 수상
A급 배우 애벌로니 | 샌드백 | 방음 스튜디오 D | 졸작 영화에서 탈출
미드나이트 3세 | 전선 | 방음 스튜디오 A | 영화사 장악

86. "크림슨 원장이 질투 때문에 발코니에서 부비 트랩 페도라로 죽였어요!"

'크림슨 원장'은 범죄를 인정했지만, 자기가 크림슨 원장이 아니라는 것은 인정하지 않았습니다. 스튜디오 경비원들에게 끌려 나가면서도 이렇게 외쳤습니다.

"나를 바보 취급하려고 했으니까, 대가를 치러야지요!"

우주인 블루스키 | 소화기 | 대기실 | 영화상 수상
커피 장군 | 독이 든 병 | 옷장 | 실제로 가능한지 보려고
마술사 믹스달 | 붉은 청어 | 사무실 | 대사 분량 늘리기
크림슨 원장 | 부비 트랩 페도라 | 발코니 | 질투 때문에

87. **"배경의 마렝고가 업계에 잠입하려고 바에서 장미 조화로 죽였어요!"**

로지코는 왜 마렝고가 그냥 열심히 일해서 비중 있는 배우로 성장하는 방법을 써서 업계에 들어가지 않았는지 궁금하다고 중얼거렸습니다. 그러자 식당에 있던 모든 사람들(제작진 전원 포함)이 반 시간 동안 배를 잡고 웃었습니다.

"다시는 배경으로 가지 않을 거야!" 배경의 마렝고가 사람들 뒤에서 외쳤습니다.

> **배경의 마렝고 | 장미 조화 | 바 | 업계 잠입**
> 미드나이트 3세 | DVD 박스 세트 | 뒤쪽 야외석 | 졸작 영화에서 탈출
> 더스티 감독 | 와인병 | 화장실 | 할리우드 장악
> 에이전트 아가일 | 포크 | 그릴 | 영화상 수상

88. **"옵시디언 부인이 플롯을 검증하려고 발코니에서 다우징 막대로 죽였어요!"**

로지코는 아무리 메소드 연기라도 이 정도면 너무 심했다고 생각했습니다. 하지만, 주변을 보고 나니 문득 흉내를 내고 있다고 해서 꼭 진짜가 아니라는 법은 없다는 생각이 들었습니다.

로지코는 물었습니다. "진짜 옵시디언 부인이시죠, 아닌가요?"

"물론이지요, 로지코. 진작에 알아냈을 거라고 생각했는데. 아직도 이게 무슨 의미인지 모르겠나요?" 부인은 미드나이트 소품실의 로고를 가리켰습니다. 원 안에 'MPS'라는 글자가 찍힌 모양이었습니다.

로지코는 그 로고를 가만히 쳐다보았습니다. 뭔가가 기억이 날듯 말듯 가물가물했습니다. 로지코가 생각에 잠긴 사이 옵시디언 부인은 다시 사라졌습니다.

> 버밀리온 공작 | 수정 단검 | 50칸 차고 | 도굴하기
> **옵시디언 부인 | 다우징 막대 | 발코니 | 플롯 검증**
> 브라운스톤 수사 | 독이 든 팅크 | 하인 구역 | 저택 털기
> 점성학자 아주어 | 몽롱해지는 회중시계 | 마당 | 오컬트 알리기

89. **"라벤더 경이 졸작 영화에서 탈출하려고 작곡 스튜디오에서 골프 카트로 죽였어요!"**

라벤더 경은 결백을 주장했지만, 논리탐정 로지코가 자기에게 불리한 내용을 정연하게 설명하자 결국은 자백했습니다. 그리고 외쳤습니다. "귀족을 감옥에 넣을 수는 없어! 불법이니까!"

A급 배우 애벌로니 | 필름 | 급수탑 | 아버지의 복수

라벤더 경 | 골프 카트 | 작곡 스튜디오 | 졸작 영화에서 탈출

더스티 감독 | 맹독성 복어 | 후반 작업실 | 체면 유지

영화 편집자 펄 | 후시녹음용 마이크 | 급수탑 바 앤 그릴 | 정치적 목적

90. **"미드나이트 사장이 목격자를 제거하려고 발코니에서 강철 나이프로 죽였어요!"**

미드나이트 사장은 논리탐정 로지코가 기밀 유지 계약에 서명했기 때문에 이 사실을 알려서는 안 되며, 살해된 사람 역시 목숨을 넘기는 계약에 서명했기 때문에 살인 범죄도 성립되지 않는다고 지적했습니다.

로지코는 더 좋은 변호사가 필요하다는 점 한 가지를 확실히 깨달았습니다.

에이전트 아가일 | 트로피 | 우편실 | 영화사 장악

셀러돈 장관 | 가죽 장갑 | 로비 | 종교적인 이유

미드나이트 2세 | 강철 나이프 | 발코니 | 목격자 제거

핵 블랙스턴 | 1000페이지 계약서 | 최고의 사무실 | 주장을 입증

91. **"에이전트 아가일이 자기 지분을 늘리려고 파트너 사무실에서 골동품 시계로 죽였어요!"**

에이전트 아가일이 설득력 있게 말했습니다. "공통되는 고객의 수입에서 1퍼센트를 더 받고 싶었을 뿐입니다. 그런데 거절을 받았고요. 그래서 협상을 했고, 마지막에는 그 사람이 죽었습니다. 그것도 범죄입니까?"

로지코는 자기가 계약을 벗어날 수 있게 도울 사람이 할리우드에는 아무도 없다는 사실을 깨달았습니다. 하지만 다른 곳에는 로지코를 도울 사람이 있었습니다.

에이전트 아가일 | 골동품 시계 | 파트너 사무실 | 지분 높이기

핵 블랙스턴 | 황금 펜 | 휴게실 | 복수하려고

파인 판사 | 거대한 서류 더미 | 로비 | 부동산 사기를 위해

블랙스톤 변호사 | 현금 자루 | 기록 보관실 | 화풀이

92. **"미스 사프론이 업계를 위해 객석에서 소품용 나이프로 죽였어요!"**

사프론이 외쳤습니다. "전 그게 진짜인 줄 몰랐는걸요. 제가 참 바보 같았네요!"

하지만 논리탐정 로지코는 범인의 주머니에서 쪽지를 발견했습니다.

'소품용 나이프로 그 사람을 죽인 후에 멍청해서 몰랐던 척 연기할 것.'

논리탐정 로지코는 사프론이 똑똑한지 아닌지 알 수가 없었습니다. 이라티노가 자기를 여기로 왜 보냈는지도 이해할 수가 없었습니다. 게다가 배우 한 명이 도대체 무슨 생각으로 자기를 마술 가게라는 곳에 초대했는지도 알 수가 없었습니다.

> 조수 애플그린 | 유령 전구 | 대기실 | 쇼를 위하여
> 배경의 마렝고 | 휴대용 위스키 술병 | 조명실 | 주의를 돌리려고
> 영화광 스모키 | 장미 조화 | 무대 | 오컬트 알리기
> **미스 사프론 | 소품용 나이프 | 객석 | 업계를 위하여**

93. **"아주어 주교가 각본을 판매하려고 매장에서 트로피로 죽였어요!"**

아주어 주교는 말했습니다. "딸이 그러는데, 저에게 필요한 열쇠는 마법이라더군요. 제가 지금 따르는 '멍청한 미신'을 버리면 각본을 팔 수 있다면서요! 그런데 그렇게 해 보니 처음부터 살인자가 되게 생겼어요!"

로지코는 주교가 딸의 조언을 잘못 이해했거나 잘못 실행했다는 생각이 들었습니다. 하지만 여전히 이라티노가 자기를 여기로 보낸 이유는 알 수 없었습니다.

> **아주어 주교 | 트로피 | 매장 | 각본 판매 돕기**
> 더스티 감독 | 저주 받은 단검 | 비밀 방 | 오컬트 알리기
> 샴페인 동무 | 수정구 | 후문 사무실 | 수정 훔치기
> 미드나이트 삼촌 | 지팡이칼 | 정문 현관 | 업계를 위하여

94. **"조수 애플그린이 업계를 위해 제단에서 무거운 양초로 죽였어요!"**

"하하! 맞았어요! 제가 배신했어요! 상사를 위해서 당신을 팔아 넘겼어요! 그분의 이익이 곧 제 이익이라는 것을 알았거든요! 이제 제 몫을 제대로 했으니까 승진이 되겠죠! 지겨운 조수 애플그린은 이제 그만두겠어요! 지금부터는 에이전트 애플그린이 될 테니까!"

미처 막기도 전에, 애플그린은 아버지에게 전화를 하러 나갔습니다. 로지코가 의식

장소를 둘러보니, 바닥에 SWH라는 세 글자가 크게 쓰여 있었습니다.

로지코는 물었습니다. "SWH가 무슨 뜻이지요?"

"거꾸로 보셨어요. 그건 HMS로 읽어요. 할리우드 미스터리 모임(Hoolywood Mystery Society)의 알파벳 약자요."

그 순간, 로지코는 옵시디언 부인이 준 힌트의 의미를 알았습니다. 이라티노가 누명을 쓴 것도 알았습니다. 이라티노는 가짜 고대 유적을 만들지 않았습니다(사건 75 참조). 줄곧 무죄였던 것입니다! 이라티노가 알아낸 것은 무엇이었을까요?

배경의 마렝고	트로피	비밀 문	걸작 만들기
영화광 스모키	와인병	화장실	이상한 기운 때문에
조수 애플그린	**무거운 양초**	**제단**	**업계를 위하여**
Mx. 탠저린	장미 깃발	의식 장소	할리우드 장악

95. **"편집자 아이보리가 혁명을 저지하려고 지붕에서 프린터로 죽였어요!"**

"샴페인 동무가 우리 보조 편집자를 포섭해서 과격파로 만들었기 때문에, 여기를 노조가 휩쓰는 건 시간 문제였어요. 그래서 할 일을 한 겁니다."

로지코와 이라티노는 연방 정부 노동부에 전화를 걸고 나가면서 대화를 나누었습니다. "내가 마술 가게에서 바닥에 있는 글자를 거꾸로 읽는 바람에 동굴 속 유적에 찍힌 글자를 잘못 읽은 것도 눈치채고, SdW라고 생각했던 게 사실은 미드나이트 소품실(Midnight Prop Shop)의 알파벳 약자 MPS를 거꾸로 읽은 것이었다는 것까지 깨닫게 될 걸 어떻게 알았어요? 그래서 미드나이트 영화사의 누군가가 진범이라고 생각할 건요!"

"응? 그런 건 전혀 몰랐는데요."

"그럼 거기에는 왜 보냈어요?"

"로지코 씨가 자신의 내면을 들여다보고, 논리로는 알아낼 수 없는 진실을 깨닫기를 바라는 마음이었죠."

"왜 무죄라고 말을 안 했어요?"

"직접 추리해 낸 게 아니면 아무것도 안 믿을 테니까요. 미리 말도 없이 죽은 것처럼 꾸몄던 일도 너무 미안했지만, 온 곳에 사교도들이 있었어요. 그 사람들을 동요시킬 방법은 그것 하나밖에 생각할 수 없었죠. 살인 타로 덱으로 점을 쳐 보니까 말을 하지 말라는 결과가 나왔고, 나는 거기에 따랐어요."

"논리를 따랐다면 나한테 말을 했겠죠."

"맞아요. 미안해요…."

로지코는 잠깐 생각해 보고 사과를 받아들이기로 했습니다. 이 수수께끼의 끝을 보려면 신비탐정 이라티노의 도움이 필요하기도 했고, 어컷거플 처슷시 버커후(자료 A 참조) 있었기 때문이기도 했습니다.

> **편집자 아이보리 | 프린터 | 지붕 | 혁명 저지**
> 부키상 수상자 게인스 | 봉투칼 | 인쇄실 | 권력 장악
> 핵 블랙스턴 | 노트북 컴퓨터 | 개방형 사무실 | 협박에서 벗어나기
> 샴페인 동무 | 대리석 흉상 | 발코니 | 화풀이

96. **"셀러돈 장관이 복수를 하려고 소품실에서 살인 타로 덱으로 죽였어요!"**

로지코가 범인을 밝혀내자 셀러돈 장관이 변명했습니다. "최근에 할리우드에서 나온 반전 영화를 보고, 뭔가 조치를 취해야겠다고 생각했네. 그래서 조용히 여기로 와서 논리적인 대화로 풀어보려고 했지. 그런데 경비원이 나를 내쫓으려고 하니 나를 무시한 사람에게 복수한 걸세!"

로지코는 이 상황이 유적과는 아무 상관도 없고, 소품실은 완전히 비어 있고, 아무 단서도 찾을 수가 없어서 실망했습니다. 하지만 이라티노가 격려해 주며 말했습니다. "걱정 말아요. 모든 건 다 연결되어 있어요. 전혀 연결되지 않은 것들까지 전부 다요."

> 미드나이트 3세 | 트로피 | 폐쇄된 스튜디오 | 정당하게 인정 받기
> **셀러돈 장관 | 살인 타로 덱 | 소품실 | 복수하려고**
> 미드나이트 2세 | 조명 스탠드 | 방갈로 | 영화 홍보
> 책임 프로듀서 스틸 | 돋보기 | 럭셔리 시네마 | 할리우드 장악

97. **"A급 배우 애벌로니가 소중한 책을 훔치려고 방갈로 3에서 육중한 각본으로 죽였어요!"**

애벌로니가 주장했습니다. "여기 책 읽는 사람 아무도 없잖아요. 제가 책 한 권 훔친다고 해서 신경 쓸 필요가 있을까요!" 로지코가 반박했습니다. "하지만, 책을 훔친 것보다는 살인에 더 신경이 많이 쓰여서요." 애벌로니가 다시 반박했습니다. "하, 참! 그 사람은 엑스트라잖아요! 딱히 아쉬워할 사람도 없을 걸요. 엑스트라라는 말이 그

런 뜻이잖아요!"

그때, 로지코는 영화사 안의 어두운 그늘에 숨어서 돌아다니는 옵시디언 부인을 발견했습니다. 이라티노 역시 눈치채고 로지코에게 그 사람이 누구인지 물었고, 로지코는 대답했습니다. "떠나 버린 사람이지요."

"아."

"아니, 그게 아니라, 탈출한 살인범이라고요."

"아! 그거 다행이네요!" 이라티노는 옵시디언 부인에게 손을 흔들었습니다.

옵시디언 부인은 두 사람에게 다가왔고, 무엇을 하던 중이었느냐는 질문에 열쇠를 들어 보였습니다. 로지코가 그게 뭐냐고 물으니 부인은 가만히 웃었습니다.

그리고 옵시디언 부인이 어디론가 향하자, 둘은 뒤를 따랐습니다.

핵 블랙스턴	트로피	방갈로 4	복수하려고
전설의 대스타 실버튼	만년필	방갈로 1	돈 때문에
A급 배우 애벌로니	**육중한 각본**	**방갈로 3**	**소중한 책 훔치기**
미드나이트 삼촌	골동품 타자기	방갈로 2	영화상 수상

98. **"펄이 비밀을 지키려고 거대한 기계에서 나이프로 찔렀어요!"**

이 말을 외친 사람은 논리탐정 로지코가 아니라 신비탐정 이라티노였습니다! 이라티노는 펄쩍 뛰어 일어나며 말했습니다. "죽은 척을 하면 이 안의 배신자가 드러날 줄 알았어요!"

하지만 펄은 기분이 나빠져 소리를 질렀습니다. "최종 편집 권한은 나한테 있는데!" 그러고는 나이프를 들고 로지코에게 달려들었지만, 이라티노가 그 사이로 뛰어들어 대신 가슴에 칼을 맞았습니다. 로지코는 별로 걱정하지 않았습니다. 이라티노가 방검 조끼를 입은 것을 알았기 때문입니다.

살인 사건을 해결한 로지코는 수수께끼의 방수포를 벗겨냈습니다. 그리고 그 아래에 있던 것을 보니 모든 것을 이해할 수 있었습니다.

영화 편집자 펄	**나이프**	**거대한 기계**	**비밀 지키기**
카퍼 경비원	석유 드럼통	대형 탱크	승진하려고
옵시디언 부인	삽	펌프잭	영화상 수상
미드나이트 3세	철근	방수포	영화사 장악

99. "미드나이트 1세가 영화사를 설립하려고 고대 유적에서 삽으로 죽였구나!"

그때 로지코는 알았습니다. 고대 유적은 가짜가 아니었습니다. 가짜 유적 소동은 누군가가 로지코를 진실로 가는 길에서 밀어내려고 꾸민 짓이었습니다. 미드나이트 영화사의 누군가가 가짜 유적을 만들어서 이라티노에게 누명을 씌웠습니다.

하지만 가짜로 만들었다고 해서 진실이 아닌 것은 아닙니다.

고대 유적은 신이나 외계인의 물건이 아니었습니다. 동력을 만들어 내는 기관도 아니었습니다. 그 안에는 어떤 종류의 힘도 없었습니다. 그저 평범한 고대의 표지였습니다. 하지만 그 표지가 가리키는 실체는 아주 중요하고 가치가 높은 것이었습니다.

그 고대 유적이 있는 곳 아래에는 언제나 거대한 유전이 있었습니다. 미드나이트 1세는 그 사실을 알아내고 미드나이트 영화사를 세웠습니다. 영화사는 여러 해 동안 돈과 영향력을 이용해서 고대 유적이 있는 땅을 사고 석유를 캤습니다.

고대 유적 아래의 지반이 불안정한 것도 그 때문이었습니다. 사람들이 유적 근처에서 어지럽거나 몽롱한 느낌이 들었던 것 역시, 석유와 함께 묻힌 천연가스가 새어 나왔기 때문이었습니다.

그 지식을 조금씩 아는 비밀 조직도 많았고, 그 대부분이 이 비밀과 관련된 이름을 가지고 있었습니다. 신성한 기름의 결사 같은 곳은 의미도 알기가 쉬웠습니다. 오래된 피치의 노래(석유에서 만들어지는 레진에서 비롯된 이름)나 신성한 흙의 기사들(땅을 파면 흙에 구멍이 생기기 때문) 같은 곳은 조금 더 은근했습니다. 다른 여러 조직에서도 다양한 의미를 찾을 수 있습니다!

옵시디언 부인이 취재 도중에 이 비밀을 알아내자, 누군가가 부인의 이름을 써서 사람들을 유전으로 불렀습니다(사건 21 참조). 그리고 이 비밀을 공개하면 살인 누명을 씌우겠다고 했습니다.

"하지만 나는 맞섰어요. 그러다가 져서 도망쳤고, 필요한 증거를 찾을 때까지 버텼죠. 여기가 바로 그 증거지요."

"그걸 어떻게 알아내셨어요?"

로지코가 묻자 옵시디언 부인이 대답했습니다. "고대 유적의 미궁을 봐요. 연금술 기호 중에서 어떤 걸 닮았는지(자료 B 참조)." "이제 오른쪽의 'ㄱ'부터 시작해서 시계 방향으로 문자를 적어 봐요. 단어가 완성되는 경우는 이것밖에 없지요(자료 C 참조)."

로지코는 이제 고대 유적의 정체를 알았기 때문에, 이라티노에게 누명을 씌운 사람이면서 비밀 조직, 살인, 계약으로 이루어진 거대한 음모의 배후에 있는 인물을 밝혀낼 준비가 되었습니다. 그게 누군지만 알면요.

100. "미드나이트 3세가 영화사를 장악하려고 무대에서 트로피로 죽였어요!"

"그래요! 내가 그랬어요! 부사장을 죽인 건 사실이지만, 그 사람 정말 걸리적거렸거든요!"

미드나이트 2세가 아들에게 소리쳤습니다. "이 녀석! 조용히 해! 블랙스톤 씨가 도착할 때까지 기다려!"

"아버지나 조용히 해요! 변호사 따위 알 바 아니고요. 전부 다 진짜 싫어요! 기름으로 성공한 회사를 물려받아 놓고 영화에 잔뜩 써서 반 토막을 만들었잖아요! 예술 한다고 헛짓만 해서 돈벌이가 잘 안 되잖아요!"

살인자들이 흔히 하는 것처럼, 이번 범인도 자기 계획을 늘어놓기 시작했습니다.

"그러니까 제가 직접 나서야 했다고요. 고대 유적 근처에서 일어난 살인 사건 대부분을 계획하고, 논리탐정 로지코가 나서서 조사하게 만들고, 이라티노에게 누명을 씌우고, 영화 제작 권리를 얻었어요. 영화를 핑계로 대면서 고대 유적 주변 땅을 촬영 장소라고 우겨서 사들였어요. 촬영은 다 여기에서 했지만. 사람들은 부유한 석유 회사가 아니라 가난한 영화사가 상대라고 생각하면서 싼값에 땅을 팔았고요. 그 웃기는 영화상을 잘 계산해 뿌리면서 할리우드의 절반을 이사회에 넣었어요. 제가 영화사에 수십억 달러를 벌어다 주니까, 이사회는 마음이 절반은 예술에 가 있는 아버지 대신 저를 올리기로 했고요. 정말 성공이 눈앞에 있었는데! 그런데 당신들 둘이 주변을 찌르고 다니기 시작해서!"

미드나이트 3세는 몸을 홱 돌려 논리탐정 로지코와 신비탐정 이라티노를 보았습니다. "둘 중 하나에게 누명을 씌우고 나머지 하나를 할리우드로 데려오면 각개격파가 될 줄 알았는데. 당신들은 하나만 있을 때 쉽게 깨지니까. 로지코는 자기 머리로 이해할 수 있는 것만 믿고, 이라티노는 이해할 수 없는 것만 믿으니까. 한 명이라면 쉽게 속일 수 있었는데. 하지만 둘 다를 한꺼번에 속이는 건 불가능해요! 그러니까 나는 두 사람이 똑같이 싫어요. 둘 다 곧 사라지기를 빌어요! 이걸 제 최종 진술로 쳐요! 그렇게 《크라임 퍼즐》을 끝내요!"

하지만 두 사람은 마무리를 악당이 장식하게 둘 수 없었습니다. 두 사람은 다시 로지코의 아파트로 걸어가면서 사건에 관해 이야기를 나누었습니다.

로지코가 말했습니다. "봤어요, 이라티노? 모든 일은 과학적으로 설명할 수 있어요."

이라티노가 대답했습니다. "아, 그냥 질문이 바뀌었을 뿐인데요. 고대인들은 석유가 매장된 곳을 어떻게 알았을까요? 오컬트와 지금은 사라진 비법들을 이용해서 발견했을걸요! 그리고 68번 사건은 어떻게 설명할 건데요? 그 사건은 분명…."

두 사람은 로지코의 아파트로 들어가 논쟁을 계속했지만, 그런 사적인 일까지 여기에 밝히지는 않는 편이 좋겠습니다. 두 사람은 한동안 살인과는 먼 나날을 보낼 수 있습니다. 적어도 2권이 나올 때까지는요….

미드나이트 3세 | 트로피 | 무대 | 영화사 장악

미드나이트 2세 | 붉은 청어 | 비상구 | 권력 유지

옵시디언 부인 | 와인병 | 매점 | 복수하려고

신비탐정 이라티노 | 셀레나이트 마법봉 | 폭신한 좌석 | 석유 채굴

[숨겨진 힌트]

101. 지나가던 《크라임 퍼즐》의 독자가 말했습니다.

"보통 편지는 받는 사람 이름으로 시작하잖아요? 로지코."

[감사의 말]

먼저, 천재적인 재능으로 미스터리를 멋지게 풀어 주신 탐정 여러분께 감사드립니다. 퍼즐이 생기는 도중에 빠른 속도로 테스트를 훌륭하게 마쳐 주신 알렉산더 모건, 다니엘 에스퍼, 메건 베크, 오산드라 화이트, 티건 페렛, 엘, 산디야 스리쿠마, 리비 '하드펠트' 스텀프, 블루 핸슨, 알 하더-하이드를 비롯한 여러분께도 특별한 감사를 드립니다. (팬 투표를 통해 선정된 최초의 팬 제작 용의자인 '앳된 블루 씨'를 제출해 주신 카일라 역시 깊은 감사를 드립니다. 앞으로도 이런 팬 제작 용의자를 많이 등장시키고 싶습니다!)

이 책은 처음에 제 친구 대니얼 도너휴를 위해 만든 것입니다. 그 친구가 없었다면, 그 끝없는 피드백과 비평이 없었다면 이 퍼즐은 지금의 모습으로 완성될 수 없었을 것입니다. 마술사이자 변호사인 그 친구만 있으면, 모든 법적 문제를 없앨 수 있겠지요.

베일리 노튼은 모든 캐릭터를 점성학적으로 분석해 주었습니다. 자기 자신도 별처럼 빛나는 만큼, 별들의 비밀을 아주 잘 아는 사람입니다. 이번 주에 LA에서 이 친구의 코미디를 보실 수도 있겠네요!

친구로서 많은 도움을 준 아민 오스만에게도 감사를 전하고 싶습니다. 평생 겪어 본 것 중에 가장 빠른 속도로 아주 멋진 조언을 주어서 정말 고맙습니다. 아주 귀중한 이야기들이었습니다.

갑자기 전화를 걸어 한껏 칭찬해 준 훌륭한 에이전트 멜리사 에드워즈가 없었어도 이 책은 나오지 못했겠지요. 꽃을 아무리 많이 준비해도 충분하지 않겠지만, 그래도 애서 보겠습니다!

저를 믿고 세 권(잘 된다면 더 많이) 중 첫 권을 만들어 주신 세인트 마틴스 프레스의 편집자 커트니 리틀러에게도 감사를 전합니다. 저에게 지혜와 지식, 끝없는 지지를 보내 주셔서 정말 감사합니다. 조수로 일해 주신 켈리 스톤에게도 특별한 감사를 전합니다. 조수분들은 언제나 눈에 띄는 기여도보다 훨씬 많은 일을 하시지요. 정말 감사합니다.

원서 표지를 디자인해 주신 롭 그롬, 내지를 디자인해 주신 오마르 차파 이 두 분이 없었으면 책의 모습이 지금만큼 멋있어지지 못했을 것입니다. 두 분의 노고에 깊은 감사를 드리며, 텍스트의 카피 편집을 맡아 주신 사라 스웨이트에게도 감사를 드립니다. 에릭 마이어와 메릴리 크로프트는 주요 일정 계획을 세워서 모든 것을 시계처럼 정확하게 관리해 주었습니다. 그리고 스티븐 에릭슨의 마케팅과 헥터 디진의 홍보가 없었다면 여러분은 이 책을 지금 읽고 계시지 않았겠지요.

퍼즐의 대가 데이비드 큉은 퍼즐에 관해 전화로 찬찬히 의견을 들려 주었고, 그때 전달 받은 경험과 통찰력은 정말 귀중한 도움이 되었습니다. 다시금 감사를 드립니다.

줄리 피어슨, 에릭 시겔, 마이카 셰어, 레빈 메넥셰, KD 다빌라, 차이 헥트, 제시 플리터, 섀넌 샌더스, 린지 칼슨, 레이 레버그, 크리스틴 워커, 제시카 베론, 에릭 버나드, 텍스터 월콧, 에바 다로카, 케이틀린 패리시, 롭 터보브스키, 더그 패터슨, 앤디 콘, 롭 골드먼, 메건 수자, 후안 루발카바를 비롯한 수많은 친구들이 피드백과 조언, 격려를 해주었습니다. 다들 정말 고맙습니다.

과거에서 미래까지 할리우드 미스터리 모임의 모든 회원 여러분, 저는 여러분의 활동이 정말 좋습니다.

제 어머니이신 셰리 카버 판사님은 예수님 이후로 존재한 모든 아이들의 어머니들 중 최고이십니다. 끝없는 사랑과 지지에 언제나 감사를 드립니다. 항상 어머니와 저를 보살펴 주신 노먼 윌킨슨 판사님께도 감사를 드립니다. 제가 LA에 있는 동안 두 분을 살펴봐 주고 이 퍼즐의 풀이도 도와준 제니 윌킨슨에게도 감사를 전합니다.

마지막으로, 10년째 함께 지내며 크나큰 사랑과 성원을 준 대니 메서슈미트에게 가장 크고도 깊은 감사를 전합니다. 당신이 없었다면 이 책도 없었을 것이기에, 매일 조금씩 그 은혜를 갚아가고 싶습니다.

그리고 여러분. 다음에 저를 만나면 술 한잔 사 달라고 하세요!

문장 속에 숨겨진 범인을 찾는 두뇌 게임 100

크라임 퍼즐

초판1쇄 2023년 8월 11일
   6쇄 2024년 8월 25일

지은이 | G. T. Karber
옮긴이 | 박나림

발행인 | 박장희
대표이사 겸 제작총괄 | 정철근
본부장 | 이정아
편집장 | 조한별
책임편집 | 최민경

기획위원 | 박정호

마케팅 | 김주희 이현지 한륜아

발행처 | 중앙일보에스(주)
주소 | (03909) 서울시 마포구 상암산로 48-6
등록 | 2008년 1월 25일 제2014-000178호
문의 | jbooks@joongang.co.kr
홈페이지 | jbooks.joins.com
네이버 포스트 | post.naver.com/joongangbooks
인스타그램 | @j__books

ⓒ G. T. Karber, 2023

ISBN 978-89-278-7994-7 03170